아침을 가져다주시는 하나님

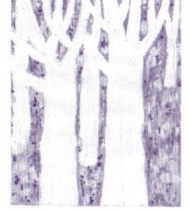

이진희 지음

쿰란출판사

《아침을 가져다주시는 하나님》은 흑암 중에 발견한 보화 같은 책입니다. 어두움의 터널을 통과하고 있는 사람들에게 빛을 보여주는 책입니다. 이 책을 쓰신 이진희 목사님과 만나 교제한 지가 10년이 넘습니다. 이 목사님의 글은 눈물겨운 삶 속에서 묻어 나오는 글입니다. 저자의 글 속에는 애틋한 목회자의 아픔, 눈물, 그리고 애환이 함께 담겨 있습니다. 힘든 목회 현장에서 한 영혼을 부둥켜안고 씨름하는 몸부림이 담겨 있습니다. 고통스런 목회 현장에서 솟구쳐 올라오는 신비한 기쁨이 담겨 있습니다. 그래서 나는 저자의 글을 좋아합니다.

이 책은 외로운 밤을 맞이한 사람들에게 주는 소망의 책입니다. 밤이 깊을수록 별은 더욱 빛나는 법입니다. 새벽 동트기 전이 가장 어둡습니다. 그 이유는 새벽을 기다리는 아픔 때문입니다. 이 책은 칠흑같이 어두운 밤을 통과하는 사람들에게 희망의 등불을 밝혀 주는 책입니다. 아침을 기다리고 또 기다리는 사람들을 위한 책입니다. 아무리 밤이 깊어도 아침은 변함없이 찾아온다는 사실을 보여 주는 책입니다.

이 책은 고난 중에 있는 사람들에게 고난의 의미를 가르쳐주는 책입니다. 고난의 이유를 깨우쳐 주는 책입니다. 고난을 두려워하지 않고, 고난에 직면할 수 있도록 도와주는 책입니다. 고난을 스승 삼아 고난을 배움의 기회로 삼도록 도와주는 책입니다. 고난이 변장된 축복임을 가르쳐 주는 책입니다.

이 책은 폭풍이 몰아칠 때 폭풍우를 타고 비상할 수 있는 비결

추천사

을 설명해주는 책입니다. 이 책은 하나님의 사랑의 이야기입니다. 또한 위로의 이야기입니다. 모든 환난 중에 있는 사람들을 위로하시는 위로의 하나님의 이야기입니다. 눈물을 닦아주시는 사랑스런 목자의 이야기입니다.

이 책은 소망에 관한 책입니다. 인간은 소망하는 존재입니다. 더 나은 미래를 동경하는 존재입니다. 그래서 동경처럼 아름다운 것은 없습니다. 이 책은 소망 중에 인내하도록 도와주는 책입니다. 저자의 삶은 오랜 기다림의 삶이요, 오랜 기다림 중에 하나님의 승리를 경험한 삶입니다. 그래서 따뜻한 언어로 기다리는 사람들의 마음을 어루만져 줍니다.

나는 이 책을 고난 중에도 희망을 노래하고 싶은 분들에게 추천하고 싶습니다. 인생의 벼랑 끝에서 낙심하지 않고 오히려 비상하길 원하는 분들에게 추천하고 싶습니다. 광야에서 우리를 아름답게 만들어 가시는 하나님을 경험하고 싶은 분들에게 추천하고 싶습니다. 책을 펴서 읽으십시오. 결코 후회하지 않을 것입니다. 하나님의 풍성한 사랑과 위로를 경험하게 될 것입니다. 고난 중에 춤추는 환희를 맛보게 될 것입니다.

강 준 민
동양선교교회 담임목사

광야는 머무는 곳이 아니라 통과하는 곳입니다. 가나안에 들어가기 위해 거쳐야 하는 곳입니다. 지금 광야와 같은 삶을 살고 있습니까? 가나안에 들어갈 준비를 하고 있는 것입니다. 지금 온통 주변이 암울한 암갈색으로 뒤덮여 있습니까? 힘을 내십시오. 얼마 있으면 약속의 땅 가나안에 들어가게 될 것입니다.

다윗처럼 인생의 음침한 골짜기를 지날 때도 있습니다. 그러나 골짜기를 지날 때만이 볼 수 있는 은혜의 백합화가 있습니다. 그것들을 바라보며 가다 보면 어느덧 골짜기를 벗어나 정상을 향해 올라가고 있는 자신의 모습을 발견하게 될 것입니다.

살다 보면 요나처럼 인생의 막다른 골목에 다다를 때도 있습니다. 그러나 하나님은 길이 없는 곳, 길이 끊어진 곳에 새로운 길을 만들어 주시는 분입니다. 길은 끝나는 곳에서 다시 시작하지 않습니까? 하나님은 막다른 골목에서 새로 시작하게 하십니다.

살다 보면 벼랑 끝으로 내몰릴 때도 있습니다. 벼랑에서 떨어져 본 사람만이 날 수 있습니다. 추락을 경험해 본 사람만이 비상할 수 있습니다. 벼랑 끝에서 떨어질 때 비로소 우리에게 날개가 있음을 발견하게 될 것입니다. 하나님은 벼랑 끝에서 날게 하시는 분이십

들어가는 말

니다.

　기차 여행을 하다보면 기차가 어두운 터널 속으로 들어갈 때가 있습니다. 긴 터널을 빠져나와서 보면 높은 산 하나를 넘어온 것을 볼 수 있습니다. 우리 인생도 마찬가지입니다. 고난의 터널을 통과하면 인생의 커다란 산 하나를 넘어가는 것입니다.

　하나님의 손이 미치지 못할 정도로 깊은 절망의 구덩이에 던져지는 사람은 아무도 없습니다. 구덩이 속에 갇히더라도 위를 바라봅시다. 푸른 하늘이 보일 것입니다. 그리고 하나님의 구원의 밧줄이 내려오고 있음을 발견하게 될 것입니다.

　새벽 기도를 나설 때는 어둑어둑하지만 기도를 마치고 나오면 날이 환하게 밝아 있습니다. 우리 인생도 마찬가지입니다. 우리가 기도하며 영혼의 어두운 밤을 지나는 동안 하나님은 우리를 위해 부지런히 아침을 만들고 계십니다.

　약속의 땅 가나안에도 기근이 들었던 것처럼 우리도 인생의 흉년을 만날 수 있습니다. 그러나 놋 문처럼 굳게 닫힌 하늘 문이 열릴 때까지 기도하며 기다리다 보면, 삐걱거리는 소리와 함께 하늘 문이 열릴 것입니다. 그 때 우리의 인생의 가뭄도 끝나게 될 것입니다.

인생의 태풍이 불어닥칠 때 그것을 피해 다니지 말고, "태풍의 눈" 되시는 예수님에게로 피합시다. 그러면 제아무리 무서운 태풍이 불어닥친다고 할지라도 우리는 절대 고요와 절대 평안을 맛보게 될 것입니다.

풍랑으로 인하여 우리가 탄 배가 흔들릴 때도 있을 것입니다. 그러나 두려워 맙시다. 그 배에 주님이 타고 계시면 절대로 깨어지지 않고 소망의 항구에 안착하게 될 것입니다. 풍랑으로 인하여 배가 흔들릴 때에도 결코 우리의 믿음만큼은 흔들려서는 안 됩니다.

베드로처럼 우리도 실패의 빈 그물밖에 거두어 올리지 못할 때가 있을 것입니다. 그러나 포기하지 맙시다. 다시 한 번 그물을 내립시다. 하나님도 실패하실 때마다 포기하지 않으시고 항상 새롭게 시작하지 않으셨습니까? 누구든지 포기하기 전까지는 결코 실패한 것이 아닙니다.

삶이 버겁게 느껴질 때마다 독자들이 이 책을 통해서 새로운 힘

들어가는 말

과 용기와 소망을 얻을 수 있다면 이 책을 펴낸 보람이 있을 것 같습니다.

　우리가 어둔 밤을 지날 때마다 새 아침을 가져다주시는 하나님께 감사드리며….

달라스에서
이 진 희

추천사 | 2
들어가는 말 | 4

인생의 광야를 지날 때 체험하는 하나님의 은혜
1. 광야를 지날 때 오아시스가 되어주시는 하나님 ▶ 11

눈물 골짜기를 지날 때 체험하는 하나님의 은혜
2. 골짜기에서 백합화를 볼 수 있게 하시는 하나님 ▶ 51

인생의 막다른 골목에 이르렀을 때 체험하는 하나님의 은혜
3. 막다른 골목에서 새로운 길을 열어주시는 하나님 ▶ 73

인생의 벼랑 끝에 설 때 체험하는 하나님의 은혜
4. 벼랑 끝에서 날게 하시는 하나님 ▶ 97

고난의 터널을 지날 때 체험하는 하나님의 은혜
5. 고난의 터널을 통해 인생의 험산준령을 넘어가게 하시는 하나님 ▶ 115

절망의 구덩이 속에 던져질 때 체험하는 하나님의 은혜
6. 절망의 구덩이 속으로 구원의 밧줄을 내려주시는 하나님 ▶ 131

차례

시련의 용광로를 통과할 때 체험하는 하나님의 은혜
7. 시련의 용광로 속에서 정금이 되어 나오게 하시는 하나님 ▶ 145

인생의 어두운 밤을 지날 때 체험하는 하나님의 은혜
8. 어두운 밤에 새 아침을 만들고 계시는 하나님 ▶ 163

인생의 흉년을 만났을 때 체험하는 하나님의 은혜
9. 가무는 해에도 결실이 그치지 않게 하시는 하나님 ▶ 195

인생의 폭풍이 몰아칠 때 체험하는 하나님의 은혜
10. 폭풍이 몰아칠 때 바람막이가 되어주시는 하나님 ▶ 239

풍랑이 이는 인생의 바다를 항해할 때 체험하는 하나님의 은혜
11. 풍랑이 이는 바다를 지나 소망의 항구에 닻을 내리게 하시는 하나님 ▶ 259

인생의 빈 그물만 끌어올릴 때 체험하는 하나님의 은혜
12. 빈 그물이 찢어질 정도로 채워주시는 하나님 ▶ 283

Desert

1. **광야**를 지날 때
　　오아시스가 되어주시는 **하나님**

주께서 광야에서 야곱을 찾으셨고, 짐승의 울음소리만 들려오는 황야에서 그를 만나, 감싸 주고, 보호하고, 당신의 눈동자처럼 지켜 주셨다. 마치 독수리가 그 보금자리를 뒤흔들고 새끼들 위에서 퍼덕이며, 날개를 펴서 새끼들을 받아 그 날개 위에 얹어 나르듯이, 주께서만 홀로 그 백성을 인도하셨다. 다른 신은 옆에 있지도 않았다.

신명기 32장 10-12절

누구나 경험하는 인생의 광야

캔사스(Kansas)에 살 때, 캘리포니아에 있는 국립공원들을 둘러보기 위해 여행을 간 적이 있다. 캔사스는 그야말로 망망한 평원 지대라서 콜로라도까지 10시간 이상을 가야 산을 볼 수 있었다. 그곳에 이르기까지는 하늘도 평원도 온통 푸른색 천지다.

콜로라도 북쪽에서 로키 산맥 등선을 타고 남쪽으로 6~7시간을 내려가면 뉴멕시코 주를 만난다. 그러면 색깔이 완전히 바뀐다. 가도 가도 끝이 없는 암갈색 천지인 사막이다. 아무리 가도 사막밖에 없으며, 인가도 거의 없고, 죽은 산 아니면 구릉이 전부이다. 푸른색이라곤 도무지 찾아볼 수가 없다.

출애굽기부터 신명기까지를 색으로 표현한다고 하면 과연 어떤

1. 광야를 지날 때 오아시스가 되어주시는 하나님

색이겠는가? 암갈색이다. 거기에는 다른 색깔이 없다. 왜냐하면 배경이 광야이기 때문이다. 출애굽기에서 민수기, 신명기로 가면서 점점 더 진한 암갈색으로 변하게 된다. 더 깊고 더 넓은 광야가 펼쳐지기 때문이다. 황량하고 거칠기만 한 광야, 삭막한 광야, 가도 가도 끝이 없는 광야, 살아 있는 것이라고는 도무지 찾아볼 수 없는 죽음의 광야. 그것이 출애굽기와 민수기, 신명기의 무대이다.

이스라엘 민족은 가나안에 들어가기까지 40년간 이러한 광야에서 살아야 했다. 그들은 눈을 뜨면서 눈을 감을 때까지 암갈색 세상에서 살아야 했다. 다른 색깔은 구경할 수가 없었다.

신명기가 끝나고 여호수아가 시작되면서 색깔이 암갈색에서 녹색으로 바뀌기 시작한다. 이스라엘이 40년간 광야에서 볼 수 없었던, 그들이 가나안에 들어가서야 비로소 볼 수 있었던 빛깔이다. 가나안에 들어가 보니 산도 푸르고, 들판도 푸르고, 강도 푸르고, 호수도 푸르고, 온통 푸른 것 천지였다. '세상에 이런 세상도 다 있구나!' 그들은 푸른색을 보며 감탄해 마지 않았을 것이다.

인생을 살다 보면 모든 것이 감사하고, 기쁘고, 즐거울 때가 있다. 모든 것이 막힘이 없고 문제가 없을 때가 있다. 세상이 온통 환하고 밝게만 보일 때가 있다.

그러나 항상 그럴 수만은 없는 것이 우리의 인생이다. 때로는 생각한 대로 계획한 대로 잘 안 될 때도 있다. 정말 하나님이 계신가 하는 의심이 들 때도 있다. '하나님, 나는 왜 이래야 합니까?' '우리 가정은 왜 이래야 합니까?' 하고 하나님을 원망하게 되는 때도 있다. 사방이 온통 암갈색으로만 보일 때도 있다. '하나님이 나에게 왜 이런 시련과 고통을 주시는 것일까?' '왜 나를 가나안 땅으로 인도하시지 않고 이 광야에서 방황하게 하시는 것일까?' '나는 언제나 이 지긋

지긋한 광야를 벗어날 수 있을까?' 하고 탄식할 때가 있다.

인생을 살다 보면 누구나 광야를 경험하게 된다. 가정 문제 때문에 광야와 같은 삶을 사는 사람도 있고, 자녀 문제 때문에, 또는 건강 문제 때문에 광야와 같은 삶을 사는 사람도 있다. 사업이나 직장 때문에 인생의 광야를 경험하고 있는 사람도 있다.

혹시 다른 사람은 다 가나안에서 행복하게 잘 살고 있는데 나만 광야에서 살고 있는 것처럼 느껴지지는 않는가? 그렇지 않다. 나만 어렵고 힘들고 지쳐 있는 것이 아니다. 나만 시련과 고통을 당하는 것이 아니다. 누구나 다 나름대로의 광야가 있다. 누구에게나 문제가 있고, 어려움이 있고, 시련과 고통이 있다.

모세도 이집트의 바로의 궁전에서 도망 나와 40년간 광야 생활을 해야 했다. 출애굽한 이스라엘 백성들도 40년간 광야 생활을 해야만 했다. 다윗도 10년 넘게 사울에게 쫓기면서 광야 생활을 해야만 했다. 누구나 다 인생의 광야를 경험하게 되는 것이다.

인생의 광야를 지날 때 체험하는 하나님의 은혜

켄 가이어는 인생의 광야를 통과하면서 얻은 경험을 《영혼의 창》이라는 책에서 이렇게 나누고 있다.

광야에는 안전도 없고 체계도 없다. 강의 요강도 없고 노트 필기도 없고 교재도 없다. 처음에 나는 그 과정이 얼마나 오래 걸릴 것이며, 과정을 마치기 전 치러야 할 수업료가 얼마나 될지 전혀 몰랐다. 나는 교사의 말에 불복했다. 때로 분노했고 때로 대들었다. 너무 어렵고 숙제가 많다며 불평했다. 과목을 도중에 그만두고 싶었다. 그러나 알고 보니 그것은 선택 과목이 아니라 필수 과목이었으며, 이번에 딱 한 번만 개설되는 과목이었다. 나는 질문이 있어 손을 들었다. 줄기차게 손을 들었다. 그러나 교사는 질문에 답해 주기는커녕 내 손을 봐 주지도 않았다. 적어도, 내 때에는, 내 기준으로 보기에는….

광야는 나의 논문이었다. 거기서 나는 하나님이 정말 어떤 분이신지 스스로 밝혀내야 했다. 그것은 아주 독창적인 연구였다. 다른 자료에서 아무것도 인용할 수 없었다. 한 번에 뼈아픈 단어 하나, 한 번에 난해한 문단 하나, 한 페이지 한 페이지 그렇게 써 나가야 했다. 논문이 통과될 때까지. 정해진 규격도 없었다. 여백도 없고 행간도 들쭉날쭉한 데다 페이지는 앞뒤가 맞지 않았다. 엉망이었다.

그러나 엉망인 것은 '나'였다. 바로 거기서 내 인생의 메시지가 나왔다. 적어도, 메시지의 첫머리가 나왔다. 이제 나는 나 자신의 삶-다른 어느 누구의 삶도 아닌-을 통해 하나님이 진정 어떤 분이신지 알 수 있다.

광야는 불타는 가시떨기나무를 체험하는 은총의 장소이다

광야의 가시떨기나무는 쓸모없는 나무다. 다 말라빠진 나무다. 죽어 가는 나무다. 누가 봐 주는 나무도 아니다. 누가 돌보아 주는 나무도 아니다. 그늘이라도 만들어 준다면 좋겠는데, 그렇지도 못하다.

더군다나 이 가시떨기나무는 어디에 뿌리를 박고 있는 나무인가? 광야다. 버림받은 땅, 척박한 땅, 진력나는 땅, 죽은 땅, 씨를 뿌려도 나지 않는 땅, 저주받은 땅, 황무지, 그런 곳에 뿌리를 박고 살아가고 있는 비참한 나무이다. 시냇가에 심은 나무가 아니다.

　얼마나 목말라 하는 나무인지 모른다. 그냥 마지못해 사는 나무이다. 바싹 말라서 불이 붙으면 순식간에 다 타버리고 만다. 누가 건들이거나 스쳐 지나가기만 해도 가지가 부러질 정도로 말라 있다. 볼품도 없다. 어떻게 보면 저주 받은 나무처럼 보인다. 그래서 성경은 저주받은 인생을 묘사할 때 '광야의 가시떨기나무'(렘 17:5)라고 표현했다.

　그런데 광야로 도망간 모세가 바로 그 가시떨기나무와 같은 인생이 되고 말았다. 아무도 돌아보지 않는다. 아무도 관심을 가져주지 않는다. 아무도 알아주지 않는다. 아무런 희망도 없다. 광야에서 살아남기 위해 마지못해 하루하루 살아가는 존재가 되고 말았다. 이집트에서 노예 생활을 하는 이스라엘 백성도 마찬가지다. 가시나무 떨기와 같은 백성이 되고 말았다. 모세는 바로 이 가시떨기나무를 바라보면서 자신의 모습과 이스라엘 백성의 모습을 보는 듯했을 것이다. 광야의 이 가시떨기나무는 바로 우리의 모습이기도 하다.

　모세는 광야에서 양을 치다 우연히 가시떨기나무에 불이 붙은 것을 목격하게 된다. 앙상하기만 한 이 나무에 불이 붙으면 순식간에 다 타서 없어지고 재만 남는다. 그런데 이런 가시떨기나무에 불이 붙은 것이다. 그리고 그 불꽃 가운데 하나님이 임재하셨다.

　그러면 왜 하나님은 이러한 장면을 모세에게 보여주신 것일까? 차라리 다 죽어가는 가시떨기나무에 새순이 돋고, 푸른 잎이 돋아 나오고, 붉은 꽃이 피고, 까만 열매를 맺히는 것이 더 좋지 않겠는가? 죽어가는 나무에 생명을 주는 분으로 나타나셨다면 얼마나 좋겠는가? 그런데 그 반대로 하나님은 그 불쌍한 가시떨기나무에 불이 붙게 하신 것이다. 불은 모든 것을 소멸시킨다. 모든 것을 다 태워버린다. 다 삼켜버린다. 다 죽인다. 그리고 재만 남긴다. 이처럼 무서운 파괴적인 힘을 갖고 있는 것이 불이다. 그런데 지금 가시떨기나무가 이 불에 휩싸여 있다.

하나님이 모세에게 무엇을 말씀하시려고 그런 장면을 보여주신 것일까? 이제 하나님은 모세에게 출애굽의 사명을 맡기시려고 하는 찰나이다. 그때에 하나님께서는 이 불꽃을 보여주시면서 이렇게 말씀하시고 있는 것이다.

"모세야, 이제 내가 이스라엘 백성을 인도하여 광야를 거쳐 가나안으로 들어가게 할 텐데, 그러한 과정 속에서 수많은 어려움이 있을 것이다. 내 백성을 삼키려고 하는 세력들 때문에 수많은 고통을 겪을 것이다. 그러나 지금 네가 보듯이 맹렬한 불이 가시떨기나무를 태워버리려고 하지만, 보아라. 그 나무는 하나도 타지 않고 있느니라. 마찬가지로 그 누구도, 그 어떤 세력도, 내 백성 이스라엘을 해할 수 없을 것이다. 그러므로 염려하지 말고 그들을 이끌고 출애굽을 해라."

어려움은 당하겠지만 그러나 그 가운데서 하나님이 지켜 주실 것이라는 약속을 하고 계시는 것이다. 하나님의 백성이 아무리 혹독한 시련과 연단과 고통과 환난을 당해도 하나님께서 지켜 주셔서 결코 해를 받지 않게 해주실 것이라는 약속을 하시는 것이다.

이스라엘 백성이 40년 광야 길을 가는 동안 말할 수 없는 어려움과 고통과 고난과 시련을 경험했다. 그러나 마침내 가나안 땅에 들어가지 않았는가?

너는 두려워하지 말라 내가 너를 구속하였고 내가 너를 지명하여 불렀나니 너는 내 것이라 네가 물 가운데로 지날 때에 내가 함께할 것이라 강을 건널 때에 물이 너를 침몰하지 못할 것이며 네가 불 가운데로 지날 때에 타지도 아니할 것이요 불꽃이 너를 사르지도 못하리니 대저 나는 여호와 네 하나님이요 이스라엘의 거룩한 이요 네 구원자임이라… 네가 내 눈에 보배롭고 존귀하며 내가 너를 사랑하였은즉 내가 네 대신 사람들을 내어주며 백성들이 네 생명을 대신하리니(사 43:1-4).

광야는 말씀을 통해 하나님을 만나는 은총의 장소이다

신학교 입학 시험을 치를 때 모세 오경의 이름과 내용을 기술하라는 문제가 나왔다. 어렵지 않은 문제라 단숨에 답을 써내려갔다. 창세기는 천지창조에 관한 이야기, 출애굽기는 이집트에서 탈출한 이야기, 민수기는 인구 조사에 관한 이야기, 신명기는 새롭게 주신 계명에 관한 이야기…. 그런 식으로 답을 달았다. 그런 식으로 답을 달고도 합격했으니, 하나님의 은혜가 아닌가 싶다.

민수기는 영어로는 Numbers라고 한다. 백성들의 숫자를 조사한 책이라는 뜻이다. 그러나 민수기는 별로 좋은 제목이 아니다. 민수기에는 인구 조사에 관한 이야기는 4~5장밖에 나오지 않는다. 나머지는 인구 조사와 아무런 관계가 없는 이야기들이다.

유대인들은 민수기를 '미드바르'(midbar)라고 부른다. 이 말은 '광야에서'라는 뜻이다. 민수기는 인구 조사에 관한 책이 아니라 이스라엘 백성들이 출애굽을 해서 가나안에 들어가기까지 광야에서 있었던 일들을 기록한 책이다. 민수기의 히브리식 이름인 미드바르(midvar)는 '다바르'(davar)라고 하는 말과 거의 같은 말이다. 다바르는 '하나님의 말씀'이라는 뜻이다.

그러면 광야와 하나님의 말씀이 무슨 관계가 있기에 같은 어원에서 나왔을까? 하나님께서 이스라엘 백성에게 어디에서 율법을 주셨는가? 광야 한가운데 있는 시내 산이다. 하나님께서 이스라엘 백성에게 말씀을 주신 곳이 바로 광야이다. 유대인들에게 있어서 광야는 '하나님께서 말씀하시는 곳'이다. '하나님의 말씀을 받는 곳'이다. '하나님의 말씀을 듣는 곳'이다. 그래서 광야(미드바르)라고 하는 단어가 하나님의 말씀(다바르)이라고 하는 단어에서 파생되어 나온 것이다.

호세아서에서도 하나님은 이스라엘 백성을 회유하여 광야(midvar)로 데리고 나가 그곳에서 그들에게 말씀하셨다(davar)고 한다(호 2:14). 하나님은 그들에게 말씀하시기 위해 그들을 광야로 데리고 나가신 것이다. 이렇게 광야는 하나님이 말씀하시는 장소이다. 광야는 말씀을 통해 하나님을 만나는 장소이며 하나님의 음성을 듣는 은혜와 은총의 장소이다.

이집트에서 가나안까지 곧장 가면 1주일이면 넉넉히 걸어갈 수 있는 거리인데, 왜 하나님은 40년을 돌아서 가게 하셨을까?

> 네 하나님 여호와께서 이 사십 년 동안에 네게 광야 길을 걷게 하신 것을 기억하라 이는 너를 낮추시며 너를 시험하사 네 마음이 어떠한지 그 명령을 지키는지 지키지 않는지 알려 하심이라(신 8:2).

유대 랍비들은 이렇게 가르쳤다. 만일 이스라엘이 이집트에서 곧장 가나안으로 갔다면, 그들은 가나안에 들어가자마자 그들에게 주어진 땅을 경작하고 농사를 짓느라고 정신이 없었을 것이다. 그들은 하나님의 말씀을 연구할 시간이 없었을 것이다. 그리고 그런 것에 관심도 두지 않았을 것이고 하나님의 말씀과는 아무 상관도 없이 살았을 것이다. 그래서 먼저 가나안에 들어가기 전에 이스라엘 백성에게 하나님의 말씀으로 가르치셔야 할 필요가 있어 광야로 인도하신 것이라고 한다.

이스라엘 백성은 광야 40년간 먹고살기 위해서 일을 할 필요가 없었다. 하나님께서 기적적으로 매일 일용할 양식을 공급해 주셨기 때문이다. 그래서 그들은 광야 40년 동안 하나님의 말씀에 전념할 수 있었다. 이렇게 하나님의 말씀으로 훈련받은 다음 이스라엘 백성들은 젖과 꿀이 흐르는 땅에 들어갈 수 있었다.

유대인들은 '광야'라고 하면 맨 먼저 떠올리는 것이 바로 시내산에서 율법(하나님의 말씀)을 받은 것이다. 그들은 광야에서 하나님의 말씀을 받았고, 광야에서 하나님의 말씀을 생명의 양식으로 받아 먹었으며, 광야에서 하나님이 주신 말씀을 열심히 연구하고, 그 말씀을 준행하며 살았다.

하나님에게는 가나안에 빨리 들어가게 하시는 것이 중요하지 않았다. 가나안에 들어가기 전에 충분히 하나님의 말씀으로 훈련받고 연단을 받아서 하나님의 백성이 되게 하는 것이 중요한 일이었다. 말씀으로 준비되지 않은 가운데 가나안에 들어가면 하나님의 백성으로서의 삶을 살아가지 못할 것이 분명하지 않는가? 가나안에서 하나님께서 주신 약속의 땅을 기업으로 물려받고 하나님의 축복의 언약을 누리며 살도록 하기 위해 먼저 광야에서 하나님의 말씀으로 준비시키셨던 것이다.

가나안에 들어가기를 원하는가? 하나님의 말씀에 순종하는 법을 배워야 한다. 하나님의 말씀으로 훈련을 받아야 한다. 하나님의 말씀으로 충만해야 한다.

광야는 기도를 통해 하나님을 만나는 은총의 장소이다

캘리포니아에 죽음의 계곡(Death Valley)이라고 하는 국립공원이 있다. 한번 들어서면 몇 시간을 가도 인가가 하나도 없는 황량한 광야이다. 미국에서 가장 지대가 낮고 또 지구상에서 가장 더운 곳이다. 여름에는 보통 50도씩 올라간다. 광야니까 물도 없고 그늘이나 쉴 곳도 없다. 운전하고 가다가 에어컨디셔너가 고장나거나 마실 물이 떨어지거나 아니면 기름이 떨어지게 되면, 그야말로 그곳은 죽음의 계곡이 되는 수가 있다.

지난 10여 년 동안 멕시코 국경을 넘어 미국으로 불법으로 입국하기 위해 사막 지대를 건너오다 1천여 명이 목숨을 잃었다고 한다. 이렇게 사막을 여행하는 것은 위험한 일인데, 이러한 사막에서 히브리인들은 가나안에 들어가기 위해 40년 동안이나 살지 않았는가?

시편 107편에 보면, 사막을 건너던 사람이 길을 잃어버리고 말았다. 길을 찾지 못하면 살아남을 수가 없다. 정신없이 길을 찾느라 기진맥진해 있다. 마실 물도 떨어졌다. 먹을 음식도 떨어졌다. 정신이 점점 혼미해져 가고 있다. 그러다가 쓰러지면 다시는 일어설 수가 없게 되고 만다. 마실 물이 없는 가운데서 낮에 걸으면 8킬로미터도 못 가서 쓰러지게 되고, 그냥 가만히 앉아 있으면 사흘도 못 가서 탈수로 죽는다고 한다.

광야에서 물 다음으로 우리의 생명을 위협하는 것은 걷는 것이다. 이글거리는 태양 아래서 모래 사막을 걷는 것은 매우 힘들고 고통스러운 것이다. 시편에 등장하는 인물은 지금 광야에서 길을 잃고 정신이 반쯤 나간 상태로 길을 찾아 헤매고 있다. 아주 절망적인 상황에 놓여 있다. 그럴 때 어떻게 했는가?

이에 저희가 근심 중에 여호와께 부르짖으매(시 107:6).

하나님 앞에 정신없이 살려 달라고, 길을 찾게 해달라고 기도하면서 갔더니, 사람 사는 동네가 나타났다. 하나님께서 기도하는 동안에 그를 바른 길로 들어서게 하셨던 것이다.

이스라엘 백성들이 어떻게 40년 동안 이런 광야에서 살아남을 수가 있었는가? 기도 때문이었다. 이스라엘 백성들도 기도를 많이 했겠지만, 모세가 얼마나 기도를 많이 했는가? 어려움 당할 때마다 하나님 앞에 부르짖어 간구하지 않았는가? 아무리 믿음 없는 이스라엘 백성이었다고 할지라도 죽느냐 사느냐 하는 상황인데 기도하지 않을 수 있었겠는가? 그들은 기도로 광야 40년 길을 걸어갈 수가 있었던 것이다.

우리도 기도하지 않으면 이 광야와 같은 인생길에서 살아남을 수가 없다. 가나안에 들어갈 수가 없다. 우리의 삶은 광야 길을 가는 것과 같아서 기도하지 않고는 안 된다. 광야는 기도하지 않으면 죽는 곳이다. 기도 외에는 살아남을 방도가 없는 곳이 바로 이 광야이다.

예루살렘에서 여리고로 내려가다 보면, 여리고에 거의 다 가서 까마득한 절벽에 수도원이 하나 서 있다. 조지아 수도원(St. George Monastery)인데, 그 주변에 수십 개의 동굴들이 있다. 이 동굴은 수도사들이 기도하는 기도 굴이다. 여기 있는 사람들은 기도 굴에서 기도하다가 주일이 되면 수도원에 모여서 예배를 드리고 동네에 들어가 음식을 사서 다시 각자 기도 굴로 돌아간다. 평생을 기도를 하면서 굴에서 그렇게 사는 것이다. 이곳은 예수님이 40일 동안 금식 기도하시면서 사탄에게 시험을 받으신 곳이라고 한다. 그래서 그곳 광야의 높은 절벽에다 수도원을 세워 놓고 수도사들로 하여금 기도에 전념하게 하는 것이다.

　광야에 있는 사람은 기도해야 한다. 인생의 광야 길을 가다가 홍해를 만날 때 원망만 하지 말고 기도하라. 기도할 때 우리 앞에서 홍해가 갈라질 것이다. 광야에서 마실 물이 없을 때 원망만 하지 말고 기도하라. 그러면 반석에서 샘물이 터지는 기적을 체험할 것이다. 광야에서 먹을 것이 없다고 원망만 하지 말고 기도하라. 그러면 하나님께서 하늘에서 만나를 내려 주실 것이다. 광야와 같은 세상에서 어디로 가야 할지 모를 때 당황하지 말고 기도하라. 기도할 때 하나님이 구름 기둥과 불 기둥으로 우리가 가는 길을 인도하시고 우리가 가는 길에 빛을 비춰 주실 것이다.

　기도하는 사람에게 광야는 저주나 절망이나 죽음이 아니라 축복과 은혜의 기회가 될 수 있다. 고통과 시련의 광야에서 기도하는 사람은 하나님을 만나게 된다. 절망과 좌절의 광야에서 기도하는 사람은 하나님의 기적을 체험하게 된다. 훈련과 연단의 광야에서 기도하는 사람은 놀라운 하나님의 은혜를 경험하게 된다.

광야는 훈련과 연단을 통해 가나안에 들어갈 준비를 시키는 은총의 장소이다

이스라엘 백성이 열흘이면 충분히 갈 수 있는 길을 하나님께서는 왜 40년 동안 광야를 거쳐 가게 하셨는가? 그들을 광야 학교에 입학시키셔서 그들을 하나님의 백성으로 배출하기 위함이었다. 이집트 생활을 완전히 청산하고 새로운 하나님의 백성이 되도록 하기 위해 광야 학교에 집어넣으신 것이었다.

다윗도 왕이 되기 전에 사울 왕에게 목숨의 위협을 받으면서 10년 넘게 쫓겨 다녔는데, 그때 그가 숨어 다닌 곳이 바로 광야였다. 유대 광야에 엔게디라고 하는 국립공원이 있는데, 황량한 광야인데도 시원한 폭포들이 쏟아져 내리는 오아시스이다. 그곳에 많은 동굴들이 있다. 다윗이 사울을 피해 다니면서 묵었던 동굴들이다. 다윗이 사울을 피해 도망 다닐 때 그의 심정이 어떠했겠는가? 피를 말리는 일 아닌가? 다윗도 그렇게 광야 체험을 해야 했다. 하나님은 그를 위대한 왕으로 사용하시기 위해 먼저 광야 경험을 하게 하셨다.

세례자 요한도 유대 광야에서 생활하면서 회개하라고 외쳤다. 그는 메시아가 오실 길을 예비하기 위해 일찍이 광야로 나갔다. 그곳에서 메뚜기와 석청을 먹으며 살았다. 그는 회개하라는 말씀을 외치기 위해 사람들을 찾아서 예루살렘으로 들어오지 않았다. 반대로 사람들이 그를 찾아서 광야로 나갔다. 그의 활동 무대는 광야였다. 그의 학력은 광야 학교였다. 그의 별명은 '광야에 외치는 자'였다. 그는 광야의 사람이었다.

예수께서는 요단 강에서 세례받으시고 광야로 들어가 40일간 금식하면서 기도하셨다. 그때 사탄과 대결을 벌이시지 않았는가? 예수님은 공생애를 위한 마지막 준비를 하기 위하여 광야로 들어가셨던 것이다. 이렇게 예수님도 광야에서 훈련과 연단을 받으신 다음에야 비로소 활동하기 시작하셨다.

바울은 다메섹 도상에서 회심하고 잠깐 예루살렘에 올라갔다가 3년 동안 종적을 감추었다. 그동안 어디에 가 있었는가? 아라비아(광야)로 들어가서 기도하면서 준비를 했다. 그런 다음 세상으로 나와 복음을 전하기 시작했다. 은혜를 받자마자 세상으로 뛰쳐나왔던 것이 아니다. 회심하자마자 복음을 전하는 사도가 된 것이 아니었다.

세상으로 들어가기 전에 먼저 광야로 들어갔다.

광야 학교를 거치지 않고 하나님께 크게 쓰임 받은 사람은 없다. 신앙의 위대한 사람들, 하나님을 위하여 크게 쓰임 받은 사람들은 모두 이 광야 학교 출신이다.

좋은 군인을 만들어 내기 위해 사관학교가 있는 것처럼, 하나님은 훌륭한 하나님의 사람들을 배출해 내기 위해 광야 학교를 만드셨다. 그러나 이 광야 학교에 들어가고 싶어하는 사람은 아무도 없다. 이스라엘 백성들도 그들이 가나안에 들어가기 위해 40년 동안 광야 생활을 해야 하는 것을 알았다고 한다면 아마 한 사람도 이집트에서 나오지 않았을 것이다. 그들은 금방 가나안에 들어갈 수 있으리라고 기대했을 것이다. 열흘이나 한 달 정도면 충분하리라고 생각했을 것이다. 그런데 40일이 지나도, 4년이 지나도, 14년이 지나도, 광야 광야 광야였다. 가도 가도 가나안은 나오지 않고 광야만 나오니까 '이러다가 우리 무덤을 광야에 만드는 것 아니냐? 광야에서 죽는 것보다는 차라리 이집트로 돌아가서 노예 생활을 하는 것이 백배 천배 낫겠다'고 하면서 되돌아가려고 하지 않았는가?

하나님은 이럴 것을 다 아시고 이스라엘 백성들에게 그들이 광야의 시련과 고통과 연단을 얼마나 받아야 하는지 한마디도 언급하지 않으셨다. 그들이 광야에서 1년, 2년 지나면서 무슨 생각을 했겠는가? 하나님께 속았다고 생각했을 것이다. 하나님이 속이시다니, 신성 모독적인 표현이 아닌가?

그런데 하나님은 가끔 우리를 속이실 때가 있다.

> 그러므로 이제 내가 그를 꾀어서, 빈 들로 데리고 가겠다. 거기에서 내가 그를 다정한 말로 달래 주겠다(호 2:14).

이 구절은 출애굽을 빗대서 하는 말이다. 하나님께서 "너희들 광야에서 훈련 좀 받아야 되겠다"고 하면 한 사람도 나가지 않을 것이 분명하다. 그러니까 이스라엘 백성들을 속이신 것이다. 광야에 대해서는 일언반구도 하지 않으시고 오직 '젖과 꿀이 흐르는 약속의 땅' 가나안에 대해서만 이야기를 해주신 것이다. 만일 그렇게 하지 않고 사실대로 다 말씀해 주셨다면 아마 한 사람도 이집트에서 빠져 나오지 않았을 것이다. 하나님께서 이스라엘 백성들을 가나안에 들여보내시기 전에 먼저 광야 학교로 집어넣으시기 위해 말하자면 속임수를 쓰신 것이었다.

예레미야 선지자도 하나님께 속아넘어가서 예언자가 되고 말았다고 했다(렘 20:7). "내가 이럴 줄 알았다면 예언자가 안 되는 건데…"라고 후회를 했다. 아마 예레미야처럼 하나님께 속아 목회자가 된 사람들도 있을 것이다.

예수님은 어떠했는가? 스스로 원하셔서 광야로 들어가셨는가? 아니다.

성령이 곧 예수를 광야로 몰아내신지라(막 1:12).

여기 파격적인 표현이 사용되고 있다. 예수님이 광야로 끌려갔다는 것이다. 예수님은 안 나가려고 하는데, 성령께서 강제적으로 예수님을 광야로 몰아내셨다는 것이다. 예수님이 스스로 공생애를 준비하는 기도를 하기 위해 광야로 들어가신 것이 아니었다. 순전히 성령님의 강권적인 역사로 광야에 들어가서 40일 동안 금식하며 기도하셨던 것이다.

모세도 마찬가지였다. 그는 이집트 왕궁에서 대단히 고귀한 존재였다. 부족함이 없는 사람이었다. 미래가 보장된 사람이었다. 부귀와 영화와 권세를 누렸다. 천하가 다 그의 것이었다. 그러던 어느 날 광야 40년 동안 두고두고 후회하는 한 가지 사건이 일어나게 된다. 서로 싸우는 동족을 말리다 한 사람을 쳐죽인 것이다.

그렇지 않아도 바로의 후계 문제 때문에 다른 형제들과 복잡하게 얽혀 있었던 차에 이런 일이 일어나자 왕궁에서 이것을 문제삼아서 모세를 처치하려는 움직임이 일어났을 것이다. 이런 낌새를 알아차리고는 모세는 미디안 광야(지금의 사우디아라비아)로 도망을 갈 수밖에 없었을 것이다. 장차 바로가 될지도 모르는 사람이 하루아침에 살인자가 되어 쫓기는 신세가 되고 만 것이다. 이렇게 해서 그는 바로의 궁을 도망쳐 나와야 했으며, 40년 동안 광야에서 양떼를 치면서 목자로서 살아가야 했다.

이 일의 배후에는 보이지 않는 하나님의 손이 있었다. 모세로 하여금 이집트의 바로의 왕궁으로 들어가게 하신 분도 하나님이시고, 때가 찼을 때 그곳에서 나오게 하신 분도 하나님이셨다. 하나님께서 일이 이상하게 되게 만들어서 그를 광야로 몰아내셨던 것이다.

모세는 미디안 광야에서 40년 동안 양을 치면서 처가살이를 했다. 광야에서 양을 치면서 얼마나 외롭고 어렵고 힘들었겠는가? 그에게는 아무런 희망도 없다. 내일이 없다. 그날이 그날이고 그날이 그날인 그런 무의미한 삶을 살아가고 있었다. 아무 생각도 없이, 계획도 없이, 하루하루 그냥 저냥 살아가는 평범한 사람이 되고 만 것이다. 이집트에서 누렸던 부귀 영화와 권세는 꿈도 꾸지 못하는 신세가 되고 말았다. 그는 광야에서 가끔씩 지난날을 되돌아보면서 이집트에서 누렸던 부귀 영화를 회상해 보기도 했을 것이다. 아마 모세만큼 인생이 일장춘몽(一場春夢)임을 뼈저리게 느껴본 사람도 없을 것이다.

그는 이집트에서는 그야말로 somebody였다. 그러던 그가 광야로 도망와서 살면서 nobody로 바뀐 것이다. 아무도 알아주는 사람이 없는 초라한 사람이 되고 말았다. 그는 그저 남의 양을 치는 비천한 신분의 목자였다.

하나님께서 이집트 왕궁에 있는 자신만만한 모세를 부르셨는가? 아니다. 하나님은 광야 학교에서 그를 강도 높게 훈련시키시고 그를 낮추시고 겸손하게 하시고 온유하게 하신 다음에 그를 부르셨다. 40년 동안 궁중 교육을 받은 모세를 부르신 것이 아니라 40년 동안 험한 광야 학교 코스를 다 마친 모세를 부르셨다.

하나님은 우리가 싫어해도 강제적으로 우리를 떠밀어서라도 광야 학교에 들어가게 하시는 분이다. 우리는 광야 학교에 들어가고 싶지 않지만, 하나님께서는 우리를 광야 학교에 들어가서 시련과 연단을 받게 하신다.

지금 인생의 광야 길을 지나고 있는가? 하나님이 당신을 광야로 내모셨는가? 감당하기 어려운 시험과 연단과 고통이 있는가? 그렇다면 지금 당신은 광야 학교에 들어와 있는 것이다. 하나님께서 당신을 사랑하셔서 이 학교에 들어오게 하신 것이다.

이 광야 학교를 졸업하는 데 이스라엘 백성들은 40년이 걸렸다. 광야 학교는 어렵고 힘들기는 하지만, 모든 과정을 잘 마치고 이 광야 학교를 졸업할 때에 하나님께서는 가나안을 선물로 주실 것이다. 광야 학교를 졸업하기 전까지는 가나안에 들어갈 수 없다. 광야 학교에서 잘 훈련받고 연단을 받은 사람만이 마침내 약속의 땅 가나안에 들어가 하나님께서 주시는 축복을 받아 누리며 살아갈 수 있다.

광야에 머물지 않으려면

출애굽기, 레위기, 민수기, 신명기에서 하나님께서 가장 심각하게 다루신 죄가 무엇인가? 원망과 불평, 불만이었다. 이스라엘 백성이 40년 동안 광야 생활을 하면서 하나님 앞에 범한 가장 큰 죄가 무엇이었는가? 원망과 불평, 불만이었다. 출애굽을 한 이스라엘 백성 가운데 여호수아와 갈렙을 제외하고는 단 한 사람도 가나안에 들어가지 못했던 이유가 무엇이었는가? 원망과 불평, 불만 때문이었다.

우리에게는 원망하고 불평하는 것이 그렇게 큰 문제가 아닌 것 같은데 하나님께서는 그런 문제들을 심각하게 다루신다. 이스라엘 백성들이 원망하고 불평할 때 그냥 넘어가신 적이 없다. 그만큼 하나님은 우리가 원망하고 불평하는 것을 싫어하신다.

불평과 원망은 파괴적인 결과를 낳는다

불평과 원망을 하다 보면 모든 것을 부정적으로, 비관적으로, 비판적으로, 절망적으로 바라보게 된다. 자기 연민에 빠지게 된다.

> 우리가 애굽 땅에서 죽었거나 이 광야에서 죽었으면 좋았을 것을…
> (민 14:2).

불평과 원망을 하다 보면 잘못된 판단과 잘못된 결정을 내리기 쉽다.

어찌하여 여호와가 우리를 그 땅으로 인도하여 칼에 쓰러지게 하려 하는가? 우리 처자가 사로잡히리니 애굽으로 돌아가는 것이 낫지 아니하랴?(민 14:3).

그러다 보면 잘못된 행동을 하게 된다.

우리가 한 지휘관을 세우고 애굽으로 돌아가자(민 14:4).

결국 불평과 원망은 파괴적인 결과를 가져오게 된다.

나를 원망하는 이 악한 회중에게 내가 어느 때까지 참으랴 이스라엘 자손이 나를 향하여 원망하는 바 그 원망하는 말을 내가 들었노라… 너희 말이 내게 들린 대로 내가 너희에게 행하리니 너희 시체가 이 광야에 엎드러질 것이라… 너희에게 살게 하리라 한 땅에 결단코 들어가지 못하리라(민 14:28-30).

이스라엘 백성들의 원망을 들으시고 그들이 원망한 그대로 광야에 그들의 무덤을 만들어 주셨다. 원망을 했더니 원망한 그대로 된 것이다. 시저가 사냥을 나가려고 하는데 비가 왔다. 기분이 상한 시저는 부하들에게 주피터(로마 신화에 등장하는 천공신으로, 그리스 신화의 제우스에 해당한다)를 향해 화살을 힘차게 잡아당기도록 하라고 명령했다. 부하들은 90도 각도로 하늘을 겨누어 화살을 쏘아대기 시작했다. 그런데 웬걸, 잠시 후에 그들 머리 위로 화살이 쏟아져 내리기 시작했다. 그들은 자신이 쏜 화살에 맞게 된 것이다.

하나님을 향해 원망의 화살을 쏘아대는데, 그것은 결국 다 자기 자신을 향해 쏘는 화살이다. 자기가 쏜 화살에 자기가 맞는 것이다. 자기만 상처를 입는 것이다. 원망은 자신을 향해 쏘는 화살이다. 불평과 원망은 부메랑이 되어 내게 돌아와 나를 찌르게 되어 있다.

불평과 원망 가운데 살아가는 사람들은 인생의 광야를 벗어나지 못한다

출애굽한 이스라엘 백성들 가운데 가나안에 들어간 사람은 여호수아와 갈렙뿐이었다. 나머지는 40년 동안 광야에서 배회하다 거기서 죽고 말았다. 이유는 단 하나였다. 불평과 불만, 원망 때문이었다. 다른 죄가 아니었다.

광야에서 문제를 만날 때마다 하나님이 해결해 주셨다. 그런데도 이스라엘 백성들은 문제를 만날 때마다 기도할 생각은 하지 않고 원망과 불평만 했다. 문제를 만날 때마다 마치 인생이 다 끝난 것처럼 생각했다. 희망을 포기했다. 절망감에 사로잡혔다. 한 번도 하나님을 의지하거나 과거에 베풀어 주신 은혜를 기억하고 기도하거나 감사하지 않았다. 불평과 불만과 원망으로 가득 찼다. 그렇게 수많은 하나님의 역사를 체험하고도 계속 원망, 또 불평, 또 불만, 또 비난…. 바로 이것 때문에 그들은 가나안에 들어가지 못했다.

광야와 같은 인생을 살아가고 있는 사람들을 보면, 가나안에 들어가지 못하고 광야에서 배회하다 거기서 다 죽은 이스라엘 백성들처럼 문제 해결을 위해 힘쓰기를 포기하고 만사에 부정적이다. 문제를 만나면 자동적으로 불평, 원망, 비난이 나온다. 이렇게 불평만 하고 원망만 하면서 살면 영원히 이스라엘 백성들처럼 가나안에 들어갈 수 없다. 그냥 이 광야에서 방황하다 이곳에서 죽게 되고 만다.

인생의 광야에서 방황하지 않고 광야를 곧장 통과해서 가나안 땅에 들어가려면 불평, 불만을 해서는 안 된다. 그렇다면 어떻게 하면 불평, 불만을 하지 않을 수 있을까?

뒤(이집트)를 돌아보지 말라

원망하는 사람들의 공통점은 과거에 집착한다고 하는 것이다. 과거에 좋았던 시절을 과장하고 미화한다. "우리가 이집트에서 가마솥 옆에서 고깃국 끓여 먹던 시절이 그립구나, 우리가 이집트에서 오이 먹고 상추 먹고 하던 때가 그립구나…." 누가 들으면 이집트에서 호강하며 살았던 사람으로 생각할 것이다. 그때 그들이 노예였다는 것은 생각하지 않는다. 나쁜 것은 생각하지 않고 좋은 것만 생각하면서 '그때가 좋았는데, 그런데 지금은 이게 뭐야?' 하며 불평한다.

그들은 몸은 이집트를 떠났지만 영적으로는 아직도 이집트를 벗어나지 못했다. 온전한 출애굽을 하지 못한 것이다. 그들은 가나안보다 이집트를 더 많이 생각했다. 가나안을 바라보지 않고 이집트를 회상했다. 가나안을 향해서 나가면서도 이집트를 계속 되돌아보았다. 여기서 원망과 불평이 나오게 된 것이다. 그리고 이것 때문에 결국 여호수아와 갈렙 외에는 출애굽 1세대로서는 한 사람도 가나안에 들어가지 못했던 것이 아닌가? 인생의 광야를 지날 때, 자꾸 이집트를 뒤돌아보는 사람은 가나안에 들어가지 못하게 된다. 광야에서 배회하다 그냥 거기서 죽고 만다.

　소돔과 고모라 성이 멸망당할 때 롯의 가족들이 피신을 했다. 그때 한 가지 경고가 주어졌다. 절대로 뒤돌아보지 말라는 것이었다. 그런데 롯의 아내는 뒤돌아보고 말았다. 그리고 그 자리에서 소금기둥이 되고 말았다. 예수님 말씀대로 쟁기를 잡고 뒤돌아보는 자는 하나님 나라에 들어갈 수 없다(눅 9:62).

　우리가 신앙생활을 하면서 이 세상에서 고통과 연단과 시련을 받는 것은 이상한 것이 아니다. 왜냐하면 우리는 지금 이스라엘 백성이 그랬던 것처럼 이집트(세상)를 떠나 약속의 땅 가나안(천국)에 들어가기 위해 광야를 걸어가고 있기 때문이다.

　가나안으로 가는 광야 길이 어렵다고 해서 이집트로, 과거로, 세상으로 돌아가는 사람은 결코 가나안에 들어갈 수 없다. 그런 사람은 평생 광야에서 방황하다 죽고 말 것이다. 신앙생활을 하는 것이 어렵고 힘들다고 해서 다시 세상으로 돌아가서는 안 된다. 새사람이 되는 것이 어렵고 힘들다고 해서 다시 옛사람으로 돌아가서는 안 된다. 새로운 인생을 시작하는 것이 어렵고 힘들다고 해서 그것을 포기해서는 안 된다. 아무리 어렵고 힘들어도 우리는 가나안에 들어가기 위해 이 광야를 통과해야 한다. 가나안을 향한 발걸음을 멈추어서는 안 된다.

지금 처한 현실(광야)만을 바라보지 말고 앞(가나안)을 바라보라

하나님의 은혜로 지금까지 많은 어려움들을 이겨내면서 살아오지 않았는가? 지금 여기까지 인도하신 하나님께서 우리를 가나안까지 인도해 주실 것이다. 지금 광야에 있다고 해서 낙심하거나 불평하거나 원망하지 말라. 하나님께서는 우리에게 광야에서 살라고 이 광야에 우리를 갖다 놓으신 것이 아니다. 이 광야는 가나안으로 가는 길일 뿐이다. 광야는 통과하는 곳이지 살 곳이 아니지 않는가?

우리의 목적지는 지금 우리가 처해 있는 광야가 아니라 약속의 땅 가나안이다. 우리가 당하고 있는 고통과 시련은 과정에 지나지 않는다. 광야에 집 짓고 사는 사람 있는가? 없다. 그러나 텐트는 친다. 거기에 살기 위해 텐트를 치는 것이 아니라 그 광야를 통과하기 위해 잠깐 텐트를 치는 것이다. 텐트를 치고 자면서 감사해야 한다.

"이런 광야에서 살지 않게 하시고 다만 지나가게만 하시니 감사합니다."

왜 불평과 원망을 하게 되는가? 가나안은 바라보지 않고 지금 지나가고 있는 이 광야만 바라보기 때문이다. 그러나 가나안을 바라보면 소망 가운데 감사함으로 이 광야를 통과하게 된다. 지금 우리가 처한 광야에서 불평과 원망만 한다면 우리는 인생의 광야에서 계속 살 수밖에 없을 것이다. 이 광야를 벗어날 수 없을 것이다. 가나안에 들어가지 못하게 되고 말 것이다.

아래(광야)만 보지 말고 위(하나님)를 바라보라

동서남북이 꽉 막혀 있다. 빠져나갈 길이 없다. 어떻게 하겠는가? 위를 바라보라. 위는 열려 있지 않는가? 문제만 바라보지 말고 문제의 해결자가 되시는 하나님을 바라보라.

이스라엘 백성들은 그들 앞에 놓여 있는 홍해만 바라보았지, 홍해를 가르시는 하나님은 바라보지 않았다. 그들은 물이 없는 것만 바라보았지, 바위를 쳐서 물이 나오게 하시는 하나님은 바라보지 않았다. 그들은 먹을 것이 없는 것만 바라보았지, 하늘에서 만나를 내려 주시는 하나님은 바라보지 않았다. 그들은 거대한 네피림 족속만 바라보았지, 그 땅을 그들에게 주실 하나님은 바라보지 않았다.

그래서 불평하고 불만을 토로하고 원망을 했던 것이다. 그들이 하나님을 바라보았다면 원망과 불평은 하지 않았을 것이고, 그러면 하나님의 징벌을 받지 않고 그들의 모든 문제를 해결받을 수 있었을 것이다.

내가 지금 처한 형편과 처지, 곧 나의 광야만 바라보면 이스라엘 백성들처럼 원망과 불평을 할 수밖에 없다. 그러나 눈을 들어 하나님을 바라보라. 그러면 원망과 불평에서 벗어날 수 있을 것이다.

불평을 기도로 바꾸라

모세는 원망을 했을까, 안 했을까? 모세도 원망했다(민 11:6-15). 그런데 하나님께서는 이스라엘 백성이 원망할 때는 진노를 퍼붓고 모세가 원망할 때는 한 번도 그를 책망하거나 질책하시거나 노하지 않으셨다. 하나님이 사람 차별하는 것인가?

이스라엘 백성도 원망했고 모세도 원망했지만, 그들은 자기들끼리 서로 원망했다. 그리고 집중적으로 모세에게 원망의 화살을 쏘아댔다. 하나님을 향해 하나님에게 직접 원망한 적은 거의 없다.

그러나 모세는 불평, 불만을 사람들에게 토로하지 않았다. 그 대신 하나님께 쏟아 놓았다. 바로 그 차이이다. 같은 원망이지만 차원이 전혀 다르다. 모세의 원망은 그냥 원망이 아니라 기도였다. 모세는 기도하면서 원망을 했던 것이다.

"하나님, 하나님, 어찌하여 날 버리시나이까? 하나님, 하나님, 언제까지니이까? 하나님, 왜 가만히 계시는 겁니까? 어떻게 좀 하셔야 하는 것 아닙니까? 하나님, 제가 뭘 그렇게 잘못했습니까? 제가 왜 이런 고통을 당해야 합니까? 하나님, 제가 그렇게 울부짖으며 기도하는데, 좀 들어 주시면 안 됩니까? 왜 묵묵무답이십니까? 원수들이 저를 조롱하는 것을 보고도 왜 가만히 계십니까? 제가 억울하게 당하는 것을 왜 가만히 보고만 계십니까?"

시편에 나오는 원망과 불평과 탄식의 기도들이다. 보통 생각하듯이 시편이 찬양과 감사로만 가득 차 있지는 않다. 시편에 나오는 시 네 편 중에 하나는 이런 불평과 원망과 탄식의 시들이다.

시편에 나오는 불평, 불만, 원망과 이스라엘 백성이 광야에서 했던 불평, 불만, 원망은 어떻게 다른가? 시편 기자들은 하나님께 기도하는 가운데 불평과 불만, 원망을 쏟아 놓았다. 그러나 이스라엘 백성들은 광야에서 하나님 앞에 거의 이런 기도를 해본 적이 없다. 기도하지 않고 불평과 불만만 원망만을 쏟아 놓았다. 그리고 하나님이 아니라 모세에게만 원망을 퍼부었다. 하나님에게 불평하는 것과 하나님에 대하여 불평하는 것은 다르다.

하나님 앞에서 하나님에게 불평하고 하나님을 향하여 원망하는 것은 하나님께서 기뻐하신다. 그러나 사람들에게 하나님에 대하여 불평하고 하나님에 대하여 원망하고 다니는 것은 하나님께서 기뻐하시지 않는다.

기도할 때 하나님 앞에서 솔직하게 속마음을 다 털어놓는 것이 중요하다. 하나님은 그것을 기뻐하신다. 시편에 단 한 절에서도 원망과 불평의 기도를 해놓고 나서 나중에 "하나님 제가 잘못했습니다.

용서해 주십시오" 그런 회개 기도를 한 곳이 없다. 원망과 불평의 기도가 잘못된 기도가 아니라고 하는 것이다. 기도할 때 위선자가 되지 말라. 포장할 필요가 없다. 마음속에는 하나님에 대한 불평과 불만, 원망으로 가득 차 있는데 입술로만 하나님 감사합니다, 하나님을 찬양합니다라고 기도할 때, 하나님이 그 마음을 모르시겠는가? 하나님 앞에서 당신의 속마음을 감추려고 할 필요가 없다. 감춘다고 해서 감추어지는 것도 아니지 않는가?

한나가 화도 나고 서럽고 슬프고 마음에 쌓인 한이 많아서 흐느끼면서 기도했다. 한나는 이렇게 고백한다.

> 나는 마음이 슬픈 여자라 포도주나 독주를 마신 것이 아니요 여호와 앞에 내 심정을 통한 것뿐이오니 당신의 여종을 악한 여자로 여기지 마옵소서 내가 지금까지 말한 것은 나의 원통함과 격분됨이 많기 때문이니이다 하는지라(삼상 1:15-16).

이렇게 한나가 마음을 쏟아 놓는 기도를 했을 때 하나님께서 들으시고 응답해 주시지 않았는가?

속마음을 감추려고 하지 말고 있는 그대로 하나님에게 원망도 하고, 화풀이도 하고, 한풀이도 하고, 하나님께 항의해 보기도 하고, 따져 보기도 하라.

그러면 기도하는 가운데 마음속의 응어리들이 다 풀어질 것이다. 마음의 상처가 치유될 것이다. 원망과 불평의 기도를 하다 보면 성령의 역사 가운데 감사와 찬양의 기도로 바뀌게 될 것이다. 인생의 광야를 지나면서 불평과 불만으로 가득 차 있는가? 기도로 쏟아 놓으라. 그러면 기도하는 가운데 불평과 불만이 다 사라질 것이다.

불평을 감사로 바꾸라

어두움을 쫓아내는 방법은 하나밖에 없다. 빛을 비추는 것이다. 빛이 들어가면 어둠은 자연히 사라진다. 불평을 내어쫓는 방법은 불평을 안 하는 것이 아니라 감사를 하는 것이다. 감사하는 마음으로 충만하게 되면 불평과 불만이 자리잡을 수가 없다. 감사하는 마음에는 사탄이 불평, 불만의 씨를 뿌릴 수 없다.

> 아무 것도 염려하지 말고 다만 모든 일에 기도와 간구로, 너희 구할 것을 감사함으로 하나님께 아뢰라 그리하면 모든 지각에 뛰어난 하나님의 평강이 그리스도 예수 안에서 너희 마음과 생각을 지키시리라(빌 4:6-7).

뭔가 문제가 있고 부족한 것이 있어서 기도하는 것이 아닌가? 그런데 불평하는 마음으로 기도하는 것이 아니라 감사하는 마음으로 구해야 한다고 말씀하고 있다.

기도하는 사람은 다 사자굴 속에 던져질 것이라고 하는 어명이 내려졌을 때 다니엘이 어떻게 했는가?

> 다니엘이 이 조서에 왕의 도장이 찍힌 것을 알고도 자기 집에 돌아가서는 윗방에 올라가 예루살렘으로 향한 창문을 열고 전에 하던 대로 하루 세 번씩 무릎을 꿇고 기도하며(단 6:10).

여기까지는 우리가 다 잘 알고 있다. 그러나 그 다음에 나오는 말씀이 더 중요하다.

그의 하나님께 감사하였더라(단 6:10).

지금 감사할 상황이 아니지 않는가? "하나님 왜 이렇게 저를 곤란하게 만드시는 겁니까? 잘못하면 제가 지금 사자밥이 되게 되었습니다"라고 불평만 하지 않아도 대단한 것 아닌가? 그런데 다니엘은 오히려 감사의 기도를 드렸다고 했다. 불평할 수밖에 없는 상황에서도 감사한 사람들은 성경에 너무나 많다. 불평하는 마음을 다 몰아내고 감사의 마음으로 채우기를 바란다.

불평은 태도다, 태도를 바꾸라

유대인들에게 이런 이야기가 전해 내려온다. 홍해가 갈라졌을 때, 양 옆으로 물이 벽을 이루고 그 가운데로 이스라엘 백성들이 지나갔다. 여기저기 물이 좀 고여 있고 미끄러운 곳도 있고 질퍽거리는 곳도 있었다. 그때 어떤 사람이 이렇게 불평을 했다고 한다.

"뭐 이래. 여기도 다 진흙투성이잖아! 이집트에서 진흙으로 벽돌을 만드느라고 신물이 났는데 자유의 몸이 된 지금도 또 진흙과 싸워야 하니, 도대체 달라진 게 뭐야?"

이것이 바로 오늘 우리의 모습이 아닌가?

치즈 냄새를 아주 싫어하는 사람이 있었는데, 자고 일어나보니 치즈 냄새가 났다. 어디서 냄새가 나는가 방을 둘러보았다. 그러나 치즈는 그 어디에도 없었다. 건넌방으로 갔다. 거기에서도 냄새가 났으나 그곳에도 치즈는 없었다. "이놈의 치즈가 도대체 어디에 있는 거야?" 점점 화가 나기 시작했다. 마루로 나갔다. 거기도 냄새가 났다. 그러나 치즈는 보이지 않았다. 마당으로 나갔다. 거기에서도 치즈 냄새가 났다. 그러나 거기에도 치즈는 없었다. 화가 머리끝까지 난 그는 소리를 버럭 질렀다. "도대체 어느 놈이 치즈를 감춰둔 거야?"

사실은 손자 녀석이 할아버지를 골려 주려고 할아버지가 자는 동안에 코에 몰래 아주 작은 치즈 한 조각을 녹여서 발라 두었던 것이다. 그러니 어디를 가나 치즈 냄새가 날 수밖에…. 자기 코에 치즈가 묻은 것을 모르고 다른 데서만 치즈를 찾으며 불평했던 것이다.

세상에는 두 종류의 미용사가 있다. "아이고 내 팔자야. 남의 머리나 만져 주고 살아야 하니, 나도 참 팔자가 세구나"라고 팔자 타령을 하면서 손님의 머리를 만져 주는 사람이 있고, "하나님, 저는 목사도 아닌데 안수를 하루에도 수십 번도 더할 수 있게 하시니 감사합니다. 이 사람이 예수 믿게 하여 주시옵소서. 구원받게 하여 주시옵소서. 교회 나오게 하여 주시옵소서" 그렇게 (속으로) 기도하면서 기쁜 마음으로 일하는 사람이 있다.

상황이 문제가 아니다. 똑같은 상황에서도 전혀 다른 태도로 살아갈 수 있다. 어떤 태도로 살아가느냐 하는 것은 우리가 선택하기에 달려 있다. 범사에 감사하는 삶을 살 것인가, 아니면 범사에 불평하는 삶을 살 것인가 하는 것은 우리가 선택하기에 달려 있다. 범사에 불평하고 원망하는 사람은 그렇게 살기로 선택했기 때문에 그렇게 사는 것이다. 그 사람이 처한 상황 때문에 그런 것이 아니다. 불평은 태도이다. 태도를 바꿔야 한다.

불평은 습관이다. 습관을 바꿔야 한다

이스라엘 백성은 출애굽기에서 출발해서 레위기, 민수기, 신명기를 거쳐 여호수아서에서 비로소 가나안 땅에 들어갔다. 출애굽기에서 신명기까지 40년이다. 성경에 기록된 것을 보면 이 40년 동안 있었던 일들 가운데 그들이 광야에서 원망한 것, 그래서 하나님의 진노를 사고 벌을 받은 것밖에 안 나온다. 똑같은 이야기가 반복된다.

문제를 만난다. 원망한다. 그러면 모세가 기도한다. 하나님께서 들으시고 문제를 해결해 주신다. 그러나 동시에 원망의 대가도 치른다. 벌을 받는다. 또 문제를 만난다. 원망한다. 그러면 모세가 기도한다. 하나님께서 들으시고 문제를 해결해 주신다. 그러나 동시에 원망의 대가도 치른다. 벌을 받는다. 또 문제를 만난다….

광야에서 이스라엘 백성은 계속 불평하고 원망했다. 습관이 된 것이다. 그런 태도가 굳어버린 것이다. 어디서 이런 습관이 몸에 뱄을까? 이집트의 노예 생활에서 몸에 밴 습관이었다. 노예 생활을 하면서 얼마나 불평을 하고 원망을 했겠는가? 그들은 감사라는 것을 전혀 몰랐다. 만족이라는 것을 전혀 몰랐다. 태어나면서부터 평생을 그렇게 살아왔다. 그것이 그들의 삶의 스타일이었고, 그것이 그들의 일상생활이었다. 불평, 불만, 원망이 몸에 배었던 것이다. 그것을 출애굽을 한 다음에도 벗어버리지 못했던 것이다.

이스라엘 백성들처럼 불평, 불만, 원망이 라이프 스타일이 되어버린 사람들이 있다. 그런 사람들은 그 습관을 바꿔야 한다. 그렇지 않으면 가나안에 들어갈 수 없다. 우리가 불평하고 원망하는 만큼 광야에서 머무는 시간이 길어진다는 사실을 알아야 한다.

바꿀 수 없는 상황은 그대로 받아들이라

느보 산에서 가나안 땅을 바라만 보고 그 땅을 밟아 보지 못한 모세의 심정이 어떠했겠는가? 우리가 모세였다면 가슴이 무너졌을 것이다. 인간적인 서운함과 안타까움, 분노 같은 것 때문에 하나님을 원망하고 하나님께 불평하고 하나님께 따졌을 것이다.

"아니, 하나님, 제가 40년 동안이나 이 백성을 인도해 왔는데, 이제 저 요단강을 건너기만 하면 가나안 땅에 들어갈 수 있는데 어떻게 그러실 수 있습니까? 하나님, 절대로 그럴 수 없습니다. 제가 지금까지 얼마나 고생했는데, 저는 고생만 하고 영광은 여호수아가 받는단 말입니까? 세상에 그런 법이 어디 있습니까? 왜 이제 와서 바꾸려고 하시는 겁니까? 안 됩니다. 제가 끝까지 해야 합니다."

모세는 그러지 않았다. 그는 눈물을 흘리며 하나님 앞에 이렇게 감사를 드렸을 것이다.

"하나님, 저렇게 좋은 땅을 당신의 백성들에게 주시니, 뭐라 감사를 드려야 할지 모르겠습니다. 이스라엘 백성들이 광야에서 정말 고생이 많았는데 이제 고생 끝이군요. 하나님 감사합니다. 하나님 감사합니다. 제가 비록 저 땅에 들어가지 못한다고 할지라도, 여한이 없습니다. 저는 들어간 것과 다름이 없습니다. 하나님, 감사합니다. 하나님, 감사합니다. 저는 가나안에 들어가지 못해도 좋습니다. 저에게는 더 좋은 영원한 본향 하늘나라가 있지 않습니까? 저는 이제 그곳으로 들어가겠습니다."

어떤 일이 뜻대로, 계획한 대로, 바라는 대로 안 될 때, 당신의 목표가 바로 눈앞에서 좌절될 때, 느보 산에 올라가 있는 모세를 생각하라. 때로는 하나님의 섭리 가운데 우리에게 주시지 않는 것도 있다. 하나님의 뜻을 이루기 위해 우리의 뜻을 이루어 주시지 않을 때도 있다. 그럴 때 원망하거나 불평하지 말고 모세처럼 현실을 받아들일 수 있어야 한다.

우리는 다 가나안을 향해 광야를 지나고 있다. 광야를 통과하는 데 얼마나 걸릴지는 아무도 모른다. 속히 빠져나갈 수 있기를 바라지만, 그렇지 못할 수도 있다. 출애굽기에서 히브리 사람들이 출애굽을 했다. 그런데 레위기, 민수기, 신명기를 거쳐 여호수아서에 가서야 가나안에 들어가지 않았는가?

어떤 사람은 출애굽기 14장쯤 와 있는 사람도 있을 것이다. 다시 말해 이제 막 이집트에서 탈출해서 홍해까지 온 사람도 있을 것이다. 그런가 하면 민수기 중간쯤까지 와 있는 사람도 있을 것이다. 이런 사람은 광야를 통과하는 데 시간이 좀 걸릴 것이다. 그런가 하면 출애굽기와 민수기를 거쳐 신명기쯤 와 있는 사람도 있을 것이다. 그런 사람은 머지않아 곧 가나안 땅에 들어가게 될 것이다.

광야를 통과하려면 광야에서 살아가는 법을 배워야 한다. 광야에 적응하는 법을 배워야 한다. 광야에서 원망과 한탄만 하지 말고, 광야를 인정하면서 광야를 빠져나가도록 노력하는 것이 지혜로운 것이 아니겠는가?

당장 문제를 해결할 수 없다고 하더라도 그 문제 때문에 안달복달하지 말고, 문제를 해결할 때까지 그 문제와 더불어 살아가는 법을 배워야 한다. 당장 고치기 어려운 병을 갖고 있다면 그 병과 더불어 살아가는 법을 배워야 한다. 그리고 기도하면서 이기도록 해야 한다. 가정의 문제나 자녀의 문제, 경제적인 문제도 마찬가지다. 현실을 받아들이고 긍정적으로 살아야 한다.

광야에서 살아남기 위해 가장 필요한 것은 무엇보다 견디는 것이다. 인내하는 것이다. 참는 것이다. 우리에게 있어서 광야는 머무는 곳이 아니라 통과하는 곳이다. 하나의 과정이다. 시간이 얼마나 걸릴지는 몰라도 하나님은 우리로 하여금 반드시 가나안에 들어가게 하실 것이다. 하나님께서 절대로 이 광야에 우리의 무덤을 만들지는 않으실 것이라는 확신을 가지고 잘 참고 견뎌야 한다.

우리 인생은 암갈색에서 녹색을 향한 여정이다. 온통 우리 주변이 암울한 암갈색으로 뒤덮여 있는가? 언젠가는 우리 앞에도 밝고 환한 녹색 세상이 전개될 것이다. 지금은 광야 같은 삶을 살아도 언젠가는 약속의 땅 가나안에 들어가게 될 것이다. 그런 희망을 가지고 열심히 이 광야의 고통과 시련을 잘 이겨내야 한다.

사막이 아름다운 것은 사막 어딘가에 오아시스가 숨어 있기 때문이다

사막이라고 해서 사막만 있는 것이 아니다. 사막 어딘가에는 오아시스가 숨어 있다. 그래서 사막이 아름다운 것이다. 그래서 사막에 들어갈 수 있는 것이다. 오아시스가 없다면 아무도 사막에서 살아남지 못할 것이다. 그야말로 사막은 삭막한 곳이 되고 말 것이다. 죽음의 땅이 되고 말 것이다.

사막을 지나가는데 물이 다 떨어져간다. 이틀치 마실 것밖에 남지 않았다. 그러면 어떻게 되는가? 이틀 안에 오아시스를 만나지 못하면 그 사람은 죽고 만다. 오아시스를 만나면 살고 오아시스를 만나지 못하면 죽는 것이다. 오아시스가 그런 곳이다. 사막을 건너는 사람이 가장 기다리는 것이 바로 오아시스다.

<황야의 무법자> 같은 영화에 보면 외로운 나그네가 광활한 광야를 얼굴을 푹 숙인 채 무엇인가를 골똘하게 생각하면서 뚜벅뚜벅 말을 타고 가고 있다. 뜨겁게 내리쬐는 햇볕을 받으며… 그는 과연 말 위에서 무슨 생각을 그렇게 골똘하게 하고 있을까? 삶에 대해? 인생에 대해? 진리에 대해? 하나님에 대해? 아니다. 시원한 얼음을 가득 넣은 콜라 생각밖에 나지 않을 것이다.

　부자 상인이 낙타에 짐을 잔뜩 싣고 안내자와 함께 사막을 지나고 있었다. 그런데 물이 점점 떨어져갔다. 사막에서 물이 떨어지면 죽는 것 아닌가? 부자 상인이 안내자에게 말했다.

　"여보시오. 내가 있는 것 다 줄 테니 나에게 물을 파시오."

　안내자가 생각해보니 좋은 거래였다. 2, 3일만 더 가면 오아시스가 있기 때문이었다.

　"그렇게 하시지요."

　그런데 둘 다 죽었다. 부자는 전 재산을 다 주고 물을 샀으나 물이 부족해서 죽었고, 안내자는 갑자기 부자가 되었지만 물을 팔았으니 마실 물이 없어 죽었던 것이다. 오아시스를 만나기 전에 물이 떨어져 둘 다 죽었던 것이다. 사막이 이런 곳이다.

　어떤 사람이 길을 지나가다가 우물을 발견했다. 반가운 마음에 다가가서 두레박을 내렸다. 그런데 이상하게 무거웠다. 다 끌어올린 다음 두레박을 들여다보니 이게 웬일인가? 두레박에는 물이 가득 찬 것이 아니라, 금덩어리가 가득 찼던 것이다. 횡재 만난 것 아닌가? 그런데 이 사람은 매우 실망했다.

　"하나님, 제가 원하는 것은 이런 것이 아닙니다."

　그리고 다시 한 번 두레박을 내렸다. 이번에는 다이아몬드가 가득 차서 올라왔다. 그러자 하나님 앞에 이렇게 탄식했다.

"하나님, 저에게 지금 이런 것 다 필요 없습니다. 제발 제가 원하는 것을 주십시오."

그리고 세 번째로 두레박을 내렸다. 그랬더니 이번에는 시원한 물이 가득차서 올라왔다. 그제서야 이 사람은 "하나님, 감사합니다. 이게 바로 제가 원하는 것입니다" 하고는 물을 꿀꺽꿀꺽 마셨다고 한다. 이 사람이 누구일까? 사막을 지나는 사람이었다.

우리는 어떤가? 우리에게 정말 필요한 것이 무엇인지 모르고 살아가고 있지는 않는가? 잘못된 것을 구하면서 살고 있지는 않는가? 우리의 인생이 사막을 걸어가는 것이라면 정말 우리에게 필요한 것은 황금이 아니라 생수이다. 광야를 지나는 우리에게는 황금보다 생수가 더 필요하고 더 중요한데, 우리는 광야를 지나면서도 황금만을 추구하고 있지 않는가? 황금을 얻기 위해 생수와 바꾸지는 않는가?

사막을 지날 때는 오아시스를 만날 때마다 반드시 들렀다 가라!

광야를 통과할 때 지켜야 되는 몇 가지 수칙 가운데 하나는 오아시스를 만날 때마다 들렀다 가야 한다고 하는 것이다. 그곳에서 쉬어 가야 한다. 그곳에서 생수를 마시고 가야 한다. 사막을 지날 때 오아시스에 많이 들르는 사람일수록 그리고 오아시스에 오래 머무는 사람일수록 더 빨리 광야를 빠져나갈 수 있다. 광야를 빨리 빠져나가겠다고 오아시스에 들르지 않고 지나치는 사람은 얼마 가지 못해서 기진 맥진하고 말 것이다. 쓰러지고 말 것이다. 그리고 결국은 사막을 빠져나가지 못하고 그곳에 묻히고 말 것이다.

이스라엘 백성들이 광야를 지나면서 머물렀던 곳들은 모두 오아시스라고 생각하면 틀림이 없다. 그들은 오아시스를 만날 때마다 쉬어 갔다. 짧게는 하루나 이틀에서 일주일, 한 달, 세 달… 쉬어 갔다. 가데스 바네아라고 하는 오아시스에서는 무려 38년을 머물렀었다.

사막의 배라고 불리는 낙타는 일주일이나 열흘씩 아무것도 안 먹어도 그 무거운 짐을 등에 싣고 뜨거운 사막을 지날 수 있다. 어떻게? 등에 나와 있는 혹에 영양분과 물을 비축해놓았기 때문이다.

혹이 많이 나와 있으면 한 열흘쯤은 문제없이 갈 수가 있다. 그러나 혹이 조금밖에 나와 있지 않으면 사나흘밖에 가지를 못한다. 얼마나 비축해두었느냐에 따라 멀리 갈 수도 있고 가다가 쓰러질 수도 있다.

그러면 광야에서 이 낙타들은 어디에서 물을 보충하고 영양분을 보충하는가? 바로 오아시스다. 낙타들은 한꺼번에 물을 100리터씩 마실 수가 있다고 한다. 광야를 지날 때 풀밭이 있으면 반드시 들러 낙타에게 풀을 뜯게 해야 하고, 물이 있으면 반드시 물을 먹게 해야 한다. 그냥 지나치면 절대로 안 된다. 그러면 얼마 못 가서 쓰러지고 말 것이다.

우리도 마찬가지다. 우리에게는 쉼이 필요하다. 안식이 필요하다. 광야를 지나는 우리에게는 회복을 위해서 쉼이 절대적으로 필요하다. 원기를 회복하기 위해, 생기를 회복하기 위해 쉬어야 한다. 그러기 위해 오아시스에 들러야 한다. 오아시스에서 쉬었다 갈 때 우리는 더 멀리 더 빨리 갈 수 있다. 그리고 무사히 사막을 통과할 수 있을 것이다.

광야와 같은 인생을 살아가는 우리에게 하나님이 주신 오아시스

예수님은 광야와 같은 인생을 살아가는 우리에게 오아시스와 같은 분이시다.

> 수고하고 무거운 짐 진 자들아 다 내게로 오라 내가 너희를 쉬게 하리라(마 11:28).
> 누구든지 목마르거든 내게로 와서 마시라 나를 믿는 자는 성경에 이름과 같이 그 배에서 생수의 강이 흘러나오리라(요 7:37-38).

인생의 광야를 지날 때 얼마나 피곤한가? 그때마다 오아시스가 되시는 예수님에게 와서 쉼을 얻으라. 또 광야를 지날 때 얼마나 목이 타는가? 그때마다 오아시스가 되시는 예수님에게서 생수를 받아 마시라. 그래야만 힘을 얻고 이 광야를 무사히 통과해서 약속의 땅 가나안에 들어갈 수 있다.

교회도 광야와 같은 세상을 살아가는 우리에게 오아시스와 같은 곳이다. 사람들이 푸른 초장과 쉴 만한 물가를 찾아 교회로 나오지 않는가? 교회에 나와 생수를 마시고 쉼을 얻고 새 힘을 얻지 않는가?

주일(안식일)도 하나님께서 광야와 같은 인생을 살아가고 있는 우리에게 쉬었다 가라고 주신 오아시스이다. 월요일부터 토요일까지 세상에서 광야와 같은 험한 길을 걸어가다 주일이 되면 교회에 와서 예수님을 통해 안식을 얻고 휴식을 취하고 힘을 얻고 재충전을 받을 때 우리는 다시 세상에 나가서 한 주간 동안 열심히 광야와 같은 인생을 잘 살아갈 수 있을 것이다.

광야를 지날 때 오아시스에 들르는 것, 잊지 말라! 그래야 이 광야

를 무사히 통과해서 하나님의 약속의 땅 가나안에 들어갈 수 있을 것이다.

Valley

2. 골짜기에서 백합화를 볼 수 있게 하시는 하나님

그 예언자가 다시 이스라엘 왕에게 와서, 이렇게 말하였다. "임금님께서는 힘을 키우시고, 앞으로 하셔야 할 일이 무엇인지를 생각해 두십시오. 내년에 시리아 임금이 다시 임금님을 치려고 올라올 것입니다." 시리아 왕의 신하들이 자기들의 왕에게 말하였다. "이스라엘의 신은 산의 신입니다. 저번에는 산에서 싸웠으므로, 우리가 졌습니다. 그러나 평지에서 싸우면, 우리가 그들을 반드시 이길 것입니다. 그러므로 임금님께서는 이렇게 하시는 것이 좋을 줄 압니다. 지방 영주를 모두 그 자리에서 물러나게 하시고, 그 대신에 군사령관들을 그 자리에 임명하십시오. 잃은 수만큼, 군대와 기마와 병거를 보충하십시오. 그런 다음에, 평지에서 싸우면, 틀림없이 우리가 이길 것입니다." 왕은 그들의 말을 듣고, 그대로 하였다. 해가 바뀌었다. 벤하닷은 시리아 군대를 소집하고, 이스라엘과 싸우려고 아벡으로 올라갔다. 이스라엘 군대도 소집이 되어서, 식량을 배급받고는, 그들과 싸우려고 나아갔다. 이스라엘 군대가 그들 앞에 진을 쳤으나, 이스라엘 군대는 시리아 군대에 비하면, 마치 작은 염소 두 떼와 같았고, 시리아 군대는 그 땅을 가득 채울 만큼 많았다. 그 때에 하나님의 사람이 가까이 와서, 이스라엘 왕에게 말하였다. "주께서 이렇게 말씀하셨습니다. '시리아 사람이 말하기를, 내가 산의 신이지, 평지의 신은 아니라고 하니, 내가 이 큰 군대를 모두 네 손에 내주겠다. 이제 너희는 곧, 내가 주인 줄 알게 될 것이다.'"

열왕기상 20장 22-28절

영적으로 침체되기 쉬운 골짜기의 행로

우리는 다윗을 목동에서 왕의 자리까지 올라간 사람으로만 생각을 한다. 그리고 왕의 자리에 오른 화려한 다윗만을 생각한다. 그러나 성경에서 가장 파란만장한 삶을 산 사람을 들라고 하면 바로 이 사람 다윗을 들 수 있을 것이다. 수많은 전쟁을 해야만 했다. 전쟁이 끝나면 또 전쟁, 또 전쟁, 또 전쟁…. 얼마나 지쳤겠는가? 전쟁의 피비린내에 얼마나 질렸겠는가? 언제 죽을지 모르는 전쟁의 연속이었다.

친구들에게 배신을 당하고, 억울하게 누명을 쓴 것도 한두 번이 아니었다. 사냥개에게 쫓기는 토끼처럼 사울에게 쫓겨다녀야 했다. 배신자라고 오해를 받기도 했다. 미친 사람으로 취급받기도 했다. 첫

번째 아내는 그가 전쟁터에 나가 있었을 때에 다른 남자의 품으로 갔다. 아들이 쿠데타를 일으켰을 때는 울면서 맨발로 감람산을 넘어 도망가기도 했다.

하나님은 밧세바와의 사이에서 난 그의 아들을 간음죄를 저지른 죄의 대가로 죽게 하셨다. 아들 가운데 하나는 살인자가 되었고, 또 다른 아들은 근친상간을 저질렀다. 이런 다윗이 시편 23편에서 이렇게 고백하고 있다.

> 내가 사망의 음침한 골짜기를 다닐지라도 해를 두려워하지 않을 것은 주께서 나와 함께 하심이라(시 23:4).

이 고백은 수많은 인생의 좌절과 절망과 시련과 환난의 골짜기를 지나온 다윗의 경험에서 나온 신앙 고백이다. 결코 우리만 음침한 골짜기를 통과하고 있는 것이 아니다. 누구나 인생을 살다 보면 이런 어두운 골짜기를 지나야 할 때가 있다. 다윗도 우리가 지나온 모든 골짜기를 이미 다 경험한 사람이다. 우리에게 시온의 대로만 펼쳐져 있는 것이 아니다. 때로는 인생의 깊은 골짜기를 통과해야 할 때도 있는 것이다.

산에 올라가서는 은혜 받고, 골짜기에 내려가서는 시험받고…

예수님이 변화산에 올라가서 기도하실 때 예수님의 모습에서 광채가 났다. 예수님이 입은 옷이 너무 눈부셔서 똑바로 볼 수 없을 정도였다. 그러면서 누가 무대에 등장하는가? 모세와 엘리야가 나타났다.

그리고는 예수님과 대화를 나누었다.

모세와 엘리야를 다 본 사람은 역사상 단 세 사람밖에 없다. 모세 시대의 사람들은 엘리야를 보지 못했고, 엘리야 시대의 사람들은 모세를 보지 못했다. 그러나 베드로와 요한과 야고보는 이 두 사람을 동시에 한 자리에서 보았다. 그 장면이 얼마나 황홀했던지, 베드로가 이렇게 말했다.

"예수님, 여기가 좋사오니 초막 셋을 짓고 여기에서 살았으면 좋겠습니다."

말도 안 되는 말이었지만, 그 순간이 너무 황홀하고 어리둥절하고 또 당황해서 무슨 말을 해야 좋을지 몰라 그런 말을 했던 것이다. 그리고 넋이 나간 까닭에 무슨 말을 하고 있는지 자신도 몰랐다. 그 때 하늘에서 이런 음성이 들려왔다.

"이는 내 사랑하는 아들이니 너희는 저의 말을 들으라!"

이렇게 생생하게 직접적으로 하늘로부터 하나님의 음성을 들었으니 얼마나 영광스럽고 얼마나 가슴이 벅찼겠는가?

다음날 산에서 내려오다 보니까 제자들이 모여 있고, 사람들이 웅성웅성거리고 있었다. 무슨 일이었는가? 귀신 들린 아들을 가진 아버지가 제자들을 찾아와서 아들에게서 귀신을 쫓아내 달라고 간청을 했던 것이다. 제자들은 백방으로 노력해 보았지만 소용이 없었다. 그랬으니 얼마나 난감했겠는가? 그들은 안절부절못했다.

예수님께서 기도하시고 변화산에서 내려오셨을 때, 예수님을 기다리고 있었던 것은 제자들이 해결하지 못했던 문제였다. 예수님은 산에서 내려오시자마자 문제를 만나게 되었고 그것을 해결해 주셔야 했다.

모세가 시내 산에 올라가 40일 동안 금식하며 말로 다 형용할 수 없는 하나님의 영광을 체험하고 십계명 돌판을 받아 가지고 내려왔다. 내려올 때 그의 얼굴에서 광채가 났다고 했다. 눈이 부셔서 바라보지 못할 정도로.

이렇게 모세가 은혜 받고 내려왔을 때 산 아래서는 어떤 일이 벌어지고 있었는가? 이스라엘 백성들이 모세를 기다리고 기다려도 내려오지 않자 금송아지를 만들어 놓고 그것에게 절하며 우상을 섬기고 있었다. 그것을 보는 순간 모세는 치밀어 오르는 분노를 참지 못하고 이스라엘 백성들을 향해 하나님께서 친히 새겨 주신 십계명 돌판을 집어던지고 말았다.

얼마나 화가 났으면 그랬겠는가? 산에서 내려올 때는 그 얼굴에서 광채가 환하게 빛났는데, 그 광채가 다 사라지고 진노와 분노로 이글이글 타올랐다.

산 위에서 받은 은혜를 산에서 내려오자마자 한순간에 다 쏟아버린 것이다. 세상에서 살다 보면 이렇게 받은 은혜를 다 쏟아버리는 일이 생긴다. 그럴 때 우리는 영적인 침체에 빠지게 된다.

엘리야는 어땠는가? 갈멜 산에서 450명의 바알의 선지자들과 누가 참 하나님인가 내기를 했다. 엘리야는 제단을 쌓고 제물을 제단 위에 올려놓고 거기에 물을 잔뜩 뿌렸다. 그리고는 하나님에게 하늘에서 불이 내려 그 제물들을 다 살라 달라고 기도했다. 그랬더니 정말 하늘에서 불이 내려 제물들을 다 살라버렸다.

또 엘리야는 갈멜 산 꼭대기에 올라가서 하늘 문을 여시고 비를 내려 달라고 기도했다. 그랬더니 3년 동안 닫힌 하늘 문이 열리면서 비가 억수같이 내리기 시작했다. 기도로 하늘 문을 열기도 하고 닫기도 했던 것이다.

이렇게 엘리야는 산에서 대승리를 거두었다. 놀라운 기적을 행했다. 모든 사람들에게 하나님께서 살아 계심을 보여주었다. 그런데 그가 갈멜 산에서 내려왔을 때, 무엇이 그를 기다리고 있었는가? 화려한 꽃마차가 그를 기다리고 있었는가? 아니다. 이세벨 왕비가 그의 목숨을 노리고 있었다. 그래서 엘리야는 산에서 내려오자마자 혼비백산해서 도망을 갔다. 그리고 브엘세바 근처에 있는 광야에 들어가 로뎀 나무 그늘 아래 엎드려 "하나님 이대로는 살고 싶지 않습니다. 저를 데려가 주십시오"라고 기도했다.

엘리야도 산에 있을 때는 잘나갔다. 좋았다. 그보다 더 좋을 수는 없었다. 놀라운 기적들이 일어났다. 기도할 때마다 응답이 되었다. 은혜가 충만했다. 성령이 충만했다. 능력이 충만했다. 모든 원수들을 다 무찔렀다. 대승리를 거두었다. 그런데 산에서 내려왔을 때는 어떠했는가? 전혀 그렇지 않았다. 그는 목숨의 위협을 당하고 있다. 쫓기고 있다. 의기소침해 있다. 도망가서 숨어있다. 차라리 죽여 달라고 기도하고 있다. 영적인 침체에 빠지게 된 것이다.

우리는 교회에 가서 은혜를 받는다. 그러나 '여기가 좋사오니' 하고 그곳에 머물러 있을 수는 없는 일 아닌가? 우리의 삶의 현장으로, 가정으로, 학교로, 직장으로 돌아가야 한다. 그곳에서는 무엇이 우리를 기다리고 있는가? 문제다. 문제가 우리를 기다리고 있다. 우리는 문제의 현장 속으로 들어가야 한다. 은혜의 산에서 내려가면 문제의 골짜기가 기다리고 있는 것이다.

예수님이 성령 충만 받고 요단 강에서 올라오자마자 광야로 들어가 사탄과 대결을 벌이셨다. 언제 가장 많은 시험을 받는가? 은혜 받고 나서이다. 성령 충만하고 은혜 충만할 때 사탄은 역사한다. 그러므로 선 줄로 생각하면 넘어질까 조심해야 한다. 주일날 교회 가서 은혜 받고 돌아오더라도, 월요일부터는 세상 가운데서 문제 속에서 문제와 더불어 문제와 싸우며 살아가야 한다.

우리가 월요일부터 토요일까지 살아가야 하는 삶의 현장은 시내 산 꼭대기가 아니다. 갈멜 산 꼭대기가 아니다. 변화산 꼭대기가 아니다. 초막 셋을 짓고 살고 싶은 그런 곳이 아니다.

산에서는 은혜를 받았지만, 산에서 골짜기로 내려가서는 시험 받을 때가 많다. 산꼭대기에서는 승리의 깃발을 휘날렸지만, 깊은 골짜기에 내려가서는 패배할 때가 많다. 산에 올라가서는 영적으로 충만하지만, 산 아래 골짜기에서 영적으로 바닥이 날 때도 있다.

산(교회)에서는 성령 충만하고, 은혜 충만하고, 믿음 충만할 수 있지만, 산 아래 골짜기로 내려와서도(세상에서도) 그것을 충만하게 유지한다고 하는 것은 쉬운 일이 아니다. 모세와 엘리야처럼 우리도 산에서는 은혜 충만, 성령 충만, 믿음 충만, 기쁨 충만했지만 산 아래 골짜기로 내려와서는 실망하고 좌절하고 두려워하고 영적으로 침체되기 쉽다. 교회에 가서 받은 은혜를 유지하며 한주간 동안 세상에서도 계속 은혜 가운데 살아가는 것은 쉽지 않은 일이다.

골짜기에도 계신 하나님

열왕기상 20장에 보면 유명한 전쟁 이야기가 나온다. 아람(시리아) 군대가 이스라엘을 쳐들어왔다. 처음에는 산에서 싸웠는데, 대패하고 말았다. 그들은 왜 전쟁에서 졌는가 패인을 분석해 보았다. '우리가 산에서 싸워서 졌다. 하나님은 산의 신일 것이다. 그래서 산에서 싸울 때 하나님이 이스라엘을 도와주어서 우리가 진 것이다' 라고 결론을 내렸다.

그래서 골짜기에서 싸우기로 전략을 세우고 이스라엘을 다시 쳐들어왔다. 이스라엘의 하나님은 산의 신이므로 골짜기에서는 힘을 쓰지 못할 것이라고 믿었던 것이다. 그런데 어떻게 되었는가? 이번에도 대패하고 말았다.

시리아 군대가 패한 이유는 하나였다. 군사가 적어서도 아니고, 전력이 떨어져서도 아니고, 전략을 잘못 세워서도 아니다. 오직 한 가지 이유-그들은 하나님이 어떤 분인가를 바로 알지 못했던 것이다. 하나님이 어떤 분인지 알았더라면 이스라엘을 얕잡아 보고 쳐들어오지 않았을 것이다. 그들은 이스라엘의 하나님은 그 능력을 산에서만 발휘할 수 있는 신이라고 오해하였다. 그 하나님은 산에 있을 때는 도와줄 수 있지만 골짜기에 있을 때는 도와줄 수 없을 것이라고 생각했던 것이다. 그래서 골짜기에서 싸우면 아주 쉽게 이길 줄 알았다. 그러나 하나님은 산의 하나님일 뿐만 아니라, 골짜기의 하나님이시기도 하다(왕상 20:28).

여호수아가 가나안을 정복할 때의 일이다. 이스라엘이 기브온을 정복했는데, 예루살렘 왕과 헤브론 왕, 야르뭇 왕, 라기스 왕과 에글론 왕이 연합 전선을 펼쳐서 기브온을 되찾으려고 이스라엘을 쳐들어왔다. 그때 아얄론 골짜기에서 전쟁이 벌어졌는데 이 전쟁에서 여호수아는 적군들을 대파시켰다. 특별히 이 전쟁에서 유명한 것은 여호수아가 전에도 없었고 후에도 없었던 기도를 드렸기 때문이다.

> 태양아 너는 기브온 위에 머무르라 달아 너도 아얄론 골짜기에서 그리할지어다(수 10:12).

베드로는 물위를 걷게 해 달라고 했지만, 여호수아의 기도에 비하면 그것은 아무것도 아니다. 어떻게 감히 이런 기도를 드릴 수 있었을까? 어떻게 이런 기도를 드릴 생각을 할 수 있었을까?

여호수아가 태양을 향해 멈추라고 명령하자 태양이 중천에 멈추었다. 달을 향해서 멈추라고 명령하자 달도 멈추었다. 성경에도 "여호와께서 이런 기도를 들으신 것은 전에도 없었고 후에도 없을 것이라"고 되어 있다(수 10:14).

이러한 유명한 전쟁이 바로 아얄론 골짜기에서 있었다. 이스라엘이 대적을 맞아 골짜기에서 싸울 때에 하나님은 그들에게 승리를 가져다주시기 위해 해도 멈추고 달도 멈추게 하셨다. 그런데 이런 하나님을 이방인들은 알아보지 못했다. 이스라엘의 하나님은 산에서나 힘을 쓸 수 있는 하나님이고, 골짜기에서는 힘을 쓰지 못할 것이라는 어리석은 생각을 했던 것이다.

우리도 그런 비슷한 생각을 할 때가 있다. 인생의 골짜기를 지날 때 하나님이 거기에는 안 계신 것처럼 생각하는 것이다. 하나님의 손길이 그곳까지는 미치지 못할 것이라고 생각하는 것이다. 하나님은 저 높은 산에 있고 우리만 깊은 골짜기에 있는 것이 아니다. 하나님은 우리가 인생의 밑바닥을 헤맬 때, 인생의 골짜기를 지날 때에도 우리와 함께 하시는 분이다. 좋은 일이 있을 때는 하나님이 우리와 함께 계시는 것 같은데, 어려운 일을 당할 때는 하나님이 멀리 계신 것같이 느껴진다. 그러나 하나님은 좋은 때나 나쁜 때 늘 동행하신다. 우리가 은혜의 산에서 내려가면 문제의 골짜기에서 한 주간을 살아야 하는데, 하나님은 우리가 골짜기를 지날 때에도 그곳에 함께하신다.

 인생의 골짜기를 지날 때 체험하는 하나님의 은혜

골짜기를 지나면서 하나님의 놀라운 역사들을 경험할 수 있다

에스겔이 환상을 보았는데, 골짜기에 해골이 즐비하게 널려 있었다. 하나님께서 그 마른 뼈들을 향해서 생기를 불어넣자 해골들이 뼈와 뼈가 이어지고, 힘줄이 생기고, 살이 붙게 되고, 그 다음에 일어났다. 그래서 수많은 군대를 이루었다. 이런 놀라운 역사가 바로 골짜기에서 일어났다.

우리가 해골이 즐비하게 널려 있는 죽음의 골짜기에 들어갈 수도 있다. 그러나 그 골짜기에서 마른 뼈들이 살아나는 역사를 목격하게 될 것이다. 우리가 죽음의 골짜기에 뒹굴던 시체들처럼 그렇게 비참하게 될 때도 있을 것이다. 그러나 하나님께서 우리에게 생기를 불어넣으셔서 다시 살아나게 될 것이다. 하나님의 역사는 골짜기에서 일어난다.

아얄론 골짜기에서는 다섯 나라가 연합전선을 펼치고 공격해 왔지만 하나님은 그들을 전멸시키기 위해 해와 달도 멈추게 하셨다. 골짜기에서 하나님의 놀라운 기적이 일어났던 것이다.

르바임 골짜기에서도 비슷한 일이 있었다. 블레셋 군대들이 다윗이 왕으로 기름 부음을 받았다는 소식을 듣고 쳐들어왔다. 르바임 골짜기는 적군들로 가득 찼다. 그러나 하나님께서 함께 하셔서 그 전쟁에서 다윗이 대승을 거두게 되었다.

우리도 인생을 살다 보면 아얄론 골짜기를 통과할 때도 있고, 르

바임 골짜기를 통과할 때도 있다. 그러나 우리는 그 인생의 골짜기에서 놀라운 하나님의 역사를 경험하게 될 것이다. 하나님은 골짜기의 하나님이시기도 하다. 우리가 골짜기를 지날 때에도 우리와 함께하신다. 골짜기에서 만나는 모든 대적을 무찌르게 하실 것이다. 골짜기에서 패배하는 것이 아니라 승리를 거두게 하실 것이다.

시편 84편에 보면, 우리가 하나님 전에 나아가기 위해 눈물 골짜기를 지날 때 하나님께서 그 골짜기에 샘물이 솟게 하시고, 하늘에서 비를 내려 주신다고 했다. 눈물 골짜기에 기쁨의 샘물이 넘쳐 흐르게 하시고, 축복의 단비를 내려 주시는 것이다. 눈물의 골짜기에서 하나님이 주시는 기쁨과 축복을 경험하는 것이다.

살다 보면 눈물의 골짜기를 통과해야 할 때도 있다. 그러나 하나님께서는 우리의 눈물을 닦아 주시고, 환한 웃음을 웃게 해주시고, 기쁨이 샘솟듯 하게 해주실 것이다.

골짜기를 지나는 사람만이 은혜의 백합화를 볼 수 있다

한 젊은 목사가 나이가 지긋한 목사님과 이야기를 나누었다. 목회가 너무 어렵고 힘들어서 더 이상 못하겠다고 하는 것이었다. "나는 지금 깊고 어두운 골짜기를 지나고 있습니다. 이렇게 어렵고 힘든 골짜기를 지나 본 적이 없습니다." 그러자 노 목사님은 그 젊은 목사에게 포옹을 해주면서 이렇게 말했다.

"여보게 기뻐하게나. 하나님께 감사할 일일세. 골짜기는 바로 백합화가 피는 곳이 아닌가?"(참조. 아 2:1)

골짜기는 하나님의 은혜를 체험할 수 있는 더없이 좋은 곳이다.

골짜기를 통과할 때 수많은 은혜의 백합화와 기적의 백합화들이 활짝 피어나는 것을 볼 수 있을 것이다. 그런 꽃은 깊은 골짜기에서만 볼 수 있다.

산 위에 있는 사람은 그렇게 아름다운 은혜의 꽃을 볼 수가 없다. 골짜기를 지나며 백합화를 볼 수 있는 것은 분명 골짜기를 지나는 사람들에게만 주신 하나님의 축복이다. 골짜기를 지날 때는 어디에 백합화가 피어 있는지 유심히 살펴보라. 그러면 은혜의 백합화를 발견하고 기쁨이 넘쳐나게 될 것이다.

인생의 어렵고 힘든 골짜기를 지나고 있는가? 그곳에서 산골짝의 백합화가 되시는 예수님을 만날 수가 있다. 그곳에서 활짝 피어나는 은혜의 백합화들을 만날 수가 있을 것이다.

골짜기를 지나면서 우리는 성숙해진다

우리가 깊은 인생의 골짜기를 지나갈 때, '왜 내가 이런 골짜기를 지나야 합니까, 왜 내게 이런 시련을 주시는 것입니까, 왜 내게 이런 고통이 따르는 것입니까?' 하는 원망 대신에, 고통이 가져다주는 유익을 생각하라. 그 골짜기를 통과하면서 새롭게 만나게 될 하나님을 기대하라. 분명히 전에 알지 못했던 새로운 하나님을 체험하게 될 것이다.

내가 이 골짜기를 통과하고 난 다음에 변화된 나의 모습을 기대하라. 훨씬 더 믿음이 깊어지고 인격이 성숙되어진 자신의 모습을 발견하게 될 것이다. 깊은 골짜기를 통과할수록 우리의 신앙과 인격도 더욱더 깊어진다.

내가 이 골짜기를 통과하고 난 다음에 누리게 될 축복을 그려 보라. '고통은 변장한 하나님의 축복'이라고 하지 않는가? 사막이 왜 사막이 된 것인지 아는가? 비가 오지 않고 해만 비쳐서 그렇다. 우리는 날마다 아침 햇살이 비치고 날마다 좋은 날만 계속되기를 바라는데, 그렇게 되면 어떻게 되는지 아는가? 사막이 되고 만다. 비가 내려야 일곱 색깔 무지개가 영롱하게 떠오르는 것이다.

높은 산에 오르려면 수많은 골짜기들을 통과해야 한다. 높은 산은 수많은 골짜기로 이루어졌기 때문이다. 산이 높을수록 그만큼 골도 깊다. 더 높은 산에 오르기 위해 더 깊이 내려가야 한다. 등산할 때, 정상에 올라가기 위해서 내려가야 할 때가 얼마나 많은가? 골짜기를 통과하지 않고는 정상에 올라갈 수 없다. 깊은 골짜기를 경험할수록 더 높은 산에 오를 수 있음을 기억하라. 높이 올라가려면 먼저 깊이 내려가야 한다. 내려가지 않고는 올라갈 수 없다. 뿌리 깊은 나무가 큰 나무가 되는 것이다.

산 위에 올라가면 멀리 볼 수 있다. 그러나 깊은 골짜기로 내려가면 인생의 깊이를 체험하게 된다. 산 위에 올라가는 것을 성장이라고 하면, 골짜기 아래로 내려가는 것은 성숙이라고 할 수 있을 것이다. 산 위에 올라가면 세상을 볼 수 있지만, 깊은 골짜기로 내려가면 우리 자신의 깊은 내면의 세계를 볼 수 있을 것이다.

골짜기를 지나면서 영적인 침체에 빠지지 않으려면

골짜기는 끝까지 통과해야만 한다

시편 84편에 "그들이 눈물 골짜기로 지나갈 때에"(6절)라고 했다. 골짜기는 지나가는 곳이다. 머무는 곳이 아니다. 그곳은 집을 짓고 사는 곳이 아니다. 잠시 통과해 가는 곳이다. 우리가 당하는 환난이나 시련이나 역경은 잠시잠깐일 뿐이다. 지나가는 것뿐이다. 결코 우리 곁에 영원히 머물지 않을 것이다. 우리가 지금 비록 인생의 어두운 골짜기를 지나고 있을지라도, 끝이 보이지 않는 것처럼 보여도 끝이 있다. 곧 출구에 도달하게 될 것이다. 곧 골짜기를 벗어나게 될 것이다.

기차가 기적을 울리며 캄캄한 터널을 들어가고 있다. 그 기차는 얼마 후 어둡고 긴 터널을 다시 빠져 나온다. 그렇게 터널을 통과하는 동안 그 기차는 산을 하나 넘어간 것이다.

이스라엘 백성들처럼 가나안에 들어가지 못하고 평생 광야에 집을 짓고 살아야 한다면 얼마나 절망적이겠는가? 그러나 우리가 당하는 고난이나 시련은 우리가 평생 당할 것이 아니라 금방 지나가고 말 것이라고 성경은 말씀하고 있다. 얼마나 감사한 일인가?

골짜기를 통과할 때 두려워하거나 염려하지 말라

감리교 목사님이었던 윌리엄 퀘일(William Quayle)은 얼마나 설교를 잘 했던지 "감리교의 종달새"라는 별명이 붙을 정도였다. 그러나 그에게도 고통스러운 일이 있었다. 밤새도록 걱정하며 기도했다. "주님, 이 문제를 제가 어떻게 해야 하겠습니까?"

그때 주님의 음성이 들렸다.

"네가 걱정하느라고 잠도 못 자고 있구나. 그 문제는 내가 처리할테니 너는 자거라. 남은 밤 시간은 나 혼자 깨어 있으마."

그는 감사하며 평안히 잤다. 이후 문제는 해결되었다. 그는 이렇게 증거했다.

"주님께서 깨어 계시니 여러분은 평안히 주무십시오."

우리가 잠 못 이루며 염려할 때 예수님은 말씀하신다. "그 일은 내가 염려할 테니, 너는 염려하지 말고 가서 자라." 우리가 걱정 근심하며 밤을 새워가며 기도할 때 예수님은 말씀하신다. "그 일은 내가 책임질 테니, 그만 기도하고 자라."

하나님이 사랑하는 자에게 잠을 주신다고 하지 않았는가? 하나님은 사랑하는 자녀들이 걱정하며 잠 못 이루는 것을 원치 않으신다. "걱정, 근심, 염려는 다 내게 맡기고 어서 자라"고 하신다. 그러나 걱정, 근심, 염려 때문에 잠 못 이루는 사람이 얼마나 많은가?

우리는 문제를 어떻게 해결할지 염려한다. 그러나 하나님은 문제가 있을 때 그것을 기적의 재료로 사용하신다. 문제가 없으면 기적도 일어나지 않는다. 성경을 보면 기적은 항상 문제가 있을 때 일어났다. 그러므로 문제를 문제로 보지 말고, 기적을 체험할 수 있는 기회라고 생각하라.

다윗은 수많은 인생의 좌절과 절망과 시련과 환난의 골짜기를 지나온 사람이다. 그가 고백한다. "내가 수많은 인생의 골짜기를 지나왔지만 나에게는 한 가지 확신이 있다. 그것은 내가 어떤 험한 골짜기를 지날지라도 하나님께서 동행하심으로 해를 받지 않을 것이라고 하는 것이다."

이것은 다윗이 골짜기를 지나는 사람들을 위로하고 격려하기 위해 한 빈말이 아니다. 그는 험난한 인생의 골짜기를 통과해 오면서 경험한 것에 기반해서 우리는 어떤 골짜기도 다 통과할 수 있다고 확신을 가지고 선포하고 있다.

골짜기 중에 죽음의 골짜기만큼 두려운 골짜기가 또 어디 있겠는가? 그러나 가장 무서운, 통과하기 어려운 골짜기라고 할지라도 하나님께서 동행하시고 지켜 주심으로 무사히 통과할 수 있다. 그러니 두려워하거나 염려할 필요가 없다.

잘되면 하나님의 축복이고 하나님이 함께하셔서 그렇다고 믿지만, 인생의 골짜기를 지날 때에는 "하나님, 왜 나로 하여금 이런 골짜기를 지나게 하십니까? 하나님, 왜 저에게서 멀리 떠나 계신 겁니까? 왜 나를 이곳에 혼자 내버려두시는 것입니까?" 하고 하나님이 마치 골짜기에는 안 계신 것처럼 생각하는 것이 바로 우리들이다. 하나님의 능력이 골짜기에까지는 미치지 못하는 것처럼 생각하는 것이다. 그러나 하나님은 분명히 말씀하신다.

"나는 산의 하나님일 뿐만 아니라 골짜기의 하나님이기도 하다. 너희가 골짜기에 있을 때에도 나는 너희와 함께 있느니라."

하나님은 우리가 어두운 골짜기를 지날 때에도 우리와 함께 계시고, 우리를 보호하시고, 인도하시는 골짜기의 하나님이시다.

어떤 집에 불이 났다. 식구들이 급하게 밖으로 빠져 나왔는데, 막내아들이 보이지 않았다. 아버지는 아들을 구하려고 집으로 들어가려고 했으나 이미 불이 너무 번져서 도무지 들어갈 수 없었다. 그때 2층 창가에서 아들이 소리쳤다.

"아빠, 아빠, 나 좀 살려 주세요."

아버지가 소리친다.

"내가 여기서 받을 테니까, 빨리 뛰어내려."

"아빠, 아빠가 안 보여요."

연기가 자욱해서 보이지를 않는 것이었다. 그때 아버지가 말한다.

"너는 내가 안 보이지만 나는 너를 볼 수 있으니까, 얼른 뛰어내려."

　아버지의 말을 믿고 이 아이는 아무것도 안 보이지만 아래로 뛰어내렸다. 그리고 무사하게 구조가 되었다. 그렇다. 우리가 사망의 음침한 골짜기를 지날 때 하나님이 안 보일 수 있다. 그러나 하나님은 우리를 보고 계신다. 인생의 골짜기를 지날 때 우리 눈에 하나님이 안 보여도 하나님은 우리를 지켜보고 계신다. 그러니 염려할 필요가 없다. 두려워할 필요가 없다.

기도로 인생의 골짜기를 잘 통과하라

예수님은 종종 산에서 밤을 새워가며 기도하셨다. 모세는 시내 산에 올라가 40일 동안 금식하며 기도했다. 엘리야는 갈멜 산에 올라가 기도하는 가운데 하늘에서 불이 내리고, 또 3년 동안 닫혔던 하늘 문이 열리고 비가 내렸다. 그들은 모두 산에 올라가 기도하는 가운데 은혜 충만, 성령 충만 받고 내려왔다. 그렇게 기도하고 내려왔는데, 내려와서 보니 어떠했는가? 그들은 산에서 내려오자마자 문제를 만나고 시험을 받았다. 그들을 실망시키는 일들이 기다리고 있었고, 그들을 분노하게 만드는 일들이 기다리고 있었다.

　우리가 기도하고 은혜 받고 말씀 충만하다고 해서 문제가 사라지는 것이 아니다. 문제가 안 생기는 것이 아니다. 모든 장애물이 사라지는 것이 아니다. 막혔던 길이 시온의 대로처럼 활짝 열리는 것이 아니다. 비즈니스가 갑자기 잘 되는 것이 아니다.

　그러면 기도는 왜 하는가? 기도할 때 문제가 저절로 해결되는 것이 아니다. 기도를 통해서 문제를 해결할 수 있는 능력을 받는 것이다. 기도할 때 믿음을 갖게 되고, 용기를 얻고, 소망을 갖게 되고 담대해지고, 염려하지 않게 되고, 문제를 회피하지 않고 문제와 대면할 수 있게 되는 능력을 갖게 되는 것이다.

기도할 때 우리의 대적이 스스로 항복하는 것이 아니다. 기도할 때 세상이라고 하는 전쟁터에서 승리할 수 있는 힘을 얻게 되는 것이다.

기도할 때 하나님께서 모든 장애물들을 치워 주시는 것이 아니다. 다만 기도할 때 하나님께서는 우리에게 장애물을 넉넉히 뚫고 나갈 수 있는 힘을 주시는 것이다.

기도한다고 해서 얽히고설킨 삶의 실타래들이 스르르 풀리는 것이 아니다. 다만 기도할 때 인내심을 갖고 얽히고설킨 우리 인생의 실타래에서 매듭을 잘 찾아서 풀 수 있도록 해주시는 것이다.

기도한다고 해서 저절로 가정이 행복해지는 것이 아니다. 기도하는 가운데 깨닫게 해주시고 우리 자신이 먼저 변화된 후에 가정이 변화되게 해주시는 것이다.

기도한다고 해서 교회가 저절로 부흥되는 것이 아니다. 기도할 때 우리가 영혼 구원의 열정에 불타오르게 되고, 전도하게 되어서 교회가 부흥되는 것이다. 기도만 하고 앉아 있으면 절대로 교회가 부흥될 수가 없다.

기도한다고 해서 상황이 바뀌는 것이 아니다. 기도하는 가운데 하나님은 나를 변화시키신다. 그래서 내가 그 상황을 바꿀 수 있게 하신다. 아니면 잘 적응하게 해주신다.

기도한다고 해서 십자가가 가벼워지거나 가벼운 십자가를 지워 주시는 것이 아니다. 기도할 때 아무리 무거운 십자가라도 잘 감당할 수 있도록 힘을 주시는 것이다.

예수님께서 십자가의 죽음을 바로 눈앞에 두고 겟세마네 동산에서 무슨 기도를 하셨는가? 십자가를 지지 않게 해 달라고 기도하셨는가? 아니면 십자가를 잘 질 수 있게 해 달라고 기도하셨겠는가? 고통을 당하지 않게 해 달라고 기도하셨겠는가, 아니면 고통을 잘 감당할 수 있게 해 달라고 기도하셨겠는가?

기도한다고 해서 사탄의 유혹을 받지 않는 것이 아니다. 기도해도 사탄은 계속 우리를 유혹할 것이다. 그러나 기도할 때 유혹을 물리칠 수 있는 힘을 주셔서 승리하게 하실 것이다.

기도하면서 주님의 손을 꼭 잡고 사망의 음침한 골짜기를 잘 통과하라. 기도하면서 유혹의 골짜기인 인생의 소렉 골짜기를 잘 통과하라. 기도하면서 눈물의 골짜기를 잘 통과하라. 기도하는 가운데 에스겔 골짜기의 죽은 뼈들이 살아나는 역사를 체험하게 되기를 바란다.

골짜기에서 당신의 인생이 판가름난다

골짜기에서 하나님의 축복과 은혜를 체험한 사람들이 있는가 하면, 하나님의 무서운 심판과 저주를 받은 사람들도 있다. 어떤 이들은 골짜기에서 승리했는가 하면, 어떤 이들은 비참한 최후를 맞이했다. 어떤 이들에게는 골짜기가 무덤이었지만, 어떤 이들에게는 골짜기가 부활의 장소였다.

우리가 통과하는 골짜기가 어떤 골짜기가 되느냐 하는 것은 우리가 그 골짜기를 어떻게 통과하느냐에 달려 있다. 우리가 지나야 하는 골짜기가 얼마나 어렵고 힘들고 어둡고 긴 골짜기인가 하는 것이 문제가 아니라, 그 골짜기를 어떻게 지나가느냐가 문제라고 하는 것이다. 우리가 하기에 따라 우리가 통과하고 있는 골짜기는 사망의 골짜기가 아니라 생명에 이르는 골짜기가 될 수도 있고, 절망의 골짜기가 아니라 소망의 골짜기가 될 수도 있다.

Dead End

3. 막다른 골목에서 새로운 길을 열어주시는 하나님

시리아 왕의 군사령관 나아만 장군은, 왕이 아끼는 큰 인물이고, 존경받는 사람이었다. 주께서 그를 시켜 시리아에 구원을 베풀어 주신 일이 있었다. 나아만은 강한 용사였는데, 그만 나병에 걸리고 말았다. 시리아가 군대를 일으켜서 이스라엘 땅에 쳐들어갔을 때에, 그곳에서 어린 소녀 하나를 잡아 온 적이 있었다. 그 소녀는 나아만의 아내의 시중을 들고 있었다. 그 소녀가 여주인에게 말하였다. "주인 어른께서 사마리아에 있는 한 예언자를 만나 보시면 좋겠습니다. 그분이라면 어른의 나병을 고치실 수가 있을 것입니다."

나아만은 군마와 병거를 거느리고 와서, 엘리사의 집 문 앞에 멈추어 섰다. 엘리사는 사환을 시켜서 나아만에게, 요단 강으로 가서 몸을 일곱 번 씻으면, 장군의 몸이 다시 깨끗하게 될 것이라고 말하였다. 나아만은 이 말을 듣고 화가 나서 발길을 돌렸다. "적어도, 엘리사가 직접 나와서 정중히 나를 맞이하고, 주 그의 하나님의 이름을 부르며 상처 위에 직접 안수하여, 나병을 고쳐 주어야 도리가 아닌가? 다마스쿠스에 있는 아마나 강이나 바르발 강이, 이스라엘에 있는 강물보다 좋지 않다는 말이냐? 강에서 씻으려면, 거기에서 씻으면 될 것 아닌가? 우리 나라의 강물에서는 씻기지 않기라도 한다는 말이냐?" 하고 불평하였다. 그렇게 불평을 하고 나서, 나아만은 발길을 돌이켜, 분을 참지 못하며 떠나갔다. 그러나 부하들이 그에게 가까이 와서 말하였다. "장군님, 그 예언자가 이보다 더한 일을 하라고 하였다면, 하지 않으셨겠습니까? 다만 몸이나 씻으시라는데, 그러면 깨끗해진다는데, 그것쯤 못할 까닭이 어디에 있습니까?" 그리하여 나아만은 하나님의 사람이 시킨 대로, 요단 강으로 가서 일곱 번 몸을 씻었다. 그러자 그의 살결이 어린 아이의 살결처럼 새 살로 돌아와, 깨끗하게 나았다.

열왕기하 5장 1-3, 9-14절

인생의 Dead End를 만난 사람들

'막다른 골목'(Dead End)이라는 도로 표지판이 있다. 인생 길을 가면서 우리는 이런 막다른 골목을 만나지 말아야 한다. 그런데 어느 날 열심히 가다가 보니까 우리 앞에 이런 표지판이 딱 서 있을 때가 있다. 길을 잘못 온 것이다. 빠져나갈 길이 없는 것이다. 더 이상 앞으로 나갈 길이 없다는 것이다. 성경에 보면 우리가 알고 있는 사람들 가운데 그런 경험을 한 사람들이 많이 있다.

열왕기하 5장 1절에서 나아만을 이렇게 소개하고 있다.

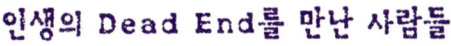

아람 왕의 군대장관 나아만은 그의 주인 앞에서 크고 존귀한 자니 이는 여호와께서 전에 그에게 아람을 구원하게 하셨음이라.

얼마나 잘 나가는 사람인가? 이력과 경력이 얼마나 화려한가? 여기까지는 더없이 좋다. 아무 문제도 없다. 걱정거리가 없다. 그러나 나아만에 관한 소개는 여기서 끝나지 않는다. 하나가 더 첨가되어 있다. 그 다음 소개는 '그러나'로 시작된다.

"그러나."

뭔가 불길하지 않는가?

"그는 큰 용사이나 나병환자더라."

불치병에 걸린 것이다. 점점 살이 썩어가고 있다. 점점 죽어가고 있는 것이다. 나병에 걸렸는데 군사령관이면 뭣하고 부귀영화가 있으면 뭣하겠는가? 별이 4개가 아니라 5개, 6개면 뭣하겠는가? 이제 그는 모든 공직에서 물러나야 한다. 집에 숨어 살아야 한다. 아무 소망 없이 죽을 날만 기다리며 살아야 한다.

이 마지막 문장, "그러나 그는 나병환자더라"는 이 말은 오늘날로 말하면, 가장 유명한 정치가나 운동선수나 또는 연예인을 소개하면서 마지막에 이렇게 붙는 것이다. "그러나 그는 AIDS에 걸렸다." 그러면 그 인생 끝나는 것 아닌가?

잘살아 보려고 밤낮없이 열심히 일만 했다. 그러느라고 가족과 휴가 한 번 못 갔다. 그런데 어느 날 아내가 이혼 서류를 내밀면서 도장을 찍어 달라고 한다. 그런 인생의 막다른 골목을 만나는 남편들이 얼마나 많은가?

회사에 죽도록 충성을 다했는데, 어느 날 출근했더니 책상이 없어졌다. 다음 날 아침 출근한다고 집은 나왔지만 갈 곳이 없다. 인생의 막다른 골목을 만난 것이다.

밤낮없이 쉬지 않고 일만 하다 어느 날 몸이 좀 안 좋아서 병원을 찾아갔더니 의사가 이렇게 말한다. "죄송합니다. 왜 이제야 오셨습니까?" 그런 인생의 막다른 골목를 만나는 사람도 얼마나 많은가?

주식에 투자했던 돈을 다 날리고 모든 증서가 휴지 조각이 되었을 때, 은행 빚 내서 사업을 시작했는데 하나도 못 건지고 문닫을 때, 사기를 당하고 빌려준 돈 다 떼었을 때, 파산해서 집도 다 빼앗기고 거리로 내몰릴 때 우리는 인생의 막다른 골목를 경험하게 된다.

아들이 마약을 한다는 것을 알게 되었을 때 단 한 번의 실수 때문에 평생 쌓아올린 모든 것이 다 무너질 때, 지금까지 잘 숨겨 왔는데 그것이 드러나 모든 사람이 돌을 던질 때, 우리는 인생의 막다른 골목을 경험하게 된다.

막다른 골목 벗어나기

삶의 방향을 잘 잡아야 한다

인생을 산에 오르는 것으로 비유하기도 하고, 바다를 항해하거나 광야를 지나는 것으로 비유하기도 한다. 그러나 인생은 산을 오르는 것보다는 광야를 지나는 것과 더 비슷한 것 같다. 산을 오르는 사람에게는 나침반이 필요 없다. 지도를 보고 가면 된다. 지도가 없어도 크게 문제가 되지 않는다. 언제나 목표물인 산의 정상이 눈에 보이기 때문이다.

그러나 바다나 사막은 그렇지 않다. 목표물이 보이지 않는다. 목표 지점이 보이지 않는다. 길도 없다. 도로 표지판도 없다. 지도도 없다.

그래서 사막이나 바다를 지나는 사람들에게 꼭 필요한 것이 있다. 나침반이다! 사막이나 바다에서는 방향 감각이 제일 중요하다. 방향을 바로잡는 것이 제일 중요하다. 광야에서 방향 감각을 잃어버리면 광야를 빠져나오지 못한다. 바다에서 방향을 잘못 잡으면 소망의 항구에 도달할 수 없다. 인생의 바다를 항해하고 인생의 광야를 통과하는 우리에게 필요한 것은 지도가 아니라 나침반이다.

옛날에 사막을 횡단하거나 바다를 항해하는 사람들은 하늘의 별을 보고 방향을 잡았다. 하늘에 무수한 별들이 떠 있지만 그 가운데서도 단 하나의 별만이 방향을 결정해 준다. 바로 북극성이다. 다른 모든 별은 계속 자리를 이동한다. 그러나 유일하게 북극성만은 움직이지 않는다. 다른 별을 보고 방향을 잡으면 엉뚱한 곳으로 가게 된다. 그러므로 방향을 바로잡으려면 북극성만을 바라보아야 한다. 절대로 다른 별들의 인도를 따라가서는 안 된다.

바다를 항해하고 사막을 통과하는 사람들이 오직 북극성만을 바라보고 가듯이 우리도 예수님만을 바라보고 예수님의 인도를 따라가야 한다. 예수님만이 우리가 어디로 가야 하는지, 우리가 어디에 있는지를 알려 주신다. 예수님만이 우리 인생의 북극성이시고 우리 인생의 나침반이시다. 그분의 인도를 따라 인생의 바다를 항해하고 인생의 사막을 건너가야 한다. 그래야 인생의 막다른 골목에 이르지 않고 우리가 바라는 소망의 항구에 무사히 도착할 수 있고, 또 약속의 땅 가나안에 무사히 들어갈 수 있다.

길은 많이 있다. 그러나 예수님은 자신이 유일한 길이라고 하셨다. 그러므로 우리는 길 되신 예수님만을 따라가야 한다. 길 되시고 생명이 되시는 예수님을 따라가지 않으면 인생의 막다른 골목에 이르게 되고 만다.

우리의 인생의 방향을 가장 정확하게 잡아 주는 또 다른 나침반이 여기 있다. 성경이다. 우리가 어떤 방향으로 가야 할지, 어떻게 인생을 살아가야 할지, 어디를 향해 가야 할지를 보여주는 삶의 길잡이, 다시 말해 나침반이 바로 성경이다.

우리가 즐겨 부르는 팝송 가운데 프랭크 시나트라(Frank Sinatra)가 부른 "My Way"가 있다. 양들이 왜 길을 잃는가? 왜 목자를 잃고 위험하게 되는가? 목자가 인도하는 길로 가지 않고 자기 길(his own way)로 갔기 때문이다. 바로 이것이 우리의 모습이다. 우리는 다 자기 방식대로 살아가고 있지 않는가?

하나님 말씀에 순종하지 않고 My Way를 따라가다 보면 우리 앞에 이런 표지판이 나타날 것이다. "Dead End." 길을 잘못 들어서면 막다른 골목이 나오는 것처럼, 인생도 마찬가지다. 잘못된 인생의 길을 가게 되면 결국 막다른 골목을 만나게 된다.

하나님께서 요나에게 니느웨로 가라고 하셨는데 거부하고 다시스로 가는 배를 탔다. 그런데 그가 도착한 종착역은 다시스가 아니라 바닷속 깊은 곳에 있는 물고기의 캄캄한 뱃속이었다. 하나님의 말씀에 불순종하고 도망을 가다가 인생의 막다른 골목에 이르게 된 것이다.

베들레헴은 2~3백 명밖에 살지 않는 작은 마을이었는데, 이곳이 바로 룻기의 배경이다. 이곳에 큰 흉년이 들었다. 그래서 할 수 없이 나오미 가족이 모압으로 이사를 갔다. 모압은 지금의 요르단으로 사해 바로 동쪽 지역을 말한다. 이스라엘에 흉년이 들자 다른 나라로 살 길을 찾아간 것이다. 이렇게 살겠다고 이방 땅에 갔는데, 그곳에서 남편도 잃고 곧이어 아들들도 잃었다. 남편도 남편이지만 아들을 먼저 보내야 했던 어머니로서의 나오미의 심정이 어떠했겠는가? 가슴이 찢어지는 아픔을 10년 사이에 세 번씩이나 겪어야 했다. 그랬으니 그에게 무슨 기쁨이 있었겠으며 무슨 낙이 있었겠는가? 삶의 의욕도 희망도 아무것도 없었다.

그러다가 다시 베들레헴으로 돌아왔다. 동네 사람들이 동구 밖까지 나와 반갑게 그녀를 환영해 주었다.

"나오미, 나오미, 이게 얼마만인가? 참으로 다시 만나게 되어 반갑네. 어서 오게나. 그런데 왜 이렇게 힘이 없어 보이나?"

그러자 나오미가 말했다.

"나보고 나오미라고 부르지 말게. 나오미라고 부르지 말고, 마라라고 부르게나."

'나오미' 라는 이름의 뜻은 '기쁨'이다. 그러나 '마라' 라는 말은 '괴롭다' 는 뜻이다. 그녀는 이방 땅에 가서 남편을 잃고 두 아들도 모두 잃고 다시 돌아왔다. 이름은 나오미지만 그녀에게는 기쁨이 떠난 지 오래다. 그래서 나오미라고 부르지 말고 마라라고 부르라고 했던 것이다.

나오미는 빵집에 빵이 떨어지자 빵을 찾아서 이방 땅으로 갔다. 결국 어떻게 되었는가?

> 내가 풍족하게 나갔더니 여호와께서 내게 비어 돌아오게 하셨느니라.
> 여호와께서 나를 징벌하셨고 전능자가 나를 괴롭게 하셨거늘(룻 1:21).

인생의 막다른 골목을 만나고 말았다. 그때 무슨 생각을 했겠는가? 베들레헴을 떠나지 말았어야 했다고 생각했을 것이다.

나오미로서 늘 기쁨 가운데 살기를 원하는가? 그렇다면 이 베들레헴에 머물러 있어야 한다. 더 맛있고 배부르게 할 것 같은 새로운 빵을 찾아 세상으로 가보아야 막다른 골목만 만날 뿐이다. 하나님의 말씀을 떠나지 말라. 하늘로서 내려온 산 떡이 되신 예수님을 떠나지 말라. 하나님의 살아있는 영생의 말씀이 있는 교회를 떠나지 말라. 말씀을 떠나면, 예수님을 떠나면, 교회를 떠나면, 인생의 막다른 골목을 만나게 되어 있다. 나오미가 마라가 되고 만다.

탕자가 아버지 집을 떠나 멀리 이방 땅으로 갔을 때 결국 물려받은 유산 다 탕진하고, 친구들 다 떠나고, 돼지우리에서 돼지를 치는 일을 하며 연명을 하게 되었다. 유대인들에게 돼지는 가장 부정한 짐승으로 인식되어 있다. 그래서 돼지 치는 일을 하는 사람을 가장 경멸한다. 그런데 그런 일을 하게 된 것이다. 마침 엎친 데 덮친 격으로 흉년까지 들었다. 먹을 양식이 없어서 돼지에게 주는 쥐엄열매를 먹고 사는 신세가 되고 말았다. 인생의 흉년을 만나게 된 것이다. 아버지 집을 떠났다가 인생의 막다른 골목을 만나게 된 것이다.

하나님 말씀으로 인생의 방향을 잘 잡아야 한다. 예수님이 인도하시는 길을 따라가야 한다. 그럴 때 인생의 막다른 골목에 이르지 않고 인생의 바다를 무사히 항해하여 마침내 소망의 항구에 닻을 내릴 수 있을 것이다. 그리고 무사히 인생의 광야를 통과하여 약속의 땅 가나안에 들어갈 수 있을 것이다.

인생의 막다른 골목을 만났을 때는 하나님께로 돌아와야 한다

막다른 골목에서는 길이 끝난다. 더 길이 없다. 더 이상 갈 수 없다. 그러나 우리가 이런 막다른 골목에 도달할 때에도 되돌아 갈 수 있는 곳이 있다. 바로 아버지가 기다리고 있는 집이다. 돌아갈 집이 있다고 하는 것이 얼마나 큰 축복인지 모른다. 만일 탕자에게 돌아갈 집이 없었다고 한다면 어떻게 되었겠는가? 아무런 희망도 없고 그냥 돼지 우리에서 돼지를 치며 돼지가 먹는 쥐엄열매를 먹고사는 인생을 살 수밖에 없었을 것이다. 그러나 그에게는 돌아갈 집이 있었고 그를 기다리는 아버지가 있었다.

나오미가 돌아오자 베들레헴 사람들이 동구 밖까지 나와서 기뻐하며 그를 환영하였다. 얼싸안고 기뻐하였다. 탕자가 돌아왔을 때에도 아버지가 동구 밖까지 뛰어나가 돌아온 아들을 얼싸안고 눈물을 흘리고 소를 잡아 잔치를 벌였다.

고향으로 돌아온 나오미는 동네 사람들을 볼 낯이 없었다. 아버지 집으로 돌아온 탕자도 고개를 들 수가 없었다. 둘 다 금의환향이 아니라 인생의 막다른 골목을 경험하고 돌아온 것이다.

요나처럼, 나오미처럼, 그리고 탕자처럼 하나님을 멀리 떠날 때 우리는 인생의 막다른 골목에 이르게 된다. 그때, 우리가 막다른 골목에서 더 이상 길이 없는 것처럼 보일 때, 사방이 막혀 있을 때, 우리에게 길이 유일하게 하나 열려 있다. 그것은 집으로 돌아가는 길이다. 우리를 기다리시는 아버지 집으로 돌아가는 것이다. 그것만이 막다른 골목을 벗어날 수 있는 방법이다.

내가 아는 어떤 목사님이 고등학교에 다닐 때의 이야기다. 여름방학 때, 뉴욕에서 나이아가라 폭포까지 친구들과 사이클 여행을 하기로 했다. 그래서 여름방학 때 한 달 내내 식당에서 아르바이트를 해서 돈을 모아 자전거를 사서 드디어 여행을 떠나게 되었다. 집에 알리면 못 가게 할 게 뻔하니까 편지 한 장 달랑 남기고 여행을 떠났다.

뉴욕에서 나이아가라 폭포까지 가는 데 꼬박 일주일이 걸렸다.

올 때는 도저히 엄두가 안 나서 그레이하운드 버스에 자전거를 싣고 뉴욕으로 왔다.

터미널에서 내려서 집으로 들어가자니 덜컥 겁이 났다. 아버지가 가만히 있지 않을 것이 분명했다. 어떻게 할까 고민하다가 친구들과 같이 들어가기로 했다. 그러면 덜 혼날 것이라고 생각했던 것이다. 아버지에게 먼저 전화를 걸어서 잘 다녀왔다고 인사를 하고는 잘못했으니 용서해 달라고 했다. 아버지가 의외로 호통도 치지 않고 빨리 들어오라고 하고는 전화를 끊었다. 이상하다고 생각하면서 불안한 마음으로 집으로 향했다. 집은 아파트 5층에 있었다. 1층에 들어서는데 "Welcome Home!"이라고 써 붙여 있었다. 2층에 올라갔더니 2층에도 "Welcome Home!"이 쓰여 있었다. 5층까지 매 층마다 붙어 있는 것이었다. 아버지는 아들이 무사히 돌아온 것만도 감사했던 것이다.

스필버그가 만든 <컬러 퍼플>이라는 영화가 있다. 야한 외모에 듣는 사람들의 간장을 녹이는 듯한 목소리로 술집에서 노래하는 서그라고 하는 여인이 나오는데, 전형적인 탕녀라고 할 수 있다. 그런데 서그는 바로 그 동네에 있는 교회 목사님의 딸이었다. 그런 딸을 둔 아버지의 마음이 얼마나 괴로웠겠는가? 아버지는 그 딸과 인연을 끊고 살고 있었다.

그러던 어느 날, 서그는 "나 그대에게 드릴 말 있네"라는 노래를 낮은 목소리로 애절하게 부르고 있었다. 그런데 때마침 건너편 교회에서 성가대의 찬양 소리가 들려왔다. "하나님께서 당신에게 하고 싶어하는 말이 있습니다"라는 노래였다. 서그는 자기도 모르게 일어나 그 노래에 이끌려 악단을 데리고 그 교회를 향해 갔다. 그리고 교회당 문을 열어제치고 술집 악단을 인솔하고 교회로 들어갔다. 예배를 드리고 있는 도중에 이런 일이 일어났으니 아버지인 목사가 얼마나 당황했겠는가? 아버지는 그 모습을 보고 어찌할 줄을 몰랐다. 그러나 그는 조금도 주저하지 않고 강단에서 자기를 얼어붙은 듯이 서서 바라보고 있는 아버지를 향해 강단으로 올라갔다.

그리고는 "죄인들도 영혼이 있답니다"라고 말하고는 아버지를 덥석 끌어안았다. 아버지는 딸이 끌어안는데도 멍하니 가만히 있었다. 조금도 기쁜 표정이 없었다. 탕녀의 아버지 목사님은 자신을 치욕스럽게 만든 딸을 쉽게 용서하지 못했던 것이다. 아버지가 돌아온 딸을 달려가서 포옹한 것이 아니라, 돌아온 딸이 아버지에게 가서 아버지를 포옹하고 용서를 빌고 있다.

이것이 바로 헐리우드식 탕자의 비유이다. 아마 오늘날은 그런 식의 이야기가 더 먹혀 들어갈지도 모른다. 그러나 탕자의 비유에 나오는 아버지와는 얼마나 다른 모습인가? 예수님이 들려주신 탕자의 비유에서는 아버지가 노심초사 탕자가 돌아오기를 학수고대하고 있다. 탕자가 돌아오자 먼저 알아보고 달려가서 끌어안고 눈물을 흘렸다. 등을 두들겨 주면서 "그래 잘 왔다, 잘 왔어" 하면서 죽었던 아들이 돌아왔다고 얼마나 기뻐하고 즐거워했는가? 아버지는 아들의 모든 죄를 무조건 다 용서하고 받아들였던 것이다. 헐리우드 영화에서는 아버지가 돌아온 탕녀를 머뭇거리면서 할 수 없이 받아들이지만, 그러나 성경에서는 그렇지 않다.

하나님은 지금도 우리를 기다리고 계신다. 하나님은 언제나 우리를 향해서 크게 두 팔을 벌리고 계신다. 머뭇거리는 것은 우리이지 하나님이 아니시다. 하나님은 결코 우리를 마지못해 받아들이시는 분이 아니시다.

인생의 막다른 골목을 만날 때 그건 어서 빨리 돌아오라고 하는 하나님의 신호이다. 우리가 집으로 돌아가기만 하면 하나님은 언제나 문을 활짝 열어놓고 "Welcome Home!" 하며 환영해 주신다.

인생의 막다른 골목을 만났을 때 하나님께 달려가야 한다

세례자 요한이 깊은 지하 감옥에 갇혀 있다. 옆방에서는 밤마다 슥삭 슥삭 칼을 가는 소리가 들려온다. 예감이 이상했다. 이번에는 살아서 나갈 것 같지 못했다. 내일 죽을지 모레 죽을지 모르는 그런 하루하루를 보내고 있었다.

그러던 어느 날, 그는 제자를 예수님께로 보냈다.

"오실 그이가 당신입니까, 아니면 다른 이를 기다려야 합니까?"

아니 이게 무슨 말인가? "보라 세상 죄를 지고 가는 하나님의 어린양을 보라. 나는 예수님의 신발 끈도 매드릴 자격이 없는 사람이다. 저분은 흥하여야 하겠고 나는 망해야 한다"라고 했던 사람이 이제 와서 예수님에게 정말 우리가 기다리는 메시아냐고 묻다니….

어떻게 된 일인가? 인생의 막다른 골목에서 그는 믿음이 흔들리기 시작했던 것이다. 평탄할 때는 열심은 없지만 그래도 믿음이 흔들리지는 않는다. 그러나 어렵고 힘들 때는 믿음이 흔들릴 수 있다. 한 번도 예수님에 대해 의심하지 않다가, 인생의 막다른 골목을 만났을 때는 신앙에 회의가 생길 수도 있다. 세례자 요한 같은 사람도 그랬는데, 우리야 더 말해서 무엇 하겠는가?

아마 세례자 요한이 이런 질문을 던진 이유 가운데 하나는, 예수님이 메시아라면 자기를 감옥에서 꺼내 주실 텐데, 아무리 기다리고 기다려도 꺼내 주시지 않았기 때문이다. 자신은 예수님을 위해서 평생을 살아왔는데, 예수님은 면회 한 번 오시지 않는 것이었다. '예수님이 어떻게 그러실 수가 있나' 하고 예수님께 실망했을 수도 있다.

예수님이 정말 메시아라면 왜 이 세상을 심판하시지 않는 것일까? 왜 악이 이렇게 성행하도록 내버려두시는 것일까? 왜 빨리 로마를 유대 땅에서 몰아내고 새로운 세계를 세우시지 않는 것일까? 예수님이 정말 메시아라면 왜 사악한 헤롯을 내버려두시는 것일까?

세례자 요한은 예수님에 대하여 궁금한 것이 많았다. 그래서 결국은 예수님께 직접 물어 보았다.

"예수님, 당신이 우리가 기다리는 메시아가 맞습니까? 아니면 우리가 다른 메시아를 기다려야 하는 겁니까?"

우리도 예수님께 실망할 때가 있다. '예수님이 나에게 어떻게 이러실 수 있는가? 내가 이러이러한 가운데 있는데, 예수님은 왜 가만히 계시기만 하신 것일까?' 감당하기 어려운 시험을 만나거나 어려운 일을 당하면 우리는 예수님에 대하여 회의를 품게 된다. 예수님에 대한 믿음이 흔들리게 된다. 그래서 믿음에서 떨어져 나가는 사람도 있다.

그러나 세례자 요한은 예수님에게 실망을 느꼈을 때, 예수님에 대한 믿음이 흔들릴 때, 예수님으로부터 멀어지거나 예수님을 떠난 것이 아니라 예수님께로 달려갔다. 자기가 갈 수 없는 상황이니까 사람을 보낸 것이다. 세례자 요한은 예수님에 대하여 스스로 깊이 생각한 것이 아니라 예수님께 직접 물어 보았다. 혼자서 고민하다가 신앙을 떠난 것이 아니라 예수님께 그 문제를 가지고 갔던 것이다. 그는 인생의 막다른 골목을 만났을 때에 예수님께 다가갔다.

설교로 유명한 스펄전 목사님이 매주 수요일이나 목요일마다 편지를 받았다. 그것도 같은 사람으로부터 몇 년 동안 한 주도 빼놓지 않고 편지가 왔다. 주일날 설교를 듣고 그날 저녁에 편지를 써서 이 목사님에게 보낸 것이다. "은혜 많이 받았습니다. 감사합니다." 그런 편지가 아니고 설교에 대한 비평이었다.

스펄전 목사님은 그 편지를 받고는 처음에는 낙심도 되고 속도 상하고 상처도 받았다. 그러나 스펄전 목사님은 그 편지가 오면 그것을 가지고 하나님 앞에 갔다. 그리고 하나님 앞에 보여드리면서 기도를 했다.

"하나님, 이 사람이 한 말이 맞습니까? 정말 내 설교에 그렇게 문제가 많은 겁니까? 내가 설교를 잘못하고 있는 겁니까?"

그는 서재에서 그 사람이 쓴 편지를 가지고 묵상한 것이 아니라 그 편지를 가지고 하나님께로 갔다. 하나님께 보여드렸다. 그의 일기에 보면 이렇게 되어 있다.

"나는 그 사람 때문에 겸손할 수 있었고, 그 사람 때문에 더욱더 주님만을 바라볼 수 있었고, 그래서 주님께서 나를 더 강하게 만드셨다."

문제가 있을 때 문제를 가지고 예수님께 나아가라. 문제를 펼쳐 놓고 보여드리면서 문제에 대해 이야기하라. 영적인 침체는 하나님과의 문제가 아닌가? 하나님과의 문제는 하나님과 풀어라!

인생의 막다른 골목을 만났을 때 체험하는 하나님의 은혜

하나님께서 우리를 인생의 막다른 골목으로 인도하실 때도 있다

뒤에는 이집트 군대가 쫓아오고 있다. 그런데 앞에는 홍해가 가로막고 있다. 진퇴양난이다. 앞으로 나가도 죽고 뒤로 물러나도 죽고…. 이스라엘 백성은 지금 막다른 골목에 직면하게 된 것이다.

왜 홍해를 만났는가? 길을 잘못 들어서서? 아니다. 원래 그들이 갔던 길로 계속 갔더라면 홍해를 만나지 않았을 것이다. 그런데 하나님께서 온 길로 다시 돌아가라고 하셨다(출 14:2). 그래서 그 길로 가다 보니까 홍해가 나온 것이다. 하나님께서 의도적으로 그곳으로 인도하셨던 것이다.

우리가 인생의 막다른 골목을 만날 때는 두 가지 경우가 있다. 요나가 그랬던 것처럼, 탕자가 그랬던 것처럼, 그리고 나오미가 그랬던 것처럼, 우리가 길을 잘못 들어서서 인생의 막다른 골목를 만날 수도 있다.

그러나 이스라엘 백성이 홍해를 만났던 것처럼 우리가 잘못된 길로 가지 않고 하나님의 인도하심을 따라 살아왔는데 어느 날 갑자기 우리 앞에 홍해가 나타날 수 있다. 때로는 하나님께서 우리로 하여금 인생의 막다른 골목을 직면하게도 하신다. 앞으로 나갈 수도 없고 뒤로 물러설 수도 없는 진퇴양난의 위기 속으로 몰아넣으실 때도 있다.

하나님은 인생의 막다른 골목에서 우리를 기다리고 계신다

이스라엘 백성을 이렇게 홍해 앞으로 인도하신 데는 이유가 있었다. 홍해 앞에 섰을 때에 모세가 백성들에게 이렇게 말했다.

너희는 두려워하지 말고 가만히 서서 여호와께서 오늘 너희를 위하

여 행하시는 구원을 보라(출 14:13)

이스라엘 백성에게, 그리고 이집트 백성에게 하나님이 어떤 분인가를 보여주시기 위해 홍해 앞에 서게 하셨던 것이다(출 14:31). 막다른 골목에서 그들은 하나님께서 하시는 일을 보았다. 그리고 하나님을 두려워하게 되었고, 그들의 인도자 모세를 믿게 되었다.

그들은 막다른 골목에서 하나님의 역사를 체험하게 되었다. 하나님의 영광을 체험하게 되었다. 놀라운 기적을 체험하게 되었다. 살아계신 하나님을 체험하게 되었다. 하나님께 영광을 돌리게 되었다. 하나님께서 하시는 일을 보고 더욱더 믿음에 견고하게 서게 되었다.

하나님을 더욱더 경외하게 되었다. 하나님을 더욱더 믿고 의지하게 되었다. 하나님을 더욱더 신뢰하게 되었다. 이런 것이 바로 우리가 인생의 홍해 앞에서 체험할 수 있는 하나님의 은혜다.

홍해 앞에 설 때에 두려워하지 말라. 이스라엘 백성들이 그랬던 것처럼 원망하지 말라. 결코 하나님은 우리의 무덤을 광야에 만들기 위해, 아니면 홍해에 수장시키기 위해 우리를 홍해 앞으로 인도하시는 것이 아니다.

펄펄 끓는 물에 계란을 넣으면 단단하게 굳어진다. 반면에 당근을 넣으면 말랑말랑하게 된다. 고통과 시련을 통해 완악한 사람은 겸손하게 되고, 연약한 사람은 강하게 된다. 그래서 홍해와 같은 인생의 막다른 골목을 체험하게 하시는 것이다.

하나님은 우리가 전혀 생각하지 못했던 사람들을 통해 우리를 인생의 막다른 골목에서 벗어나게 하신다

나병이라는 진단을 받고 집에 돌아올 때의 나아만을 상상해 보라. 얼마나 비통했겠는가? 지옥 같은 나날들을 보냈을 것이다. 자신의 인생이 끝없이 추락하는 것을 느꼈을 것이다. 그동안 그는 파티를 즐기며 인생을 살아왔다. 그러나 "당신은 나병에 걸렸습니다"라는 선고와 함께 그의 인생의 파티는 끝났다. 나병이라는 진단을 받았을 때 그의 인생은 끝난 것이다. 나아만이 나병에 걸렸을 때 그의 앞에는 이런 팻말이 서 있었다.

"Dead End."

그런데 그의 집에서 일하는 한 여종이 나아만 장군에게 이스라엘에 엘리사라고 하는 예언자가 있는데, 그 사람이라면 그 병을 고쳐줄 수 있을테니 만나 보지 않겠느냐고 했다. 그녀의 말을 듣고 엘리사를 찾아갔고, 엘리사가 시키는 대로 요단 강에 일곱 번 목욕을 했을 때 병이 깨끗이 나았다.

나아만이 문둥병을 고침 받을 수 있었던 것은, 곧 막다른 골목에서 벗어날 수 있었던 것은 바로 그 집 여종 때문이었다. 그 여종은 이스라엘에서 포로로 끌려간 사람이었다. 만일 그 여종이 나아만의 집에 있지 않았더라면 나아만은 병을 고치지 못했을 것이다. 한 나라의 사성장군이 한 여종에게 말할 수 없는 은혜를 입게 된 것이다.

나아만이 누구였는가? 이스라엘에 쳐들어와 자기네 나라를 짓밟은 원수 나라의 군사령관이다. 자기를 포로로 잡아 온 원수 아닌가? 그러니 그 집에서 종으로 일하면서 얼마나 이를 갈았겠는가? 우리 같았으면 그 나아만에게 저주가 임하게 해 달라고 날이면 날마다 기도했을 것이다. 어떻게 하면 독살할 수 있을까 궁리를 했을 지도 모른다. 나아만이 나병에 걸려 죽게 되었을 때, '드디어 하나님이 우리의 기도를 들으시고 천벌을 내리시는구나' 하고 춤을 추었을 것이다.

그런데 이 아이는 오히려 나아만을 충심으로 걱정했다. 나아만이 살 수 있는 길을 알려 주었다. 어떻게 된 것인가?

이 어린 소녀가 비록 포로로 끌려온 종이지만 나아만은 그 아이를 함부로 대하지 않았을 것이다. 나아만이 그 아이를 종 취급만 하고 사람 취급을 하지 않았다면 그 아이는 나아만에게 병을 고칠 수 있는 방법을 알려주지 않았을 것이다. 아마 평상시에 각별하게 그 아이에게 잘해 주었을 것이고 그 아이는 늘 그것이 감사했을 것이다. 그리고 은혜를 갚을 기회가 왔을 때, "장군님, 우리 나라에 가면 어떤 병이든지 다 고치는 선지자가 있나이다. 한번 그 사람을 만나 보시지요" 하고 알려 주었던 것이 아니겠는가?

나아만이 자기 집에 있는 여종을 통해서 그런 도움을 받을 줄은 꿈에도 생각하지 못했을 것이다. 자기 집에 있는 여종이, 그것도 어린아이가 자기의 생명의 은인이 될 줄은 꿈에도 생각하지 못했을 것이다. 그러나 하나님은 바로 그런 어린 여종을 통해서 한 나라의 사성장군이 도움을 받게 하셨다. 하나님은 나아만을 돕도록 하기 위해서 그 여종을 바로 그 집에 보내셨던 것이다. 이것이 하나님께서 일하시는 방식이다. 하나님께서 누구를 통해서 우리를 도와주실지 모른다.

하나님은 우리가 전혀 생각하지 못했던 방식으로 우리를 인생의
막다른 골목에서 벗어나게 하신다

나아만은 그 여종의 말대로 엘리사를 만나러 갔다. 그런데 엘리사가 어떻게 나아만 장군을 맞이했는가? 그는 자기가 나가지 않고 대신 시종을 내보냈다.

나아만은 엘리사가 아주 정중하게 자기를 영접하고 자기를 위해서 거룩한 의식을 베풀어 주리라는 기대를 하고 있었다. 엘리사가 자기를 위해서 간절히 기도를 해주고 안수해 주고 복을 빌어줄 줄 알았다. 그런데 엘리사는 방에서 꿈쩍도 안 하고 시종을 시켜서 그에게 그 더러운 요단 강에 발가벗고 들어가서 몸을 씻으라고 하니, 얼마나 기가 막혔겠는가?

그는 화가 치밀어 올라 그냥 돌아가려고 했다. 그때 그의 종들이 극구 말렸다.

"여기까지 와서 그냥 돌아가시면 어떻게 합니까? 그보다 더한 일을 하라고 해도 하셔야 할 판인데, 그만한 일로 그러십니까? 장군님, 한 번만 고정하시고 하나님의 사람이 하라는 대로 한번 해보시지요."

그러자 나아만은 장군으로서의 자존심이나 체면을 다 버리고 시종이 시키는 대로 했다. 옷을 다 벗고 물속에 들어가 몸을 씻었다. 한 번 두 번 세 번…. 마지막 일곱 번째 물속에 몸을 담그고 나오자 기적이 일어났다. 문둥병이 한순간에 싹 사라진 것이었다.

우리는 우리의 방식대로 고침을 받기 원한다. 아니 안수를 해주어야지, 기도를 해주어야지, 더러운 강물에 들어가서 목욕을 하라고? 그것도 한 번이나 두 번이나 세 번이 아니고 일곱 번씩이나? 나아만

의 상식으로는 이해가 안 되는 일이었다. 나아만은 자기가 생각하는 방식으로 엘리사가 자기를 고쳐 주기를 원했다. 이것이 바로 우리의 모습이 아닌가?

하나님이 기도를 이루어 주셔도 우리가 생각하는 방식대로 이루어 주셔야 한다. 복을 주셔도 우리가 바라는 복을 주셔야 한다. 하나님이 도와주셔도 우리가 생각하는 방식대로 도와주셔야 한다. 문제가 생겼을 때도 우리가 생각하는 방식대로 해결해 주셔야 한다.

그러나 하나님은 나아만이 원하는 방식대로 나아만을 고쳐주신 것이 아니라 하나님의 방식대로 고쳐주셨다. 하나님 앞에서 당신의 방식만을 고집하지 말라. 당신이 생각하는 대로 하나님이 따라 주시기를 기대하지 말라. 하나님은 하나님의 방식대로 당신을 인생의 막다른 골목에서 구해 주실 것이다.

절망적이고 앞길이 캄캄하기만 하고 어떻게 해야 할지 난감한 상황 속에도, 암담하기만 현실 속에서도, 사방이 꽉 막혀 있을 때에도, '나의 도움이 어디서 올꼬?' 하는 탄식이 나올 수밖에 없는 상황 속에서도 낙심하거나 포기하거나 원망하지 말라. 때로 하나님은 사르밧 과부에게 그러셨던 것처럼 우리가 전혀 예기치 못했던 방법으로 우리를 도우신다. 때로는 그릿 시냇가의 엘리야에게 그러셨던 것처럼 전혀 생각지도 못했던 사람을 통해서 우리를 도우신다.

하나님은 길이 없는 곳에 길을 내신다

막다른 골목은 길이 없는 곳이다. 빠져나갈 길이 없는 곳이 막다른 골목이다. 바로 홍해가 그런 곳이 아니었는가? 그러나 하나님은 바다에 길을 내셨다. 하나님은 사막에도 길을 내시는 분이시다. 하나님은 길이 없는 곳에 길을 만들어 주시는 분이시다.

홍해 앞에 선 이스라엘 백성들처럼 앞에 길이 안 보이는가? 길이 없는 것처럼 보이는가? 길이 막혔는가? 사방으로 우겨쌈을 당하였는가?

하나님께서 우리를 위해 길을 만들어 주실 것이다. 그분은 길이 없는 곳, 길이 끊어진 곳에 새로운 길을 만들어 주시는 분이다. 그러므로 인생의 홍해 앞에, 인생의 막다른 골목 앞에 섰을 때에 길이 없다고 낙심하지 말라. 절망하지 말라.

길이 없다는 말은 해결할 방법이 없다는 말이다. 그러나 우리에게는 방법이 없어도 하나님께는 얼마든지 방법이 있다. 우리는 방법을 몰라도 하나님은 알고 계신다. 나아만을 보라. 나병을 고칠 수 있는 방법이 없었다. 그러나 고침을 받지 않았는가? 고침 받을 수 있는 길을 열어 주시지 않았는가?

홍해 앞의 이스라엘 백성을 보라. 홍해를 건널 수 있는 방법이 없었다. 그러나 하나님은 홍해를 건널 수 있는 방법을 알고 계셨다. 그리고 홍해를 건너게 해주셨다.

그러므로 두려워하거나 염려하거나 낙심할 필요가 없다. 막다른 골목를 빠져나갈 수 있는 길을 만들어 주실 것이기 때문이다.

하나님은 인생의 막다른 골목에서 새로 시작하게 하신다

사람들은 막다른 골목에 도달하면 이제 다 끝났다고 생각한다. 절망한다. 그러나 하나님의 사람들은 인생의 막다른 골목을 만났을 때에도 낙심하지 않는다. 원망하지 않는다. 포기하지 않는다. 두려워하지 않는다. 왜냐하면 사람의 끝은 하나님의 시작이기 때문이다. 우리가 두 손을 든 그 지점에서부터 하나님은 시작하신다. 우리가 막다른 골목에서 두 손을 들고 항복할 때, 하나님 앞에 포기할 때, 하나님 앞에 다 내려놓을 때, 하나님은 그 지점에서부터 역사하신다.

졸업하면 다 끝나는 것인가? 아니다. 졸업은 끝이 아니라 새로운 시작이다. 마찬가지다. 인생의 막다른 골목은 우리 인생의 끝이 아니라 새로운 시작을 하는 곳이다. 하나님은 우리로 하여금 그곳에서 새롭게 시작하게 하신다.

인생의 막다른 골목에서 하나님을 만나게 되면 그곳은 더 이상 막다른 골목이 아니다. 하나님과 함께라면 그 어떤 막다른 골목도 막다른 골목이 아니다. 인생을 살다가 어떤 막다른 골목을 만나더라도 그곳에서 우리는 예수님과 함께 인생을 새로 시작할 수 있다.

Brink

4. 벼랑 끝에서 날게 하시는 하나님

마치 독수리가 그 보금자리를 뒤흔들고 새끼들 위에서 퍼덕이며, 날개를 펴서 새끼들을 받아 그 날개 위에 업어 나르듯이

신명기 32장 11절

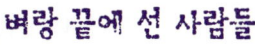 **벼랑 끝에 선 사람들**

뉴 올리언스(New Orleans)에 허리케인 카트리나로 물난리가 났을 때 일이다. 대피하라고 했는데 한 장로님이 그냥 집에 머물러 있었다. 그런데 점점 물이 차더니 무릎까지 차오는 것이었다. 그래서 911에 구조 전화를 했으나 도와줄 수 없다고 했다. 장로님은 그 밤중에 집에서 나와 걷기 시작했다.

불은 이미 다 나갔다. 천지 사방이 캄캄하기만 했다. 아무것도 보이지 않았다. 비는 계속 퍼붓고 있었다. 바람도 거세게 불고 있었다. 길은 이미 다 물에 잠기고 말았다. 어디가 길인지 어디가 어딘지 도무지 알 수 없었다. 점점 물은 불어나고 있었다. 그러나 그곳을 빠져나가지 않으면 죽는다는 생각에 계속 걸었다. 온 도시가 다 물에 잠겼다. 가도 가도 끝이 없다. 물 한 모금 마실 수 없다. 빵 한 조각 먹을 수 없다. 1분 1초라도 어디 앉아 쉴 만한 데가 없다. 온 도시가 다 물속에 잠겼으니까.

그 장로님은 밤새도록 무려 8시간 이상을 물속을 걸었다고 한다. 8시간 걷는 것도 굉장히 힘든 일인데, 물속을 8시간 걸었으니 얼마나 힘들었겠는가? 살지 죽을지 모르는 그런 상황 가운데서 그야말로 사투를 벌였던 것이다. 이 장로님에게는 그 일이 일생일대의 가장 큰 위기로 기억될 것이다.

IMF 파동을 맞아 우리 나라가 국가 파산 직전까지 간 적이 있다. 그 후에 실업자가 얼마나 많아졌는가? 아침에 출근해서 보니까 책상이 없어졌다. 눈앞이 캄캄하고 살 길이 막막했을 것이다. 오륙도니 사오정이니 삼팔선이니, 조기니 황태니 명퇴니 하는 그런 유행어들이 생겼다. 또 하루아침에 사업체가 부도가 나 길거리로 나앉은 사람들도 부지기수다.

어느 날 허리가 아파서 갔더니 의사가 "왜 이렇게 늦게 왔습니까? 골수암 말기입니다"라고 하고, 어느 날 갑자기 믿었던 배우자가 이혼 도장 찍어 달라고 이혼 증서를 내민다.

인생 전체를 놓고 볼 때 가장 넘기기 어려운 때가 중년이라고 한다. 인생의 벼랑 끝으로 내몰린 느낌을 중년기에 가장 많이 겪기 때문이다.

성경에도 벼랑 끝에 서는 경험을 했던 사람들이 많이 나온다. 출애굽한 이스라엘 사람들이 만났던 가장 큰 위기는 무엇이었는가? 홍해였다. 뒤에서는 이집트 군대가 추격해 오고 앞에는 홍해가 놓여 있다. 앞으로 나가면 물에 빠져 죽고 뒤로 물러나면 칼에 맞아 죽을 수밖에 없는 진퇴양난의 위기를 만나지 않았는가?

엘리야가 갈멜 산에서 바알의 선지자 450명과 대결을 벌인 뒤 대승을 거두었다. 그 대가로 그에게 주어진 상급은 이세벨 왕비가 24시간 안에 엘리야의 목숨을 처치하겠다고 하는 위협이었다.

세례자 요한도 헤롯 왕의 아내 때문에 옥에 갇히게 되었다. 옆에서 슥삭슥삭 밤새도록 칼 가는 소리가 나니, 얼마나 섬뜩하고 두려웠겠는가? 결국 세례자 요한은 참수형을 당했다.

에스더서에 보면 하만이라고 하는 사람 때문에 모든 유대인들이 전멸될 위기에 처했던 이야기가 나온다.

추수감사절 때마다 단골 메뉴로 등장하는 성경 구절이 있다.

> 비록 무화과나무가 무성하지 못하며 포도나무에 열매가 없으며 감람나무에 소출이 없으며 밭에 먹을 것이 없으며 우리에 양이 없으며 외양간에 소가 없을지라도 나는 여호와로 말미암아 즐거워하며 나의 구원의 하나님으로 말미암아 기뻐하리로다(합 3:17-18).

지금 흉년이 든 것이 아니다. 지금 흉년보다 더 심각한 상황에 처해 있다. 지금 앗시리아 군대의 군화 소리가 저벅저벅 들려오고 있다. 이제 온 나라가 그들의 군홧발에 짓밟히기 직전이다. 그 군홧발 소리를 들으면서 마음이 촛밀같이 녹아 내렸다. 풍전등화와 같은 운명 앞에 놓인 것이다. 위기를 만나게 된 것이다. 그런 상황에서도 하나님을 바라보며 기뻐하고 즐거워하며 감사한다는 내용이다.

제자들이 갈릴리 호수를 건너다 갑자기 광풍을 만났다. 집채만한 파도가 밀려오고 있다. 한밤중에 이런 일을 당했다. 달도 별도 보이지 않는다. 캄캄하기만 하다. 바람과 바다는 잔잔해질 줄을 모른다. 광풍은 더 맹렬하게 몰아치고, 파도는 그들이 탄 배를 삼킬 듯이 입을 벌리고 달려온다.

　제자들은 그 위기 상황을 벗어나게 위해 무려 여덟 시간 동안이나 노를 저었다. 그래서 성경은 "괴로이 노를 젓더라"(막 6:48)고 했는데, 당신도 지금 그들처럼 괴로이 노를 젓고 있지는 않는가? 그러나 조금도 앞으로 나가지 않고 제자리에서 맴돌고 있는 그런 안타까움, 절망감, 그런 것을 경험하고 있지는 않는가?

　사도 바울이 탄 배가 로마로 항해하다가 광풍을 만나 2주 동안 죽을 고생을 하다가 배는 다 파선되고 겨우 사람들만 한 섬에 무사히 도착했다. 그때 얼마나 힘들었던지, "구원의 여망이 다 없어졌더라"(행 27:20)고 했다. 그들은 살아남으리라고 기대를 하지 못했던 것이다.

　우리도 인생을 살다 보면 이런 위기를 만날 때가 있다. 아무런 희망도 보이지 않는다. 빠져나갈 구멍이 보이지 않는다. 캄캄하기만 하다. 한줄기 빛도 비치지 않는다. 앞이 보이지 않는다. 내가 탄 배가 언제 난파당할지 모른다. 벼랑 끝에 선 것과 같은 그런 절망적인 상황에 처할 때가 있다.

　예수님이 공생애를 시작하시고 처음 고향 나사렛을 찾으셨을 때였다. 저녁 때 동네 사람들이 예수님을 낭떠러지가 있는 곳으로 데리고 갔다. 떠밀어 죽이려고 그랬던 것이다. 예수님은 그때 하마터면 그 낭떠러지에 떨어져 죽을 뻔하셨다. 그러나 예수님은 당당하게 그들 사이를 지나가셨다.

　우리도 인생을 살다 보면 벼랑 끝에 설 때가 있다. 그런 위기의 순간이 찾아올 수 있다. 그럴 때 우리는 당황하고, 낙심하고, 낙담하고, 좌절하고, 포기하고, 하나님을 원망하고, 영적인 침체에 빠지게 된다. 그러나 우리는 벼랑 끝에 선다고 하는 것이 절대로 불행한 일만은 아니라고 하는 사실을 기억하고 희망을 가져야 한다. 벼랑 끝에 서 본 사람만이 경험하는 하나님의 은혜가 있기 때문이다.

벼랑 끝에서 체험하는 하나님의 은혜

벼랑 끝에서 나는 법을 배우게 하신다

하나님은 "마치 독수리가 자기의 보금자리를 어지럽게 하며 자기의 새끼 위에 너풀거리며 그의 날개를 펴서 새끼를 받으며 그의 날개 위에 그것을 업는 것같이" 연단시킨다(신 32:11).

독수리는 까마득한 절벽 끝에다 둥지를 짓는다. 거기에 알을 낳고 새끼를 키운다. 새끼가 자라는 동안에 어미 독수리는 부지런히 먹이를 물어다가 새끼들에게 준다.

그러다가 어미 독수리는 새끼들에게 2, 3일 정도 아무것도 주지 않고 굶긴다. 둥지에 깔아놓은 푹신한 털도 치워버린다. 그런 다음 새끼를 절벽 아래로 밀어버린다. 그러면 이 새끼 독수리들은 얼마나 놀라겠는가? 날 준비가 전혀 되어 있지 않다. 날아 본 적이 없다. 그런데 절벽 아래로 밀어버리다니, 이런 엄마가 세상 어디에 있는가? '믿는 도끼에 발등 찍힌다고 하더니 이거 엄마도 못 믿을 세상이구나. 아마 우리 엄마는 계모일지도 몰라.' 그러면서 얼마나 원망을 하겠는가?

새끼 독수리는 '내가 이렇게 정신을 놓고 있으면 죽고 말거야. 정신 차리자' 하면서 있는 힘을 다해 날개짓을 해 본다. 그러나 날아본 적이 없는지라 소용이 없다. 계속 낭떠러지 아래로 떨어진다. 그러면 어미 독수리가 가만히 지켜보고 있다가 땅에 떨어지려고 하는 순간에 잽싸게 낚아채서 올라간다. 새끼 독수리는 휴~ 하고 안도의 한숨을 내쉰다. 그러면 또 다시 어미 독수리는 새끼를 절벽 아래로 밀어버린다. 이렇게 하기를 몇 번, 그러면서 새끼 독수리는 나는 법을 배우게 되고, 나중에는 가장 높이 나는 창공의 여왕이 되는 것이다.

하나님께서 우리를 사랑하시되 보호하시기만 하는 것이 아니다. 때로는 우리를 연단시키시고 훈련시키시기 위해 우리를 벼랑 끝에 서게 하신다. 그리고 벼랑 아래로 밀어버리신다.

하나님은 당신의 자녀들을 이런 식으로 강하게 훈련시키신다. 이스라엘 백성들을 광야에서 그렇게 훈련시키셨다고 말씀하고 있지 않는가? 이런 시련과 훈련, 고통과 연단을 통해서 우리는 독수리처럼 하늘 높이 날아오를 수 있다.

어미 독수리가 새끼 독수리를 벼랑에서 집어던질 때, 살기 위해 날개를 푸덕푸덕하다가 나는 법을 배워 창공의 여왕인 독수리가 되는 놈도 있을 것이고, 추락하고 마는 놈도 있을 것이다. 둘 중의 하나다. 창공으로 날아오르든지 아니면 추락해서 죽든지….

벼랑에 선 사람들도 마찬가지다. 벼랑에서 떨어져 추락하는 사람들이 있는가 하면 그곳에서 나는 법을 배워 힘차게 다시 날아오르는 사람들도 있다. 벼랑 끝에 섰을 때 포기하고 추락하느냐, 아니면 용기를 갖고 어렵고 힘들어도 나는 법을 배워 하늘 높이 힘차게 비상하느냐는 당신에게 달려 있다.

오리가 한 마리 있었다. 그 오리는 우리 안에서 날마다 똑같은 하루가 되풀이되는 것이 답답했다. 그래서 호수를 찾아가기로 마음먹었다. 오리는 찔레꽃 향기로운 산길을 돌아 솔밭을 지나 마침내 꿈에도 그리던 아름다운 호수에 이르게 된다. 저 아래로 아름다운 호수가 펼쳐져 있다. 넋을 놓고 그 호수를 바라보고 있었다. 그 호수 위를 나는 기러기들이 눈에 들어왔다. '나도 저 새들처럼 이 아름다운 호수 위를 한번 날아볼 수 있다면 얼마나 좋을까…' 너무나 부러웠다.

그런데 그때 갑자기 어디선가 개 짖는 소리가 들려왔다. 그 오리는 걸음아 날 살려라, 있는 힘을 다해서 도망을 간다. 그러나 오리가 개를 당해낼 수가 있겠는가? 개에게 물리기 직전 오리는 죽음을 무릅쓰고 낭떠러지 아래로 뛰어내렸다. 아찔한 순간이었다. 그런데 놀라운 일이 생겼다. 이 오리가 날고 있는 것이었다. 그토록 그리던 호수 위를 말이다.

이런 시가 있다.

> 벼랑 끝으로 오라.
> 싫어요 떨어지면 어떻게 해요.
> 벼랑 끝으로 오라.
> 싫어요. 너무 높아요.
> 벼랑 끝으로 오라.
> 그들은 벼랑 끝으로 왔다.
> 그가 밀었다.
> 그리고 그들은 날았다.
>
> 크리스토퍼 로그(Christophur Logue)

행글라이더를 타고 즐기려면 높은 산꼭대기까지 올라가서 그곳에서 뛰어내려야 한다. 날기 위해서는 벼랑 끝에 서야 한다. 그리고 그곳에서 뛰어내려야 한다. 무섭다고 뒷걸음질치는 사람은 결코 날 수 없다. 무섭지만 한 걸음만 더 앞으로 내디디면 창공을 가르며 날 수 있다.

지금 벼랑 끝에 서 있는가? 나는 법을 배울 수 있는 좋은 기회이다. 벼랑에서 떨어지는 경험을 하지 않고는 결코 나는 법을 배울 수 없다. 벼랑에서 떨어져 본 사람만이 날 수 있다. 추락을 경험해 본 사람만이 비상할 수 있다. 하나님이 우리로 하여금 벼랑 끝에 서게 하시는 것도 바로 그런 이유에서이다.

벼랑 끝에서 하나님은 위기를 기회로 바꾸신다

'위기는 기회' 라는 말 속에는 세 가지 의미가 있다.

첫째로, 하나님은 우리의 위기를 얼마든지 기회로 바꾸실 수 있는 분이다. 그것을 전화위복(轉禍爲福)이라고 한다. 우리가 믿는 하나님은 전화위복의 하나님이시다. 위기를 기회로 바꿀 수 있는 하나님을 바라보고 낙심하지 말고, 영적으로 침체되지 말고, 소망을 갖고 그 위기를 잘 헤쳐나가야 한다.

둘째로, 위기는 하나님을 만나고 하나님의 은혜를 체험할 수 있는 좋은 기회다. 위기를 만났을 때에도 원망하거나 낙심하지 말고 감사할 수 있어야 한다. 왜냐하면 위기는 곧 축복이기 때문이다. 인생의 위기 가운데서 하나님을 만나고 하나님의 은혜를 체험하는 것은 큰 축복이 아닐 수 없다.

셋째로, 인간의 위기는 하나님의 기회이다. 우리에게는 위기이지만 하나님께는 그 위기가 기회라는 것이다. 우리의 위기를 통해서 하나님께서 하시고자 하시는 일을 하실 수 있는 기회이다. 때로는 하나님께서 하시고자 하는 일을 위해서 우리에게 위기를 만나게 하기도 하신다. 왜 그런가? 인간은 위기를 만났을 때 하나님을 믿고 의지하고 하나님 앞에 순종하기 때문이다.

하나님은 우리의 위기를 얼마든지 기회로 만드실 수 있기에, 우리에게 기회를 주시기 위해 위기 가운데 처하게 하시기도 하신다.

애틀랜타의 한 교회에 목사님이 새로 청빙을 받아 와서 의욕적으로 약 6개월 정도 일하다가 그 교회에서 가장 영향력 있는 장로님들과 부딪치게 되었다. 목사님은 목회가 어려워지자 이 교회에서 계속 목회를 해야 되는지, 회의가 들었다.

그래서 멘토 목사님에게 상담을 했다. 멘토 목사님은 "지금 그 교회에서 그 문제를 해결하지 못하면 다른 교회에 가서도 마찬가지이다. 그러면 당신은 평생 초등학교 5학년 수준의 목회밖에 하지 못할 것이다. 그러나 지금 그 교회에서 위기를 잘 극복하면 당신은 앞으로 6학년, 7학년 수준의 목회를 할 수 있게 될 것이다. 그러니 잘 생각하고 결정하라"고 했다.

이 목사님은 그 말을 듣고 위기를 잘 극복하고 지금은 가장 큰 교회 가운데 하나로 만들었다. 이 목사님에게 위기는 기회가 되었던 것이다. 벼랑에서 추락하지 않고 비상을 하게 된 것이다. 하나님께서 위기를 기회로 만들어 주셨던 것이다.

보스턴의 한 목사님은 몇몇 교인들이 목사님을 힘들게 하자 비장의 카드로 목사 신임 투표를 하자고 제안을 했고, 교인들이 모여서 투표를 했다. 이 목사님은 교회에 큰 문제도 없었기에 자신이 있었다. 그런데 막상 뚜껑을 열고 보니까 불신한다는 표가 60% 이상이 나왔다. 상상조차 하지 못했던 일이 일어난 것이다. 그랬으니 얼마나 낙심이 되었겠는가? 교인들에 대한 배신감에 너무 큰 충격을 받았다. 졸지에 목회 자리도 잃어버리고 할 수 없이 한국으로 가게 되었다.

그렇게 한국에 가서 담임하는 교회도 없이 지내고 있는데, 한 장로님으로부터 "그동안 미국에서 건강 진단도 잘 받지 못했을 텐데, 건강 진단이나 한번 받아 보세요"라는 말을 듣고 건강 진단을 받았다. 뜻밖에도 사모님에게서 암이 발견되었다. 엎친 데 덮친 격으로 이런 일들을 한꺼번에 당했으니 인생 최대의 위기를 맞게 된 것 아닌가?

그러나 다행히도 그 암이 조기에 발견되었기 때문에 깨끗하게 완치될 수가 있었다고 한다. 만일 미국 그 교회에서 그런 일이 없었다면 그 교회에서 목회를 계속하고 있었을 것이고, 그러는 동안에 종양은 점점 커져갔을 것이다. 그러니 얼마나 감사한 일인가? 인생의 벼랑 끝에 서서 하나님의 놀라운 은혜를 경험하게 된 것이다.

요셉의 인생을 보라. 요셉의 형제들이 요셉을 얼마나 미워하고 증오했겠는가? 그래서 죽여 버리려고 구덩이에 던져버렸다. 그러나 마침 지나가던 상인들이 있어서 그들에게 돈을 주고 종으로 팔아 넘겼다. 그는 이집트로 팔려가서 노예가 되었다. 천만다행으로 주인의 신임을 얻고 좀 나아지나 싶었는데, 여차여차해서 깊은 지하 감옥에 던져지게 되었다.

형제들은 요셉을 벼랑 끝으로 데리고 갔다. 그리고 벼랑 아래로 밀어버렸다. 요셉은 끝없이 추락하고 있었다. 구덩이로, 노예로, 깊은 지하 감옥으로…. 누가 이렇게 한 것인가? 요셉의 형제들? 약대 상인들? 보디발 장군의 아내? 아니다. 나중에 알고 보니 모두가 다 하나님께서 하신 일이었다. 하나님께서 요셉을 벼랑 끝으로 데리고 가셨다. 그리고 밀어버리셨다. 벼랑 아래로 떨어지게 하셨다. 요셉으로 하여금 끝없이 추락하게 하신 것이었다.

요셉이 '이제 내 인생 이렇게 끝나는구나. 내가 더 이상 내려갈 곳이 없구나' 라고 생각할 즈음에 하나님께서는 요셉에게 날개를 달아주셨다. 날 수 있게 하셨다. 계속 밑으로 떨어지던 요셉이 드디어 날개를 달고 비상을 하게 된 것이다. 인생의 가장 밑바닥까지 추락하던 요셉을 인생의 정상의 자리에 올려주신 것이다.

하나님이 그를 벼랑에서 떨어지게 하신 것은 그에게 나는 법을 가르쳐 주시기 위함이었다. 그가 날아오르도록 하기 위해 추락하게 하셨던 것이다.

인생의 벼랑 끝에 서더라도 낙심하지 말라. 포기하지 말라. 인생의 벼랑 끝에 서 본 사람만이 체험할 수 있는 은혜가 있다. 인생의 벼랑 끝에 선 사람에게만 주시는 축복이 있다. 인생의 위기를 만났을 때만 체험할 수 있는 은혜와 축복이 있다.

벼랑 끝에서 세상의 모든 것을 포기하고 하나님만 붙들게 하신다

우리가 인생의 벼랑 끝에 서면 깨닫게 되는 것이 하나 있는데, 그것은 세상에 그 어떤 것도 의지할 것이 못 된다고 하는 사실이다. 그렇게 믿고 의지하던 것들이 아무것도 아님을 깨닫는 것이다. 인생의 벼랑 끝에 설 때 참으로 믿고 의지할 분은 하나님 한 분밖에 없음을 비로소 깨닫는다.

벼랑 끝에 서 있는 사람들은 다른 모든 것들은 다 포기하게 된다. 내가 그렇게 소중하게 여기던 것들이 아무 의미도 없게 되고 만다. 벼랑 끝에 서 있는 사람에게는 아무것도 도움이 되지 못한다. 벼랑 끝에 서는 경험을 해 보지 못한 사람은 절대로 포기할 수 없는 것들을 포기하게 된다.

아브라함은 모리아 산에서 하나님의 말씀에 순종하기 위해 하나밖에 없는 아들 이삭을 포기하고 제단에 바쳤다. 이삭은 하나밖에 없는 자신의 생명을 하나님 앞에 포기했다.

하나님은 우리를 위해 당신 아들을 포기하고 내어주셨다. 예수님은 하늘 보좌를 포기하고 이 땅에 낮고 천한 인간의 몸으로 오셨다. 예수님은 이 땅에 계실 때 잘먹고 잘사는 것을 포기하셨다. 얼마든지 그렇게 사실 수 있었지만 그렇게 살지 않으셨다. 예수님은 십자가 앞에서 자신의 생명을 포기하셨다.

제자들은 예수님을 따르기 위해 배와 그물을 버렸다. 그들이 갖고 있던 모든 것을 다 포기했던 것이다. 얼마나 많은 사람들이 그들의 뒤를 이어 하늘나라를 소유하기 위해 이 세상의 것을 포기했는가?

북한의 한 수용소에서 있었던 일이다. 18명이 한 줄로 서 있다. 앞에서는 북한군 장교가 그들을 향해서 총을 겨누고 있다. 예수 믿는 사람들을 총살시키는 현장이다. 장교는 총구를 내려놓더니 그들에게 한 가지 특별한 제안을 한다. 만일 그 자리에서 예수를 믿지 않겠다고 말만 하면 살려 주겠노라고 했다. 그러나 18명 가운데 그 누구도 예수를 부인하는 사람이 없었다.

북한군 장교는 화가 머리끝까지 났다. "정말 완전히 예수에게 미친 놈들이구만" 하면서 그중에 제일 어린아이를 향해 총구를 겨누었다. 그러더니 아래부터 쏘기 시작했다. 그 아이에게 말할 수 없는 고통을 겪으면서 서서히 죽게 하기 위해 아래부터 한 방 한 방 올라가면서 쏘기 시작했던 것이다.

그 아이가 죽어가면서 옆에 있는 아버지, 어머니에게 말한다.

"엄마 아빠, 절대로 예수님을 부인하지 마세요. 그래야 우리 천국에서 다시 만날 수 있잖아요."

아버지가 죽어가는 아들을 보고 말한다.

"그래. 우리 잠시 후면 천국에서 다시 만날 수 있을 거야. 거기서 만나자."

그 자리에 있던 나머지 17명 모두 순교를 했다고 한다. 영원한 하나님의 나라를 소유하기 위해 이생에서의 삶을 포기했던 것이다.

하나님이 당신에게 포기하기를 원하시는데 포기하지 못하는 것이 있는가? 하나님이 벼랑 끝으로 몰아넣어 강제로 포기하도록 하시기 전에 포기하라. 벼랑 끝에 서 있는데도 포기하지 못하는 것이 있는가? 예수님이 벼랑으로 떠밀기 전에 포기하라. 지금껏 붙들고 살던 것을 다 포기하고 하나님만 믿고 의지하고 살아가라.

벼랑 끝에서 하나님 앞에 철저히 항복하게 하신다

하나님께서 출애굽을 시키실 때 바로를 항복시키시기 위해 이집트에 10가지 재앙을 내리셨다.

하나님은 평생을 속고 속이며 살아온 야곱을 항복시키기 위해 얍복 강 나루터에서 밤새 그를 붙들어 두고 씨름하다가 결국에는 그의 환도뼈를 쳐서 위골시키셨다.

모세도 하나님께서 부르실 때 이 핑계 저 핑계를 대면서 거절하다 결국은 항복하고 하나님 앞에 순종해서 출애굽의 사명을 받아들였다.

예수 믿는 사람들을 잡아오기 위해 다메섹으로 가던 사울을 하나님께서 길 한복판에서 고꾸라뜨려 항복시키셨다.

하나님은 당신의 일꾼들을 항복시키시기 위해 여러 가지 방법을 사용하셨지만, 공통점은 그들을 인생의 위기 속으로 몰아넣고 항복을 시키셨다는 것이다. 그들을 벼랑 끝으로 데려가신 다음 항복을 받아내셨던 것이다.

현대인들은 항복을 별로 좋아하지 않는다. 싸워서 이겨야지, 죽어도 난 항복할 수 없다고들 한다. 그러나 하나님 앞에서는 항복하는 사람들이 복된 사람들이다.

예수님이 기독교인들을 박해하는 사울에게 뭐라고 하셨는가?

사울아 사울아 네가 어찌하여 나를 박해하느냐 가시채를 뒷발질하기
가 네게 고생이니라(행 26:14).

그런데 어리석은 우리들은 하나님 앞에 항복하지 않고 계속해서 반항을 한다. 가시 돋친 채찍을 계속 발길로 차는 것이다.

하나님 앞에 두 손 들고 항복하라. 하나님의 말씀 앞에 항복하라. 하나님의 명령에 항복하라. 하나님의 사랑 앞에 항복하라. 나의 욕심, 이기심, 고집, 아집 등을 다 버리고 하나님 앞에 항복하라. 두 손을 들라. 내가 무엇을 해보려고 바둥대지 말고 하나님 앞에 항복하라. 하나님의 처분에 모든 것을 다 맡기라.

항복은 수동적으로 포기하는 것이 아니라 적극적으로 하나님께 자신을 드리는 것이다. 항복은 "하나님의 처분만 기다립니다. 하나님 마음대로 하십시오" 하는 것이다. 기도할 때 무릎꿇지 않는가? 이것이 항복이다. 내 뜻대로 마옵시고 아버지의 원대로 하옵소서—이것이 바로 항복이다. 예수님도 십자가의 죽음을 앞에 두고 하나님 앞에 항복하셨다. "천부여 의지 없어서 손들고 옵니다." 이것이 항복이다.

그런데 아직 하나님 앞에 항복하지 않고 뻣뻣하게 서 있는 사람들이 있다. 하나님을 믿긴 믿지만, 항복은 안 하는 것이다. 아직도 내가 내 인생의 주인인 것이다.

오늘날 많은 크리스천들이 예수님을 구세주로는 받아들이지만 주님으로는 받아들이지는 않는다. 예수님을 통해 구원은 받기를 원하지만 예수님을 자기 인생의 주인으로 받아들이는 것은 회피하는 것이다. 예수님이 자신의 인생에 개입되는 것을 원치 않는 것이다. 간섭하는 것을 원하지 않는 것이다. 계속 자신이 인생의 주인으로 살아가기를 원하는 것이다. "예수님, 당신은 내 인생에 관여하지 마시고 나의 영혼이나 구원해 주시옵소서." 그것이 하나님에 대한 우리의 태도이다. 아직 하나님 앞에 항복하지 않은 우리의 모습이다.

아무 문제가 없을 때, 건강할 때, 사업이 잘될 때, 가정이 평안할 때, 자녀들이 잘 될 때, 부부 사이에 문제가 없을 때, 시온의 대로를 걸을 때, 형통의 은혜를 누릴 때는 체험하기 어려운 은혜가 있다. 그것은 바로 항복의 은혜다.

그러나 여간해서 우리는 하나님 앞에 항복하지 않는다. 자원해서 스스로 항복하는 사람은 많지 않다. 나를 포기하지 않는 것이다. 내가 살아 있는 것이다. 내 주장대로, 내 생각대로, 내 뜻대로, 내 방식대로 살아가는 것이다.

그래서 하나님은 우리를 벼랑 끝으로 불러내셔서 그곳에서 항복을 받아내시는 것이다. 벼랑 끝에서야, "하나님 제가 잘못했습니다. 용서해 주십시오. 다시는 그렇게 살지 않겠습니다. 마지막 한 번만 더 기회를 주십시오. 그러면 하나님 잘 섬기면서 신앙생활 잘하고 하나님 뜻대로 살겠습니다"라고 간구하는 사람이 얼마나 많은가?

하나님은 우리가 항복하기를 기다리시다 정 안 되겠다 싶으면 우리를 벼랑 끝으로 데려가신다. 요나가 하는 대로 내버려두고 보시기만 하셨다. 그러다 정말 안 되겠다 싶을 때에 그에게 항복을 받아내시기 위해 바다에 풍랑이 일게 하시고, 그를 바다에 던져 넣게 하시고, 고기 뱃속에 들어가게 하셨다. 요나는 비로소 고기 뱃속에 들어가서야 항복했다.

아브라함이 이삭을 바치려고 했을 때 이삭은 거부하지 않았다. 반항하지 않았다. 순순히 순복했다. "하나님, 저를 하나님께 제물로 바치겠습니다" 하고 꼼짝하지 않고 제단 위에 누워 있었다. 그랬더니 하나님께서 평생 동안 그에게 축복을 주셨다. 한번 죽었더니, 한번 자신을 완전히 드렸더니, 평생 동안 하나님의 축복을 누리며 살게 하셨다.

하나님 앞에 순복하라. 항복하라. 그렇지 않으면 하나님께서 당신에게 항복을 받아내기 위해 벼랑 끝으로 몰아내실 수도 있다. 벼랑 끝에서 항복하지 말고 자원해서 스스로 하나님 앞에 항복하라.

Tunnel

5. 고난의 터널을 통해
　　　　인생의 험산준령을
　　넘어가게 하시는 하나님

그러나 이제 야곱아, 너를 창조하신 주께서 말씀하신다. 이스라엘아, 너를 지으신 주께서 말씀하신다. "내가 너를 속량하였으니, 두려워하지 말아라. 내가 너를 지명하여 불렀으니, 너는 나의 것이다. 네가 물 가운데로 건너갈 때에, 내가 너와 함께 하고, 네가 강을 건널 때에도 물이 너를 침몰시키지 못할 것이다. 네가 불 속을 걸어가도, 그을리지 않을 것이며, 불꽃이 너를 태우지 못할 것이다.

이사야 43장 1-2절

고난에는 하나님의 뜻과 목적과 계획이 있음을 믿으라

우리에게 어떤 삶의 위기가 닥쳤을 때, 그것이 왜 생겼는지를 잘 판단해야 한다.

만일 내가 잘못했거나 어떤 죄 때문에 생긴 것이라면 회개해야 한다. 그래야만 그 문제가 해결될 수 있다. 그러나 그런 것이 아니라면 둘 중의 하나다. 하나님께서 주신 고난이든가 아니면 사탄의 장난이든가. 만일 사탄의 장난이라면 영적인 무기로 사탄과의 영적인 전쟁에서 사탄을 발 아래 짓밟아야 한다(롬 16:20).

만일 하나님께서 주신 고난이라면 그 고난을 주신 데는 하나님의 뜻과 목적과 계획이 분명히 있다. 그러므로 그것을 찾아야 한다. 그래야 우리가 당하는 고난이 의미가 있게 된다.

그런데 우리는 고난을 당하고 고통을 당할 때 고난의 의미나 목적에는 신경 쓰지 못한다. 오직 문제를 해결하는 데만 집착한다. 하나님의 뜻과 목적이 이루어지지 않고 문제만 해결되면 그 고난은 아무런 의미도 없는 것이 되고 만다. 만일 우리가 당하는 고난이 시험으로 주어진 것이라면 잘 이겨서 승리해야 하고, 하나님께서 우리를 연단시키시기 위해 주시는 것이라면 잘 감당해서 하나님께서 우리에게 고난을 주신 그 목적이 이루어지게 해야 한다.

고난에서 벗어나려고만 하지 말고 고난의 의미를 발견하려고 노력하라. 그것이 문제 해결의 가장 중요한 열쇠이다. 하나님께서 고난을 주신 것이라면, 하나님께서는 그 고난을 주신 목적을 이루신 다음에야 그 고난을 해결해 주실 것이다.

하나님께서는 사랑하시는 자들에게 고난을 주신다. 하나님께서 사랑하시기 때문에 고난을 주시는 것이다. 물론 우리는 그것이 달갑지 않지만 그러나 분명 고난에는 놀라운 하나님의 선물이 숨어 있다.

고난을 통해 진주가 만들어진다.

해발 2000미터에 수목 한계선이 있다. 그보다 더 높은 지대로 올라가면 나무가 자라지 못한다. 이 경계선에 자생하는 나무들이 있는데, 이 나무들을 '깃발나무'라고 부른다. 거센 강풍 때문에 가지와 잎들이 깃발처럼 한쪽 방향으로만 나 있기 때문이다.

그런데 바로 이 나무로 전세계적으로 가장 아름다운 소리를 내는 현악기를 만든다고 한다. 비록 자라다 만 볼품없는 나무지만, 강풍과 혹한을 견뎌내는 가운데 가장 견고한 재질이 형성된 것이다. 바로 이 나무를 통해 아름다운 천상의 공명을 만들어 내는 악기들을 만들 수 있는 것이다. 우리 인생도 마찬가지다.

고난을 통해 강하게 된다.

성경에서 가장 오래 살았던 사람은 므두셀라다. 그래서 므두셀라라고 하는 이름이 붙여진 나무가 있다. 지금 나이가 4,700살도 넘었다고 한다. 캘리포니아에 있는 화이트(White) 산에 서식하고 있는데, 놀라운 것은 번개도 여러 번 맞고, 불에 타기도 하고, 가지가 찢겨져 나가기도 하고, 갈라지기도 하고, 구멍도 났지만 한 자리에서 4,700년 동안 뿌리를 박고 지금까지 열매를 맺고 있다고 한다.

이 나무가 그렇게 오래 살 수 있었던 것은 아이러니하게도 조건이 안 좋은 곳에 심어졌기 때문이라고 하는 연구 결과가 나왔다. 최악의 조건 속에서 살아남기 위해 고군분투하는 가운데 반만년이라고 하는 오랜 세월동안 살아남을 수 있었던 것이다. 하나님께서는 우리를 강하게 만드시기 위해 갖은 인생의 풍상을 다 겪게 하시기도 한다.

고난을 통해 우리를 다듬으신다.

쇳덩어리는 그것을 가지고 무엇을 만드느냐에 따라 그 가치가 달라지게 된다. 대장장이가 그것을 가지고 말발굽을 만들려면 그냥 몇 번만 두드리면 된다. 그러나 바늘이나 시계에 들어가는 용수철을 만들려면 더 두드려야 한다. 더 깎아야 한다. 더 다듬어야 한다. 더 달구어야 한다.

하나님은 우리를 고난이라고 하는 용광로로 녹이고, 연단이라고 하는 쇠망치로 때리고, 두들기고, 휘고, 다듬고, 펴면서 우리를 새사람으로 만드신다. 고난이 크면 클수록 우리는 더 가치있는 존재로 만들어진다는 사실을 기억해야 한다.

고난을 통해 우리를 새롭게 하신다.

엿장수는 집에 있는 못 쓰는 물건들을 다 사 간다. 엿장수가 고철을 사가는 이유는 딱 하나다. 그것을 용광로 속에 넣고 녹여서 새 물건을 만들 수 있기 때문이다. 고철이 용광로 속에 들어갔다 나오지 않으면 그냥 삭아서 다 부식되고 만다. 아무 쓸모도 없다. 그러나 용광로 속에 들어갔다 나오면 강철이 된다. 그래서 하나님은 우리를 고난과 시련의 용광로 속을 통과하게 하시는 것이다.

내가 가는 길을 그가 아시나니 그가 나를 단련하신 후에는 내가 순금같이 되어 나오리라(욥 23:10).

교회는 고철 집하장이라고 할 수 있다. 교회 안에 들어온 고철들을 하나님께서는 예배를 통해서, 기도를 통해서, 말씀을 통해서, 은혜의 용광로 속에 다 들어가 성령의 불로 완전히 녹인다. 그러면 모든 불순물이 제거되고 금이나 은이나 강철이 되어 나온다.

교회는 갈 때 다르고 올 때 다른 곳이 되어야 한다. 죄인이 들어와 의인이 되고, 옛사람이 들어와 새사람이 되고, 야곱이 들어와 이스라엘이 되고, 환자가 들어와 건강해서 나가고, 절망한 사람들이 들어와 소망을 갖고 나가는 곳이 되어야 한다. 그러려면 은혜의 용광로 속에 들어가서 성령의 불로 완전히 녹여져야 한다.

고난을 통해 열매를 맺게 하신다.

수박 씨는 자신보다 무려 20만 배나 되는 무거운 흙을 밀어젖히고 새싹을 피운다고 한다. 열매를 맺기 위해 땅속에서 자기 무게보다 20만 배나 되는 압력을 견뎌내는 것이다.

우리 인생도 마찬가지다. 열매를 맺기 위해 우리가 감당해야 하는 고통이 있다. 하나님은 우리가 좋은 열매를 많이 맺도록 하시기 위해 자아가 죽는 고통의 과정을 겪게 하시기도 한다.

고난을 통해 보지 못하던 것들을 보게 된다.

우리는 빛이 있어야 볼 수 있다. 그러나 하늘에 빛나는 별을 보도록 해주는 것은 빛이 아니라 어둠이다. 어둡기 때문에 별이 보이는 것이다. 낮에는 빛 때문에 별을 볼 수 없다. 어둠이 없고 빛만 있다면 우리는 결코 아름답게 빛나는 영롱한 별들을 볼 수 없을 것이다.

인생도 마찬가지다. 고난을 겪고 나서야 보이는 것이 있다. 시련과 연단을 겪지 않고는 깨달을 수 없는 것들이 있다. 인생의 어두운 밤에만 볼 수 있는 것들이 있다. 그래서 하나님께서 때로는 우리에게 인생의 어둠을 주시기도 하는 것이다.

고난을 통해 우리 자신이 develop된다.

사진을 찍는 데는 빛이 필요하지만 그 필름을 현상하는 장소에는 절대로 빛이 흘러 들어와서는 안 된다. 사진은 이렇게 캄캄한 암실에서 만들어진다. 필름을 현상하는 것을 영어로는 develop이라고 한다. develop라는 말은 개발하다, 계발하다, 발달시키다, 발전시키다는 뜻이다. 필름을 캄캄한 암실에서 develop해야 아름다운 사진이 만들어질 수 있는 것처럼, 우리의 신앙도 어둡고 캄캄하고 암담한 인생의 밤에 develop되게 되어 있다. 우리의 신앙은 우리의 인생이 밝고 환하고 아름다울 때 develop되는 것이 아니라, 필름을 develop할 때처럼, 어둡고 캄캄한 긴 암흑의 터널을 통과하는 가운데 develop된다.

전화위복의 하나님을 믿으라

요셉은 계속 꼬이고 틀리고 엇갈리는 인생을 살았지만, 그 모든 것들을 통해서 결국은 꿈을 이루고, 인생의 정상의 자리에 오르게 되었다. 요셉은 자신의 삶을 회고하면서 이렇게 말하고 있다.

당신들은 나를 해하려 하였으나 하나님은 그것을 선으로 바꾸사 오늘과 같이 많은 백성의 생명을 구원하게 하시려 하셨나니(창 50:20).

이런 것을 전화위복이라고 하지 않는가?
하나님은 화를 바꾸어 복이 되게 하시는 분이시다.

내가 그들의 슬픔을 돌려서 즐겁게 하며 그들을 위로하여 그들의 근심으로부터 기쁨을 얻게 할 것임이라(렘 31:13).
우리가 알거니와 하나님을 사랑하는 자 곧 그 뜻대로 부르심을 입은 자들에게는 모든 것이 합력하여 선을 이루느니라(롬 8:28).
네 하나님 여호와께서 너를 사랑하시므로 네 하나님 여호와께서 발람의 말을 듣지 아니하시고 네 하나님 여호와께서 그 저주를 변하여 복이 되게 하셨나니(신 23:5).

우리가 믿는 하나님은 전화위복의 하나님이라는 사실을 믿을 때, 우리는 말할 수 없는 고통 가운데서도 낙심하지 않고 영적인 침체에 빠지지 않을 수 있다.
우리가 믿는 하나님은 전화위복의 하나님이시기 때문에 우리는 절망 가운데서도 소망을 갖고 살아갈 수 있다. 지금은 일이 안 되는 것 같고 더 이상 희망이 없는 것처럼 보이더라도, 전화위복의 역사를 행하시는 하나님에 대한 기대를 갖고 소망 가운데 살아가라.

고통 가운데서도 하나님이 함께 하심을 믿으라

요셉은 하나님이 함께 하셨지만 노예로 팔려가게 되고, 하나님이 함께 하셨지만 억울한 누명을 쓰고 감옥에 던져졌다. 예수님이 제자들과 함께 배에 타고 계셨지만 무서운 풍랑이 불어닥쳐 배가 거의 깨질 뻔했었다.

하나님이 우리와 함께 하시지 않아서 우리에게 문제가 생기고 고통을 당하는 것이 아니다. 하나님이 우리와 함께 하시지만 인생이라고 하는 바다를 항해하다 보면 파도를 만날 수도 있고 풍랑을 만날 수도 있다. 성경 어디에도 "너희가 풍랑을 만나지 않을 것이다. 너희에게는 광풍이 불어닥치지 않을 것이다. 너희가 탄 배는 결코 흔들리지 않을 것이다"와 같은 약속은 없다.

요셉의 눈에 아무런 희망도 보이지 않았다. 요셉의 귀에 아무런 하나님의 음성도 들리지 않았다. 갈수록 태산이었다. 길이 보이지 않았다. 계속 인생의 하향 곡선만을 그리고 있다. 그의 인생이 바닥을 치고 있다. 회생할 기미가 보이지 않았다. 기도해도 응답이 없다. 요셉을 '꿈의 사람'이라고 하지만, 처음에 한 번 보여주시고는 그 뒤로는 13년 동안 한 번도 다시 보여주지 않으셨다. 아무런 기적도 일어나지 않았다. 그러나 하나님은 요셉과 항상 함께 계셨다. 그래서 결국은 그를 모든 고난을 뚫고 인생의 정상의 자리에 올라가게 하시지 않았는가?

"하나님, 내가 이런 고통을 당하는데, 하나님은 지금 어디에 계신 겁니까?" 하고 하나님을 향해 항변을 할 때도 하나님은 우리와 함께 하고 계신다. 우리가 하나님의 임재를 느끼지 못하는 순간에도 하나님은 우리와 함께 하고 계신다. 그것을 우리가 깨닫지 못하거나 느끼지 못하는 것뿐이다.

요셉은 그 어떤 상황에서도 믿음을 잃지 않았다. 영적인 침체에 빠지지 않았다. 끝까지 믿음을 지키며 기도했다. 소망을 가졌다. 그리고 하나님을 바라보았다.

> 너는 두려워하지 말라 내가 너를 구속하였고 내가 너를 지명하여 불렀나니 너는 내 것이라 네가 물 가운데로 지날 때에 내가 너와 함께 할 것이라 강을 건널 때에 물이 너를 침몰하지 못할 것이며 네가 불 가운데로 지날 때에 타지도 아니할 것이요 불꽃이 너를 사르지도 못하리니(사 43:1-2).
>
> 두려워하지 말라 내가 너와 함께 함이라 놀라지 말라 나는 네 하나님이 됨이라 내가 너를 굳세게 하리라 참으로 너를 도와주리라 참으로 나의 의로운 오른손으로 너를 붙들리라(사 41:10).

우리가 어떤 고난을 당하더라도 하나님이 우리와 함께 하심으로 우리가 넉넉히 이길 수 있다.

하나님이 모든 것을 주장하시고(control) 계심을 믿으라

우리는 모든 것이 하나님의 예정과 계획과 섭리 가운데 이루어져 가고 있음을 믿는다. 하나님께서 허락하지 않으시면 참새 한 마리도 땅에 떨어지지 않는다고 하지 않았는가? 우리의 삶에 큰 시험과 고난이 닥칠 때 그것이 하나님의 섭리와 뜻 가운데 이루어진 것임을 기억해야 한다.

혹시 사탄이 장난하는 것이라고 할지라도 하나님께서 허락하셨기에 그렇게 할 수 있는 것이다. 욥의 경우를 보라. 고난을 주신 분이 하나님이 아니라 사탄이라고 할지라도, 하나님께서 나의 유익을 위해서 잠시 그렇게 하도록 허락하신 것이다. 또 내가 감당할 수 있으니까 그렇게 하신 것이다.

결코 사탄이 우리를 가지고 놀지 못한다. 우리에게 치명타를 입히지 못한다. 왜냐하면 배후에 하나님이 계시기 때문이다. 하나님께서 우리의 삶 전체를 주관하고 계신다. 우리가 고통을 당할 때에도 보이지 않는 하나님이 배후에 계신다. 그런데 무엇을 염려하겠는가? 고통 가운데 하나님이 안 보일지라도 하나님께서 배후에 계심을 믿고 낙심하지 말라.

기도하면서 기다려라

고난을 당할 때 영적 침체에 빠지지 않으려면 기도해야 한다. 기도가 방법이다. 인생의 모든 문제를 풀 수 있는 방법이 바로 기도이다. 기도는 문제 예방을 위한 최선의 방법이다. 기도는 문제 해결을 위한 최선의 방법이다. 기도가 문제 해결의 유일한 방법일 때도 있다. 예수님께서도 "기도 외에는 이런 류가 나갈 수 없느니라"고 말씀하시지 않았는가?

세상의 어떤 방법으로도 풀 수 없을 때, 기도로 풀 수 있다. 기도로 인생의 문제를 풀어가라. 내가 아무것도 할 수 없을 때, 어떤 대책도 세울 수 없을 때 기도하라. 기도가 대책이다. 인생을 살다 보면 아무런 돌파구도 보이지 않을 때가 있다. 그때 기도하라. 기도하면 돌파구가 생길 것이다. 고난 가운데 사탄과의 영적인 전쟁을 치르고 있는가? 기도의 핵폭탄을 사용하라. 사탄과 어두운 영의 세력들이 전멸당할 것이다!

기도하면서 기다려라. 믿음은 기다리는 것이다. 하나님의 시간표에 내 시간표를 맞추려면 기다려야 한다. 내 시간표에 하나님의 시간표를 맞추려고 하다 보니 조급함이 생기는 것이다. 우리는 하나님의 때를 기다릴 줄 알아야 한다. 태중에 있는 아이는 열 달을 채우고 나와야 한다. 그렇지 않고 일찍 나오면 건강과 생명에 큰 위험이 닥친다.

성경을 보라.

- ◆ 하나님은 아브라함에게 아들을 주겠다고 하시고는 25년을 기다리게 하셨다.
- ◆ 모세를 쓰시기 위하여 80년간 준비시키셨다.
- ◆ 여호수아를 쓰시기 위해 40년을 준비시키셨다.
- ◆ 이스라엘 백성을 가나안으로 인도하시는 데 40년이 걸리셨다.
- ◆ 다윗은 왕으로 기름 부음을 받고도 사울에게 10년 넘게 도망 다닌 다음에서야 비로소 왕의 자리에 앉게 되었다.
- ◆ 예수님은 3년간의 공생애를 위하여 30년간 준비하셨다.
- ◆ 바울은 회심하고 16년이 지난 다음에야 본격적으로 복음을 증거하기 시작했다.

우리에게 고난을 주신 데에 어떤 하나님의 섭리와 목적이 있다고 하면, 하나님은 우리가 기다리는 동안에 그것들을 이루실 것이다.

시련을 무사히 잘 통과하게 될 것을 믿으라

성경은 말씀하고 있다.
- ◆ 너희가 풍랑을 만나더라도 결국은 소망의 항구에 무사하게 도착하게 될 것이다.
- ◆ 어두운 밤을 지나더라도 새 아침을 맞이하게 될 것이다.
- ◆ 깊은 계곡을 지날지라도 마침내 그곳을 무사하게 통과해서 정상에 오르게 될 것이다.
- ◆ 홍해를 만나더라도 바다를 육지같이 건너게 될 것이다.
- ◆ 광야를 지나더라도 결국은 가나안 땅에 들어가게 될 것이다.
- ◆ 구덩이에 빠질지라도 내가 다시 건져줄 것이다.
- ◆ 불꽃 가운데로 지나가더라도 불꽃이 사르지 못할 것이다.
- ◆ 눈물 골짜기를 지나 마침내 시온의 대로에 이르게 될 것이다.

세상에서는 너희가 환난을 당하나 담대하라 내가 세상을 이기었노라 (요 16:33).

우리가 사방으로 우겨쌈을 당하여도 싸이지 아니하며 답답한 일을 당하여도 낙심하지 아니하며 박해를 받아도 버린 바 되지 아니하며 거꾸러뜨림을 당하여도 망하지 아니하고(고후 4:8-9).

상황이 종료될 때가 올 것을 믿으라

기차가 터널 속으로 들어갔는가? 그럼 반드시 빠져나올 것이다. 사실 터널을 지나는 동안 기차는 산을 넘어가고 있는 것이다. 고난의 터널도 마찬가지다. 고난의 터널을 통과하면서 우리는 인생의 커다란 산 하나를 넘어가는 것이다.

- ◆ 우리가 인생을 살다 보면 이스라엘 백성처럼 황량한 인생의 광야를 지날 때도 있다. 그러나 끝까지 잘 통과하면 마침내 약속의 땅에 들어가게 하실 것이다.
- ◆ 험한 인생의 골짜기를 지날 때도 있다. 그러나 마침내 인생의 골짜기를 무사히 통과하여 정상에 오르게 하실 것이다.
- ◆ 13년 동안 이집트에서의 요셉의 삶은 길고 긴 밤을 통과하는 시간이었다. 우리도 그런 인생의 밤을 지나야 할 때가 있다. 그러나 저녁에는 울음이 깃들일지라도 마침내 아침에는 기쁨이 올 것이다(시 30:5).
- ◆ 인생의 바다를 항해하다 보면 바울이 그랬던 것처럼 풍랑이 무섭게 일 때도 있다. 그러나 하나님은 바람과 바다를 잔잔케 하시고 우리로 하여금 마침내 소망의 항구에 무사히 도착하게 하실 것이다.
- ◆ 요셉처럼 깊은 인생의 수렁에 빠지더라도 하나님께서 언젠가는 건져 주실 것이다.
- ◆ 요셉처럼 억울하게 인생의 지하 감옥에 갇히게 되더라도 하나님께서 마침내 풀어 주실 것이다.

지금 당하는 고난이 영원히 계속되는 것은 아니다. 고통이 영원히 계속되는 곳은 지옥밖에 없다. 우리에게 고난을 주신 하나님의 뜻이 다 이루어지면, 하나님께서 이 고난도 끝나게 해주실 것이다.

바꿀 수 없는 상황이라면 받아들이라

우리는 고난이 찾아오면, 싸워서 이겨야 하는 것으로만 생각한다. 고난을 원수로만 생각하는 것이다. 그러나 그렇게 생각하지 말고 고난을 좋은 친구로 삼아 보라.

"고난아, 네가 나를 찾아왔구나. 나는 네가 찾아오지 않았으면 했지만 나에게 찾아왔으니, 같이 잘 지내 보자. 앞으로 너와 10리를 가야 할지 100리를 가야 할지 모르지만, 헤어질 때까지 잘 가 보자."

파도가 몰려온다. 밀려오는 파도를 어떻게 막을 수 있겠는가? 우리가 파도를 잔잔케 할 수 없는 한, 파도를 잘 타는 법을 배워야 한다. 파도를 타면서 앞으로 나가는 법을 배워야 한다. 그것이 파도와 싸우는 것보다 훨씬 지혜로운 것이다.

샌프란시스코에 갔을 때다. 바다에 뭔가가 새까맣게 떠 있었다. 윈드 서핑 하는 사람들이었다. 그들은 널빤지를 하나씩 들고서 파도가 몰려오기를 기다리고 있었다. 파도가 밀려오자 신이 나서 파도를 탔다.

이 사람들은 바다가 잔잔하면 재미가 하나도 없다. 바람이 불고 파도가 쳐야 신이 난다. 윈드 서핑을 잘 못하는 초보자들은 멀리 가지 못하고 해안 가까이서 파도를 기다린다. 그러나 잘 타는 사람들은 멀리까지 나가서 파도를 기다린다. 그래야 큰 파도를 만날 수 있고 스릴 있게 파도를 탈 수 있기 때문이다.

신문에 바람이 불지 않아서 경기가 취소되었다는 기사가 실렸다. 무슨 경기이기에 바람이 안 불어서 취소가 되었을까? 요트 경기였다. 바람을 타는 경기인데 바람이 불지 않아서 경기를 할 수가 없었던 것이다.

인생도 마찬가지이다. 바람이 없다고 반드시 좋은 것은 아니다. 적당한 바람이 필요하다. 불어오는 바람을 우리가 어떻게 다스릴 수가 있겠는가? 바람이 불어오면 그 바람을 막거나 피할 생각을 하지 말고, 그것을 잘 이용할 생각을 해야 한다. 바람만 잘 이용하면 하늘도 날 수 있지 않는가?

고난을 피할 수도 없고 싸워서 이길 수도 없다면, 고난을 적으로 만들지 말고 친구로 만들라. 진주를 생각해 보라. 조개 속에 모래알이 들어오면 그 연하디 연한 조갯살이 얼마나 아프겠는가? 그러나 조개는 그 모래를 밀쳐내려고 하지 않고 그 모래알을 오히려 품고 평생을 산다. 그렇게 해서 만들어지는 것이 바로 진주 아닌가?

문제를 해결하려고만 하지 말고 문제와 함께 살아가는 지혜도 배울 줄 알아야 한다. 고난을 대적하거나 피하려고 하거나 부정적으로 생각하지 말고, 고난과 잘 어울려 지내는 법을 배우라. 그러면 배우는 것이 많을 것이다. 이 세상에서 가장 큰 유익을 주는 친구가 있다면 바로 고난이라는 친구일 것이다. 누구도 좋아하지 않는 친구이지만, 그러나 그 친구를 통해서 우리는 세상 그 어디에서도 얻을 수 없는 유익들을 얻을 수 있다. 특별히 고난이라고 하는 친구를 통해서 얻게 되는 영적인 유익은 말할 필요도 없을 것이다.

어떤 고난이 닥쳐와도 낙심하지 말고, 영적으로 침체하지 말고, 그 고난을 잘 감당해서 마침내 승리하기 바란다.

Pit

6. 절망의 구덩이 속으로
구원의 밧줄을 내려주시는 하나님

요셉이 형들에게로 오자, 그들은 그의 옷, 곧 그가 입은 화려한 옷을 벗기고, 그를 들어서 구덩이에 던졌다. 그 구덩이는 비어 있고, 그 안에는 물이 없었다. 그들이 앉아서 밥을 먹고 있는데, 고개를 들고 보니, 마침 이스마엘 상인 한 떼가 길르앗으로부터 오는 것이 눈에 띄었다. 낙타에다 향품과 유향과 몰약을 싣고, 이집트로 내려가는 길이었다. 유다가 형제들에게 말하였다. "우리가 동생을 죽이고 그 아이의 피를 덮는다고 해서, 우리가 얻는 것이 무엇이냐? 자, 우리는 그 아이에게 손을 대지는 말고, 차라리 그 아이를 이스마엘 사람들에게 팔아 넘기자. 아무래도 그 아이는 우리의 형제요, 우리의 피붙이다." 형제들은 유다의 말을 따르기로 하였다. 그래서 미디안 상인들이 지나갈 때에, 형제들이 요셉을 구덩이에서 꺼내어, 이스마엘 사람들에게 은 스무 냥에 팔았다. 그들은 그를 이집트로 데리고 갔다.

창세기 37장 23-28절

어떤 사람이 산길을 가다가 그만 미끄러져서 깊은 구덩이로 떨어지고 말았다. 눈보라는 점점 더 세게 몰아치고 있는데, 도무지 그곳에서 나올 방도가 없었다. 온몸이 얼어붙는 것 같았다. 그런데 다행히도 누군가가 다가오는 소리가 나서 살려 달라고 소리쳤다. 지나가던 사람이 그 소리를 듣고 구덩이를 내려다보았다.
  "참 안됐습니다. 전생에 무슨 죄를 지었기에 그곳에 빠졌습니까? 전생의 업이니 체념하도록 하시오. 나무 관세음보살" 하고 합장을 하더니 그냥 가버리고 만다. 석가모니였다.
  얼마 후 두툼한 책을 옆에 끼고 근엄한 얼굴을 한 한 사람이 지나가다가 그를 보고는 이렇게 말했다.
  "으흠, 내가 위험한 데 빠지지 않도록 조심하라고 누누이 가르쳤건만 왜 그리 되었소? 그곳에서 빠져 나오면 이번 일을 교훈 삼아 다시는 구덩이에 빠지는 일이 없도록 하시오."

공자였다.

얼마 후 긴 옷을 입고 빵모자를 쓴 사람이 지나가다가 그를 보고는 말했다.

"형제여, 하나님께 무슨 죄를 지어 그곳에 빠졌습니까? 당신이 왜 그곳에 빠졌는지 당신이 더 잘 알 것이오. 당신이 아무 잘못도 하지 않았는데 하나님이 당신을 그곳에 던져 넣었겠소? 하나님이 당신을 그곳에 집어넣었으니 내가 어떻게 감히 당신을 구해 줄 수 있겠소? 형제여, 회개하고 다시는 죄를 짓지 마시오."

남을 정죄하기 잘하는 바리새인이었다.

이제 다 틀렸다고 생각하고 있는데, 마침 저쪽에서 인기척이 났다. 그 사람마저 그냥 지나가면 꼼짝없이 죽게 될 판이었다. 다행히도 그는 이 사람의 신음 소리를 듣고는, 구덩이에서 꺼내 준 다음에 자기의 겉옷을 벗어서 그에게 입혀 주었다. 그리고 그를 여관에 데려다 주고 여관비와 치료비까지 주고 길을 떠났다. 그는 바로 예수님이셨다.

당신이 인생의 구덩이에 빠졌을 때, 당신을 구원해 주실 분은 예수님 한 분밖에 안 계신다.

인도의 성자로 불리는 선다 싱이 24살 때 티베트에서 전도를 하다가 체포되었다. 그는 복음을 전했다는 죄로 우물에 넣어 사형을 시킨다는 즉석 공판을 받고는 우물 속에 던져졌다. 우물 안에는 죽은 송장들이 뒹굴고 있었다. 위에서 뚜껑 잠그는 소리가 들린 후, 선다 싱은 캄캄한 어둠 속에 갇혀버리고 말았다. 송장 썩는 냄새가 진동을 했다. 숨도 제대로 쉬지 못할 지경이었다. 한 줄기 빛도 새어 들어오지 않았다.

그 처참한 암흑의 구덩이에서 그는 사흘을 지냈다. 물론 먹을 것도 없다. 움직일 수도 없다. 누울 수도 없다. 시체 썩는 냄새를 맡으며, 자기도 곧 그렇게 되리라는 생각에 얼마나 무섭고 절망적이었겠는가? 그가 그 깊은 구덩이에서 할 수 있는 일이라고는 기도밖에 없었다. 그는 하나님께 부르짖어 기도했다.

그런데 사흘째 되는 날 위에서 자물통 여는 소리와 함께 뚜껑이 열리더니 밧줄을 잡으라는 소리가 들려왔다. 로프를 잡고 혼신의 힘을 다해 올라갔다. 기적적으로 구출을 받은 것이다.

선다 싱은 며칠 전에 전도하던 그 시장 거리에 나가서 전도를 하다가 또 잡히게 되었다.

책임자는 누군가가 우물 뚜껑 열쇠를 가져가서 그를 구출해 주었을 것이라고 확신하고는 열쇠를 훔쳐간 반역자를 찾으라고 노발대발했다. 그 열쇠가 발견되었는데, 바로 그 사람 허리춤에 있었다. 우물 열쇠는 하나밖에 없었는데, 그것이 자기 허리춤에 이상 없이 있는 것을 보고는 아연실색했다. 하나님은 이렇게 빠져 나올 수 없는 구덩이에서 기적적으로 건져 주신다.

구덩이에 던져지더라도 이상한 것이 아니다

창세기 37장 20절, 22절, 24절, 28절, 29절을 보면 '구덩이'라는 단어가 반복되어 나온다. 요셉이 던져진 이 구덩이는 어떤 구덩이였을까? 이스라엘은 거의 암반층으로 이루어져 있어서 비가 와도 물이 다 흘러가 버리고 땅에 고이지 않는다. 그래서 샘이 드물고, 물을 저장할 수 있는 웅덩이들을 많이 파놓았다.

요셉이 도단에서 형제들에 의해 웅덩이에 던져졌는데, 이 웅덩이는 들판에 있었던 것으로 보아 농사를 짓거나 짐승에게 먹일 물을 모아 놓았던 것 같다. 요셉이 던져진 웅덩이에는 물이 없었다고 했는데, 여름에 비가 내리지 않아서 웅덩이가 다 말라버렸기 때문에 웅덩이에 물이 없었을 것이다.

요셉의 형제들은 요셉을 시기하고 질투했다. 요셉의 꿈을 시기하고 질투한 것이다. 그래서 그 꿈을 시험하듯, 그 꿈이 이루어지는지 보자고 비아냥거리며 요셉을 구덩이에 던졌다. 하나님께서 주신 꿈이 이루어지지 않게 하기 위하여 그를 구덩이에 던져 넣었던 것이다.

하나님의 꿈을 가진 사람들은 그 꿈을 좌절시키려는 사람들 때문에 구덩이에 던져질 수도 있다. 사탄은 어떻게 해서라도 그 꿈이 이루어지지 않도록 하기 위해서 우리를 괴롭히고 넘어뜨리고 구덩이에 던진다.

기도하는 사람은 사자굴 속에 던져 넣겠다고 하는 어명이 내려졌는데도, 다니엘은 죽으면 죽으리라는 각오로 기도하다가 결국 사자굴 속에 던져지고 말았다. 예레미야도 하나님의 말씀을 전하다가 깊은 지하 감옥(웅덩이)에 두 번씩이나 던져졌다.

우리가 벌받을 만한 일은 안 한 것 같은데도 구덩이 속에 던져질 때가 있다. 그러나 그것은 이상한 일이 아니다. 얼마든지 그럴 수 있다. 요셉이 그랬고, 다니엘이 그랬고, 예레미야도 그러했다. 그러나 걱정할 필요가 없다. 하나님께서 우리를 구덩이 깊은 곳에 그냥 두시지 않을 것이기 때문이다.

인생의 깊은 구덩이에 던져지더라도 하나님께서 반드시 구해 주실 것이다

요셉의 형들이 요셉을 죽이려고 깊은 구덩이에 던졌다. 그런데 때마침 상인들이 지나갔다. 그래서 형들은 그를 구덩이에서 꺼내어 은 스무 냥에 팔아 넘겼다. 만일 그때 그 장소에 그 사람들이 지나가지 않았더라면 요셉은 그 구덩이에서 굶어죽고 말았을 것이다. 얼마나 절묘한 하나님의 타이밍인가?

요셉은 다시 한 번 구덩이에 던져졌다. 보디발의 아내의 모함을 받아 억울한 누명을 쓰고 감옥에 갇힌 것이다. 옛날에는 구덩이를 파고 그곳에 사람들을 가두었다. 요셉이 갇혔던 곳은 좁고, 냄새나고, 칙칙하고, 질퍽거리고, 썩는 냄새가 진동하고, 빛이라고는 하나도 들어오지 않는 캄캄한 지하 감옥이었다.

그는 이방인이었다. 노예의 신분에다가 주인의 아내를 겁탈하려고 했다는 죄목으로 갇혔다. 그의 주인은 바로의 고관이었다. 그러니 정상 참작의 여지가 있을 수 없었다. 그러나 영원히 빠져나올 수 없을 것 같던 그 깊은 구덩이에서 하나님께서 건져 주셨다.

때로는 우리도 요셉처럼 생각지도 못했던 깊은 구덩이에 던져질 수도 있다. 그러나 우리가 아무리 깊은 곳에 빠지더라도 하나님의 손길이 미치지 못하는 곳은 없다. 살아가다 보면 한 번이 아니라 두 번, 세 번, 계속 구덩이에 빠질 수도 있다. 여러 가지 해결하기 어려운 문제를 계속해서 만나고 절망적인 상황에 놓이게 될 때도 있을 것이다.

지옥을 무저갱(無低坑)이라고도 부르는데, 이는 '밑바닥이 없는 구덩이'라는 뜻이다. 한도 끝도 없는 구덩이인 것이다. 단테의 《신곡》에 의하면 지옥문 앞에는 "경고-일체의 모든 희망을 버릴 것"이라는 팻말이 붙어 있다고 한다. 그렇다. 지옥에서는 더 이상 아무 희망도 없다. 지옥은 빠져나올 수 없는 가장 절망적인 구덩이이다.

때때로 인생을 살다 보면 깊은 구덩이에 던져질 때가 있다. 그러나 그때도 감사해야 하는 것은 그보다 훨씬 깊은, 한 번 들어가면 누구도 빠져 나올 수 없는 무저갱, 지옥 구덩이 속에서 예수님이 우리를 건져 주셨기 때문이다. 인생의 암담한 구덩이에 던져졌을 때 우리를 영원한 무저갱에서 건져 주신 예수님을 생각하라. 그러면 감사함으로 잘 이겨낼 수 있을 것이다.

지옥은 모든 희망을 포기해야 하는 구덩이라고 했는데, 그곳 말고는 이 세상에는 그 어떤 구덩이도 절망의 구덩이는 없다. 하나님의 손이 미치지 못할 정도로 깊은 구덩이에 던져지는 사람은 아무도 없다.

여호와의 손이 짧아 구원치 못하심도 아니요 귀가 둔하여 듣지 못하심도 아니라(사 59:1).
여호와께서 모세에게 이르시되 여호와의 손이 짧으냐 네가 이제 내 말이 네게 응하는 여부를 보리라(민 11:23).
내 손이 어찌 짧아 구속하지 못하겠느냐 내게 어찌 건질 능력이 없겠느냐 보라(사 50:2).

구덩이에 던져졌을 때 절망하지 말라. 구덩이 속에 갇히더라도 위를 바라보라. 푸른 하늘이 보일 것이다. 하나님에 대한 소망이 생길 것이다.

우리가 사방으로 우겨쌈을 당하여도 싸이지 아니하며 답답한 일을 당하여도 낙심하지 아니하며 박해를 받아도 버린 바 되지 아니하며 거꾸러뜨림을 당하여도 망하지 아니하고(고후 4:8-9).
의인은 고난이 많으나 여호와께서 그 모든 고난에서 건지시는도다(시 34:19).

우리가 손을 내밀어 주님의 손을 붙잡기만 하면 모든 것을 다 붙잡는 것이다. 반대로 주님의 손을 놓치면 모든 것을 다 잃는 것이다. 구덩이에 던져졌을 때 손을 내밀어 주님의 손을 붙잡아야 한다. 그러려면 위를 봐야 한다. 주님을 바라보아야 한다. 주님의 손을 붙잡아야 한다. 그래야 구덩이에서 올라올 수 있다.

의인은 일곱 번 넘어져도 여덟 번째 하나님께서 다시 일으켜 주신다(잠 24:16). 믿음의 사람들이야말로 칠전팔기의 사람들이다. 어떤 상황에서도 포기하지 않는다. 어떤 절망의 구덩이에 빠지더라도 절망하지 않는다. 하나님께서 건져 주실 것이기 때문이다.

구덩이에 던져졌을 때 부르짖어 기도하라

형들이 구덩이 속에 던지려고 할 때, 요셉이 얼마나 살려 달라고 몸부림치며 애원을 했겠는가? 그러나 형들은 구덩이 속으로 쳐 넣고 말았다. 요셉은 이제 인생 다 끝났다고 생각했을 것이다. 앞이 캄캄했을 것이다. 이제 죽은 목숨이나 다름없었다.

요셉은 깊은 구덩이 속에서 하나님께 살려 달라고 간절하게 기도했을 것이다. 구덩이 속에서 할 수 있는 것이라곤 기도밖에 없기 때문이다.

예레미야는 바빌론이 쳐들어올 것이라는 예언을 했다가 왕궁 뜰에 있는 웅덩이에 던져졌다. 깊은 구덩이 감옥에 갇히게 되었을 때 그는 어떻게 했는가?

여호와여 내가 심히 깊은 구덩이에서 주의 이름을 불렀나이다(애

3:55).

구덩이에서 무엇을 했는가? 기도했다! 그랬더니 하나님께서 그에게 구원의 밧줄을 보내주셨다.

요나가 바다에 던져졌을 때 캄캄한 물고기 뱃속에서 무엇을 했는가?

요나가 물고기 뱃속에서 그의 하나님 여호와께 기도하여(욘 2:1).

기도했다. 그가 간절히 기도하고 있는 동안에 그 고기는 열심히 바닷가를 향하여 헤엄치고 있었다. 그리고 그를 육지에 토해냈다.

나의 하나님 여호와여 주께서 내 생명을 구덩이에서 건지셨나이다(욘 2:6).

다니엘은 바빌론에 포로로 끌려갔으나 그 나라에서 왕 다음가는 자리로 높임을 받았다. 그러니 바빌론 사람들이 얼마나 그를 시기하고 미워했겠는가? 그를 시기하는 사람들은 다니엘이 잘못한 것을 찾아서 그를 없애려고 했으나 아무리 찾아도 그에게서 어떤 실책이나 잘못을 찾을 수가 없었다.

그들은 다니엘이 하루에 세 번씩 꼬박꼬박 기도를 하는 것을 보고는 계략을 세웠다. 왕으로 하여금 앞으로 30일 동안은 왕 이외에는 그 어떤 신에게도 기도하지 못하도록 하는 금령을 내리도록 했다. 왕은 온 백성들에게 이러한 금령을 내리면서 만일 누구든지 이 금령을 어기는 사람이 있으면 사자굴 속에 던지겠다고 선포했다.

우리 같았으면 어떻게 했겠는가? 사실, 우리에게는 고민할 문제가 아니다. 기도하면 죽이겠다는데, 기도할 사람이 누가 있겠는가? 우리 같았으면 이렇게 생각했을 것이다.

'내가 왕의 명령을 어기고 하나님께 기도를 했다가는 사자 밥이 되게 될 텐데, 그래도 기도를 해야 하는가? 기도하는 일에 목숨을 걸어야 하는가? 목숨을 걸고 기도할 필요까지는 없지 않은가? 기도하는 일에 목숨을 거는 것은 무모한 일이다. 30일 정도 기도하지 않는다고 해서 문제가 될 것도 없다. 30일 후에 다시 기도하면 되지 않는가?'

그러나 다니엘은 그렇게 생각하지 않았다. 그는 타협하지 않았다. 죽는 것이 두려워서 하나님께 기도하는 것을 그만두지 않았다. 그는 언제나 그랬던 것처럼, 하루에 세 번씩 예루살렘을 향하여 무릎을 꿇고 기도를 드렸다. 목숨을 걸고서 말이다.

우리와 다니엘의 차이가 바로 여기에 있다. 우리는 우리 편한 대로 기도하고 싶으면 하고 하기 싫으면 안 한다. 그러나 다니엘은 그렇지 않았다. 그는 하루도 빼놓지 않고 기도했다. 그는 목숨을 걸고 기도했다. 우리는 죽어라고 기도 안 하는데, 다니엘은 기도에 목숨을 걸었던 기도의 사람이었다.

이처럼 기도하는 일에 목숨을 걸었던 다니엘이 어떻게 되었는가? 기도하니까 하나님께서 지켜 주셔서 사자굴 속에 던져지지 않게 하셨는가? 아니다. 다니엘은 사자굴 속에 던져졌다.

그러나 사자굴 속에 던져진 다니엘은 머리털 하나 상하지 않고 살아나왔다. 하나님께서 사자의 입을 막으셨던 것이다. 하나님께서는 다니엘이 사자굴 속에 던져지는 것을 내버려 두셨지만, 사자들이 그의 몸에 손을 대지 못하도록 그 입을 막으셨다. 그렇게 으르렁거리던 사자들이, 피에 굶주린 사자들이 다니엘을 보고서도 달려들어 물어뜯을 생각을 하지 않고 그냥 어슬렁어슬렁거리며 눈만 끔뻑거렸다. 사자들이 순한 양처럼 변한 것이었다.

기도하는 사람이라고 해서 사자굴 속에 던져지지 않는 것은 아니다. 사자굴 속에 던져지긴 하지만, 사자가 해치지를 못한다. 하나님께서 사자의 입을 막아 주시기 때문이다. 기도하는 사람들은 사자굴 속에 던져지더라도 다시 나오게 하신다. 하나님의 손길이 미치지 못하는 곳은 없기 때문이다.

너희 중에 고난 당하는 자가 있느냐 그는 기도할 것이요(약 5:13).

시편 107편을 요약하면 이렇다.
- ◆ 광야에서 길을 잃었을 때 곤경 중에 기도했더니 하나님께서 곤경에서 구해 주셔서 사람 사는 동네가 나타났다.
- ◆ 병들어 죽음의 문턱에까지 이르게 되었을 때에 기도했더니 하나님께서 고쳐 주셨다.
- ◆ 광풍이 몰려올 때 기도했더니 하나님께서 바람과 바다를 잠잠케 하셨다.
- ◆ 쇠사슬에 매여 어둡고 캄캄한 곳에 갇혀 있었을 때 기도했더니 하나님께서 쇠사슬을 풀어 주셨다.

여기서 우리는 하나의 공식을 발견하게 된다.
① 어려운 곤경 가운데 빠진다.
② 그때 기도한다.
③ 그러면 하나님께서 그 기도를 들으시고 곤경에서 건져 주신다.

내가 여호와를 기다리고 기다렸더니 귀를 기울이사 나의 부르짖음을 들으셨도다 나를 기가 막힐 웅덩이와 수렁에서 끌어올리시고 내 발을 반석 위에 두사 내 걸음을 견고하게 하셨도다 새 노래 곧 우리 하나님께 올릴 찬송을 내 입에 두셨으니 많은 사람이 보고 두려워하여 여호와를 의지하리로다(시 40:1-3).

구덩이에 던져졌을 때 부르짖어 기도하라. 그리고 기다리라. 그러면 하나님께서 구원의 밧줄을 던져 주셔서 건져 주실 것이다.

구덩이에 던져진 것이 축복일 수도 있다

구덩이에 빠지는 것이 반드시 불행한 것만은 아니다. 요셉이 구덩이에 던져지지 않았더라면 그는 이집트로 팔려 가지 않았을 것이고, 깊은 지하 감옥 구덩이에 던져지지도 않았을 것이고, 바로의 꿈을 해몽할 수도 없었을 것이고, 그리고 바로 다음가는 자리에 앉지도 못했을 것이다.

요셉이 구덩이에 빠졌다가 바로의 궁에 들어가게 된 과정은 이렇다. pit(구덩이) → Potiphar(보디발 장군의 집) → prison(감옥) → palace(바로의 궁전).

pit와 prison은 palace에 이르는 길이다.

하나님은 단 한 번에, 처음부터, 그리고 한 번도 구덩이에 빠지지 않게 하시고 그를 높여 주셨는가? 아니다. 먼저 가장 낮은 자리를 경험하게 하신 다음에, 가장 높은 자리로 올려 주셨다. 그를 낮추신 다음에 높여 주신 것이다. 그것이 하나님의 방법이다. 그것이 우리를 축복해 주시는 방법이다.

　요셉이 이집트의 총리가 된 후에, 아버지를 장사지내기 위해 가나안으로 잠시 돌아온 적이 있었다. 유대인들의 전승에 따르면, 그때 요셉은 그가 던져졌던 구덩이를 지나가게 되었다고 한다. 그는 잠시 가던 발걸음을 멈추고는 그 구덩이에 가까이 가서 생각에 잠겼다.

　형제들이 죽이려고 던져 넣은 구덩이이다. 그 구덩이에 빠져서 살려 달라고 소리치다 잠에서 깨어난 적이 얼마나 많았겠는가? 생각하기도 싫은 과거였다. 두 번 다시 보기도 싫은, 저주스러운 구덩이다. 그런데 요셉은 그 구덩이를 향해 축복을 하고 하나님께 감사를 드렸다고 한다.

　어떻게 그럴 수 있었을까? 그 구덩이는 요셉을 죽인 구덩이가 아니라 그를 구원해 준 구덩이였기 때문이다. 구덩이에 빠지는 것이 꼭 불행한 것만은 아니다. 그것이 하나님의 섭리의 한 과정일 수도 있다. 요셉처럼 pit(구덩이)가 palace(궁전)에 이르는 길일 수도 있다.

Furnace

7. 시련의 용광로 속에서 정금이 되어 나오게 하시는 하나님

네가 물 가운데로 지날 때에 내가 함께 할 것이라 강을 건널 때에 물이 너를 침몰치 못할 것이며, 네가 불 가운데로 행할 때에 타지도 아니할 것이요 불꽃이 너를 사르지도 못하리니

이사야 43장 2절

 불이 붙었으나 타지 않았던 광야의 가시떨기나무처럼 어떤 시련의 불꽃도 우리를 사르지 못할 것이다

감리교의 창시자인 존 웨슬리는 영국 성공회 신부의 가정에서 태어났다. 그가 어렸을 때 사제관에 불이 났다. 다행히 식구들은 다 불을 피해서 밖으로 무사하게 나왔다. 그런데 웨슬리가 보이지를 않는 것이었다. 그러나 이미 집은 불에 휩싸여 있었기 때문에 그를 찾으러 들어갈 수가 없었다. 사람들은 발을 동동 구를 뿐, 어떻게 할 수가 없었다. 1층은 이미 불에 다 타고 있었다. 이제 2층까지 불이 옮겨 붙을 참이었다.

그런데 2층 꼭대기 다락방에서 아무것도 모르고 자고 있던 웨슬리가 뭔가 이상해서 일어나보니 집에 불이 난 것이었다. 웨슬리는 창틀 위로 올라가서 밖을 내다보며 살려달라고 소리쳤다. 그를 구하려면 2층까지 올라가야 하는데, 불 속을 뚫고 들어갈 수는 없고, 사다리는 눈에 보이지를 않았다. 그래서 사람들이 어깨 위로 올라가고 또 그 위로 올라가고 해서 2층 꼭대기 창문에까지 다다라서 웨슬리를 무사하게 내렸다. 그리고 그 순간 2층 지붕이 무너지면서 온 집안이 폭삭 무너져버렸다.

그래서 후에 그는 "나는 타다 남은 나무 조각이다"라고 회술했다. 불에 다 타 버릴 뻔한 존 웨슬리를 하나님은 극적으로 구하신 것이다. 그는 그야말로 덤으로 사는 인생이었다. 그래서 불 속에서 건져주신 하나님의 은혜를 기억하며 그는 평생을 하나님을 위해서 헌신하지 않았는가?

느부갓네살 왕이 금으로 엄청나게 큰 신상을 만들고는 모든 사람들에게 그 신상 앞에 절을 하도록 하였다. 그러나 사드락과 메삭과 아벳느고라고 하는 다니엘의 세 친구들은 절을 하지 않았다. 이런 소식이 왕에게까지 들어가게 되었고, 결국 그들은 묶인 채로 맹렬히 타는 화덕 속으로 던져졌다.

그런데 왕이 가서 보니 활활 타오르는 용광로 속에 네 명이 있는 것이었다. 분명히 세 사람을 묶어서 던졌는데, 네 사람이 보이는 것이었다. 그것도 타 죽은 것이 아니라 그 안에서 결박이 풀린 채로 왔다 갔다 하는 것이었다. 기절할 노릇 아닌가?

이 네 번째 사람이 누구였는가? 하나님이 그들을 구해주시기 위해 보낸 천사였다. 사드락과 메삭과 아벳느고는 용광로 속에 던져졌지만, 머리카락 하나 그을리지 아니하고 살아서 나오게 되었다. 왜냐하면 하나님의 손길이 미치지 못하는 곳은 없기 때문이다. 비록 그곳이 맹렬하게 타오르는 용광로 속이라고 할지라도 말이다.

모세도 이와 비슷한 경험을 했다. 모세가 미디안, 지금의 사우디 아라비아로 도망가서 40년을 양을 치면서 살고 있었다. 그러던 어느 날 양을 치다 저만큼서 가시떨기나무에 불이 붙은 것을 발견했다. 그런데 이상하게 나무는 타지 않고 불길만 활활 타오르는 것이었다. 너무 이상해서 다가가 자세히 그 떨기나무를 보고 있노라니 그 안에서 하나님의 음성이 들려왔다.

"가라 모세야!"

이집트로 돌아가서 이스라엘 백성을 구해내라고 하는, 출애굽의 사명을 맡기신 것이었다.

이 나무는 광야 어디에나 있는 볼품없는 나무이다. 귀한 나무가 아니다. 특별한 나무가 아니다. 이런 쓸모없는 나무에 불이 붙었는데, 그 나무가 타지 않는 것이다. 유대인들의 해석에 따르면 이 나무가 불에 타기는커녕 오히려 파란 잎들이 파릇파릇 돋아나왔다고 한다. 왜 하나님은 모세에게 출애굽의 사명을 맡기실 때 이런 이상한 광경을 보여주셨을까? 하나님이 모세에게 무엇을 말씀하시려고 그런 것일까?

지금 이스라엘 백성은 이집트에서 노예생활을 하며 말할 수 없는 고통을 겪는 가운데 있다. 이집트의 파라오(바로)는 이스라엘 민족을 없애버리기 위해 그들을 노예로 삼고 아들을 낳으면 다 죽이도록 했다. 이렇게 이집트가 이스라엘을 멸망시키기 위해 갖은 방법을 다 썼지만, 결코 그렇게 할 수 없을 것이라는 것을 하나님께서는 이 광경을 통해서 보여주고 계신 것이다. 마치 그 불꽃이 가시떨기나무를 불살라 태워버리려고 하는 것처럼 이집트가 이스라엘을 불살라 소멸시키려고 하지만, 하나님께서 이스라엘 민족을 보호하셔서 절대로 해를 받지 않을 것이라는 것을 말씀하시기 위해 이런 광경을 보여주신 것이다.

또 하나님께서 이런 광경을 보여주시면서 모세에게 출애굽의 사명을 맡기신 이유가 있다.

"모세야, 이제 내가 이스라엘 백성을 인도하여 광야 40년 길을 거쳐 가나안으로 들어가게 될 텐데, 그러한 과정 속에서 수많은 어려움이 있을 것이다. 내 백성을 삼키려는 세력들에 의해 수많은 고통을 겪게 될 것이다. 그러나 지금 네가 보고 있는 것처럼, 맹렬한 불이 가시떨기나무를 태워버리려고 하지만, 봐라. 그 나무는 하나도 타지 않고 있느니라. 마찬가지로 그 누구도, 그 어떤 세력도, 내 백성 이스라엘을 해할 수 없을 것이다. 그러니 염려하지 말고 그들을 이끌고 출애굽을 해라."

어려움은 당하겠지만 그 가운데서 하나님이 지켜주실 것이라고 하는 약속이다. 하나님의 백성이 아무리 혹독한 시련과 연단과 고통과 환난을 당해도 하나님께서 지켜주셔서 결코 해를 받지 않게 해주실 것이라는 약속이다.

사실 40년 광야 길을 가는 동안, 그들이 얼마나 많은 어려움과 고통과 고난과 시련을 경험했는가? 그러나 마침내 그들은 가나안 땅에 들어가지 않았는가? 나치 독일이 유대인들을 전멸시키기 위해 600만 명이라고 하는 유대인들을 가스실로 보내서 죽이지 않았는가? 그러나 하나님은 그런 시련 가운데서도 그들을 지켜주셔서, 오히려 그 일로 이스라엘은 2천 년 만에 도로 나라를 세우지 않았는가? 호렙 산 가시떨기나무 불꽃에 나타나신 하나님은 바로 그런 하나님이시다.

우리가 시련의 용광로 속으로 들어갈 때 하나님은 용광로의 온도를 조정하신다

우리 주변에 우리를 불처럼 삼키려고 하는 것들이 얼마나 많은가? 불 같은 시험과 시련이 얼마나 많은가? 우리가 인생의 용광로 속을 통과할 때가 얼마나 많은가? 이 가시떨기나무가 불길에 휩싸인 것처럼, 우리도 그럴 때가 많이 있다.

그러나 하나님께서는 호렙 산의 가시떨기나무같이 어떤 상황에서도 우리를 지켜주실 것이다. 어떤 시련이나 연단이나 고통이나 위협의 불이 우리를 불사르려고 해도, 우리를 태워버리려고 해도, 우리를 삼켜버리려고 해도, 하나님은 그 모든 것들로부터 하나도 해를 받지 아니하도록 우리를 지켜주실 것이다.

> 너는 두려워 말라 내가 너를 구속하였고 내가 너를 지명하여 불렀나니 너는 내 것이라 네가 물 가운데로 지날 때에 내가 함께 할 것이라 강을 건널 때에 물이 너를 침몰치 못할 것이며, 네가 불 가운데로 행할 때에 타지도 아니할 것이요 불꽃이 너를 사르지도 못하리니 대저 나는 여호와 네 하나님이요 이스라엘의 거룩한 자요 네 구원자임이라 내가 너를 보배롭고 존귀하게 여기고 너를 사랑하였느니라(사 43:1-4).

다른 사람이 아닌 하나님이 우리를 보배롭고 존귀히 여기신다니 감격스럽지 않은가? 황송하지 않은가? 하나님이 우리를 보배롭고 존귀히 여기시기 때문에 우리가 불 가운데로 행하더라도 타지 않게 하시고 불꽃이 우리를 사르지 못하게 보호해주겠다고 약속하셨다. 불같은 시험을 만나도 넉넉히 감당하게 하실 것이라는 것이다. 하나님이 모세에게 불타는 가시떨기나무를 통해 보여주신 것이 바로 이 약속이었던 것이다. 이 약속 그대로 다니엘의 세 친구는 용광로 속에서 머리카락 하나 그을리지 않고 살아나오지 않았는가?

다니엘이 사자굴 속에서 살아나온 것은 그래도 어느 정도 가능한 이야기다. 그러나 용광로 속에서 살아나온다고 하는 것은 정말 말이 안 되는 일이 아닌가? 그런데 어떻게 살아나올 수 있었을까? 어떤 목사님이 흥미로운 해석을 했다. 왕은 용광로 속의 온도를 평상시보다 7배나 높게 올렸다. 그러나 하나님은 천사를 보내셔서 그들이 견딜 만한 정도로 온도를 팍 낮추었을 것이라는 것이다. 그렇다면 사드락과 메삭과 아벳느고는 용광로 안에서 사우나를 하고 있었던 것이다. 무슨 말인가? 하나님은 우리가 감당할 수 있는 만큼의 시련과 연단과 고난만을 주신다는 것이다. 감당치 못할 시험을 주시지 않는다는 것이다. 너무 뜨거워서 타 죽게 내버려 두시는 일은 결코 없을 것이라는 것이다.

대장장이는 뜨거운 풀무에 고철을 시뻘겋게 달군 다음 물에 넣어 식힌다. 그런 다음 모루에 올려놓고 쇠망치로 두들겨 팬다. 이런 과정을 수십 번도 더 하는 가운데 강철 검이 나온다. 그러나 무조건 뜨겁게 달군다고 해서 되는 것이 아니다. 훌륭한 대장장이는 얼마 만큼 달구어야 하는지, 또 얼마 만큼 두들겨야 하는지 정확하게 안다. 너무 뜨겁게 오래 달구면 부러지고 만다.

대장장이이신 하나님도 마찬가지다. 얼마 만큼 우리를 불에 달구어야 하는지 아신다. 우리가 얼마 만큼 견딜 수 있는지 정확히 아신다. 그래서 우리가 감당할 수 있는 만큼의 시련과 연단만을 당하게 하신다. 그러니 시련의 용광로를 통과할 때 두려워하지 말라. 걱정하지 말라. 넉넉히 감당할 수 있게 해주실 것이다. 하나님이 용광로의 온도를 조정하실 것이다.

우리를 새롭게 만들기 위해 고난의 풀무불을 통과하게 하신다

엿장수는 집에 있는 고철들을 다 사 간다. 엿장수가 사 간 고철은 대장간에 모이고 대장장이는 그 고철들을 시퍼런 불이 활활 타는 풀무(화덕)에다 집어넣어 녹인다. 그런 다음 모루에 올려 놓고 커다란 쇠뭉치로 쾅쾅 두들겨 팬다. 계속 불에 넣었다 찬물에 담갔다 하면서 이리 휘고 저리 휘고 이리 펴고 저리 편다. 그러면서 괭이나 호미를 만들어내는 것이다.

예수님은 대장장이이시고, 교회는 대장간이라고 할 수 있다. 그리고 교인들은 고철이라 할 수 있다. 대장장이이신 예수님은 교회라는 대장간에 들어온 고철들을 은혜의 용광로 속에 다 들여보내 예배와 기도와 말씀을 통해서, 성령의 불로 다 녹인다. 그러면 모든 세상적인 불순물이 제거되고 정금이 되어 나온다.

교회는 갈 때 다르고, 올 때 달라야 한다. 교회에 갈 때는 죄인이지만 돌아올 때는 의인이 되어 돌아와야 한다. 교회에 갈 때는 병든 몸과 마음을 갖고 가지만 돌아올 때는 치유를 받고 건강한 사람이 되어 돌아와야 한다. 갈 때는 천부여 의지 없어서 손들고 옵니다… 하면서 가지만, 돌아올 때는 마귀들과 싸울지라… 승전가를 부르며 돌아와야 한다. 옛사람이 들어가 새사람으로 변화되어 나와야 한다. 들어갈 때는 고철이었지만 나올 때는 강철이 되어 나와야 한다.

제련소에 가보면 돌이 들어갔는데, 나오는 것을 보면 금이다. 그런 곳이 바로 교회인 것이다. 교회는 돈이 들어와 헌금이 되는 곳이다. 교회는 죄인이 들어와 성도가 되는 곳이다. 육의 사람이 들어와 영의 사람으로 변화되는 곳이 교회이다.

> 그런즉 누구든지 그리스도 안에 있으면 새로운 피조물이라 이전 것은 지나갔으니 보라 새 것이 되었도다(고전 5:17).

토기장이가 진흙을 가지고 무엇을 만들려고 하면 맨 먼저 진흙을 다 부순다. 그래야 마음대로 주물러서 자기가 원하는 것을 만들 수 있다. 딱딱한 흙을 가지고는 아무것도 만들 수 없다. 콩 한 말을 가지고 수북하게 쌓아놓는 것은 쉽지 않다. 콩은 한 알 한 알 제각각이다. 이때 콩을 물에 푹 삶아서 으깨면 무엇이 되는가? 메주가 된다. 그러면 그것을 가지고 주물럭주물럭해서 어떤 모양으로도 만들 수 있다.

하나님도 마찬가지다. 우리의 완악한 마음을, 우리의 굳어진 마음을, 우리의 거친 마음을 성령의 불로 녹이셔야 당신이 원하시는 대로 만드실 수 있다. 우리의 심령이 하나님 앞에서 녹아야 한다. 그래야 우리를 새롭게 만드실 수 있다. 그래서 시련의 용광로 속에 우리를 집어넣으시는 것이다.

대장장이도 마찬가지다. 쇠를 불에 녹이거나 달구어야 한다. 그렇게 한 다음 이리 휘고 저리 휘고 하면서 호미를 만들기도 하고 쟁기를 만들기도 하고 도끼를 만들기도 하고 칼을 만들기도 한다. 하나님도 마찬가지다. 우리를 새롭게 만들고자 하실 때는 먼저 우리를 녹이셔야 한다. 그러기 위해 시련의 용광로를 통과하게 하시는 것이다.

우리를 더욱 강하게 만들기 위해 고난의 풀무불을 통과하게 하신다

도자기를 구울 때 진흙을 이겨서 불가마 속에 집어넣는다. 그러면 나올 때는 흙이 아니라 돌처럼 단단해져서 나온다. 사실 그릇은 흙이라고 하기보다는 돌에 가깝지 않은가? 흙이 돌처럼 단단해진 것이다. 불을 통과하면서!

도자기는 열을 얼마나 가했느냐에 따라 강도가 달라지고 색깔이 달라지고 윤택이 달라진다. 화분 같은 것은 800도 정도에서 구워낸다고 한다. 보면 흙이 그대로 보인다. 그래서 붉은 색을 띠는 것이고 물을 잘 흡수한다.

보통 그릇은 1,100도 정도에서 구워낸다고 한다. 이렇게 구워낸 그릇들은 강도가 높고 색깔도 아름답다. 그리고 물을 잘 흡수하지 않는다. 이렇게 구워낸 것은 흙보다는 돌에 더 가깝다고 할 수 있다.

그러나 계속 열을 높여서 1,300도 정도에서 구우면, 거의 유리처럼 된다고 한다. 이렇게 고온에서 구워낸 도자기들은 매우 단단하고 색깔이 더없이 아름답다.

800도에서 구워낸 그릇과 1,500도에서 구워낸 그릇은 무슨 차이가 있을까? 800도에서 구워낸 그릇은 1,000도의 열이 가해지면 견디지 못한다. 그러나 1,500도에서 구워낸 도자기는 1,000도의 열이 가해지더라도 아무 문제가 없다. 이미 화덕 속에서 그런 정도의 열을 견뎌냈기 때문이다.

고난과 연단을 받을수록 우리는 강해지게 된다. 그리고 그렇게 단련된 사람은 웬만한 고난이나 시련이 닥쳐와도 끄떡도 하지 않는다. 많은 고난과 연단을 받은 사람일수록 그만큼 더 강하다.

"뜨거운 가마 속에서 구워낸 도자기는 결코 빛깔이 바래지 않는다. 이와 마찬가지로 고난의 아픔에 단련된 사람의 인격은 영원히 변치 않는다. 안락은 악마를 만들고 고난은 사람을 만드는 법이다"(쿠터 피셔).

군인도 마찬가지다. 훈련을 얼마나 받느냐, 또 얼마나 힘든 훈련을 받느냐에 따라 계급이 달라진다. 사병은 훈련소에서 한 달 정도의 기본 훈련만 받으면 이병이 된다. 그러나 장교가 되기 위해서는 강도 높은 훈련을 최소한 6개월은 받아야 한다. 사병은 절대로 장교가 될 수 없다. 또 장교라고 하더라도 다 같은 장교가 아니다. 사관학교를 나온 장교들은 진급이 빠르다. 별도 달 수 있다. 왜냐하면 그들은 사관학교 다니면서 4년 동안 계속 훈련을 받았기 때문이다. 군대는 얼마나 힘든 훈련을 받았느냐에 따라 계급이 다르고 진급이 다르다. 훈련을 많이 받은 군인만이 훌륭한 군인이 될 수가 있다.

우리도 마찬가지다. 강도 높은 영적인 훈련을 얼마나 많이 받았느냐에 따라 얼마나 좋은 그리스도 예수의 십자가 군사가 되느냐 하는 것이 결정되어진다. 한국에 1만 명 이상 되는 교회 목사님들을 대상으로 연구해 본 결과 몇 가지 공통점이 나왔다고 한다. 그 중의 하나는 거의 다 인생의 큰 위기를 경험했다는 것이다. 특별히 병 때문에 한번쯤은 다 죽다가 기적적으로 살아난 경험을 했다고 한다. 이렇게 병으로 죽다가 살아난 체험 말고도, 인생을 살면서 충격적인 사건들을 많이 경험했다고 하는 공통점이 있다고 한다.

이 논문의 결론은, 개인적으로 큰 아픔을 당하고 인생의 위기를 경험했을 때, 그것을 신앙으로 극복한 목사님들이 나중에 다 하나님을 위해서 큰일을 하는 목사님들이 되었다는 것이다. 별 문제 없이 평탄한 인생을 살아온 사람들이 아니라, 인생의 위기와 아픔 그리고 말할 수 없는 고통을 통해 연단 받고 훈련받은 사람들이 다 큰 인물들이 되었다는 것이다.

하나님에게 귀하게 쓰임 받은 도구들 가운데 하나님의 대장간에 들어갔다 나오지 않은 사람은 한 사람도 없다.

"하나님의 대장간의 화덕에 들어가 시뻘겋게 달구어지고 있는 이들은 복이 있나니 저들은 이전보다 몇 배나 더 강한 사람이 되어 하나님에게 귀히 쓰임 받는 자들이 될 것임이라."

부드럽게 만들기 위해 시련의 용광로를 통과하게 하신다

가장 좋은 칼은 어떤 칼인가? 강하기만 해서 좋은 칼이 아니다. 그렇다면 무쇠로 만든 칼이 가장 강한 칼일 것이다. 그러나 강하기만 하면 쉽게 부러진다. 그리고 이가 잘 빠진다.

좋은 칼은 강하면서 동시에 부드러운 칼이다. 강도가 높아야 하겠지만 유연성이 있어야 한다. 그러기 위해 탄소를 어느 정도 선으로 낮추어야 한다. 그래서 풀무에 집어넣었다 뺐다 하는 것이다. 강하면서도 동시에 부드럽게 하기 위해.

드라마 <주몽>에 보면 부여에서도 한나라처럼 드디어 강철 검을 만들었다. 그런데 문제는 너무 강해서 부드럽게 해야 하는데 그 방법을 몰랐던 것이다. 어떻게 강철 검을 부드럽게 할 수 있는지 연구하다가 그 방법을 발견하게 된다. 황토 흙을 섞는 것이었다. 그래서 드디어 강하면서도 쉽게 부러지지 않는 검을 만들 수가 있었다.

너무 단단하기만 하면 부러진다. 유연성이 있어야 한다. 외유내강이라는 말이 있다. 안으로는 강하지만, 겉으로는 부드러운 사람을 두고 하는 말이다. 강하면서도 부드러운 것! 그것이 정말 강한 것이 아닌가?

예수님은 온유한 자는 복이 있다고 하시면서 그들이 땅을 차지하게 될 것이라고 하셨다. 강한 자가 땅을 차지하는 것이 아니라 온유한 자가 땅을 차지하게 될 것이라는 것이다. 강한 자가 승자가 되는 것이 아니라, 온유한 자가 강한 자를 이길 수 있다는 것이다. 온유한 자야말로 가장 강한 사람이다.

이가 얼마나 단단한가? 그러나 나이가 들면 이는 다 빠지고 없다. 그러나 부드러운 혀는 그대로 남아 있다. 젊었을 때는 이가 자꾸 혀를 깨물지만, 늙어서도 남아 있는 것은 혀 아닌가?

계란은 아주 조심해서 다루지 않으면 깨지고 만다. 그러나 이렇게 약한 계란도 펄펄 끓는 물에 넣고 삶으면 단단해진다. 반면에 당근은 얼마나 딱딱한가? 그렇지만 불을 가하면, 얼마나 부드럽게 되는지 모른다. 하나님은 계란같이 약한 사람은 강하게 하기 위하여 시련의 불을 통과하게 하시고, 당근처럼 강한 사람은 부드럽게 변화시키기 위하여 고난의 용광로를 통과하게 하신다.

시련의 용광로를 통과해서 나오면 약한 사람은 강하게 되고, 또 너무 강한 사람은 부드럽게 된다. 자신을 낮추게 된다. 겸손하게 된다.

불순물을 제거하기 위해 시련의 풀무불을 통과하게 하신다

순금을 어떻게 만드는가? 금이 들어 있는 금속을 갈아서 플럭스라고 하는 물질과 혼합한다. 그리고 그것을 용광로 속에 집어넣고 뜨거운 불로 녹인다. 그러면 다 녹게 된다. 이때 금은 가라앉고 다른 금속들은 플럭스에 붙어서 위로 올라오게 되는데, 위로 올라온 것들을 제하여 버리고 아래 가라앉은 금만 모은다. 그것이 바로 순금이다.

> 내가 또 나의 손을 네게 돌려 너의 찌끼를 온전히 청결하여 버리며 너의 혼잡물을 다 제하여 버리고(사 1:25).

하나님이 우리를 시련의 용광로를 통과하게 하시는 것은 찌꺼기를 걸러내기 위해서이다. 불순물을 걷어내기 위해서이다. 혼합물을 제거하기 위해서이다. 필요 없는 것들을 버리게 하기 위해서이다.

합금은 부식되기 쉽다. 그러나 순금은 절대로 녹이 슬지 않는다. 불순물이 섞여 있으면 녹이 슬게 되어 있다. 우리 안에 죄라고 하는 불순물이 끼면 우리 마음은 완악해지게 된다. 교만해지게 된다. 바로처럼 목이 곧게 된다. 우리 안에 있는 이런 불순물들을 제하시기 위해 하나님은 때로는 우리로 하여금 용광로를 통과하게 하신다.

하나님은 우리가 정결함을 잃었을 때, 깨끗하지 못할 때, 거룩한 삶을 살지 못할 때, 시련의 용광로 속으로 집어넣으신다. 그렇게 해서 우리를 깨끗하게 하시고 정결하게 하시고 거룩하게 하신다.

> 그가 은을 연단하여 깨끗게 하는 자같이 앉아서 레위 자손을 깨끗게 하되 금은같이 그들을 연단하리니(말 3:3).

녹이 슬거나 못쓰는 고철들을 대장간에 가져오면 대장장이는 활활 타오르는 화덕에 집어넣는다. 그래서 다 녹인다. 그렇게 해야 녹이 다 빠지기 때문이다. 철이나 금속이 들어 있는 돌을 용광로 속에 집어넣으면 완전히 녹아서 불순물은 다 제거되고 철만 나온다.

은에서 찌끼를 제하라 그리하면 장색의 쓸 만한 그릇이 나올 것이요 (잠 24:4, 5).

도자기를 만들 때도 불가마 속에 집어넣어서 오랫동안 굽는다. 그런데 불가마 속에 들어가기 전의 그릇과 들어갔다 나온 후의 그릇의 크기가 다르다고 한다. 17% 정도가 줄어든다고 한다. 그렇기 때문에 도자기를 빚을 때는 실제로 만들려고 하는 것보다 20% 정도 크게 만들어야 한다고 한다. 그러면 왜 불가마 속에 들어갔다 나오면 줄어들까? 불가마 속에서 불순물이 다 빠져나가기 때문이다. 불순물이 다 타서 없어지기 때문에 줄어드는 것이다.

이렇게 용광로를 통과하면 불순물이 다 제거되고 순수하게 된다. 믿음도 마찬가지다.

여러분의 믿음이 연단을 받아서 순수하게 되면, 불로 연단하여도 마침내는 없어지고 마는 금보다 더 귀한 것이 됩니다(벧전 1:7).

《쉬운 성경》(아가페 출판사)은 그 뜻을 이렇게 풀어 번역하고 있다.

그러므로 기뻐하십시오. 눈앞에 있는 여러 가지 어려움으로 인하여 지금 당장은 힘들고 괴롭겠지만, 이 시험들은 여러분의 믿음이 얼마나 강하고 순수한지 알아보기 위한 것일 뿐입니다. 순수한 믿음은 금보다도 훨씬 귀합니다. 금은 불에 의해 단련되기는 하지만 시간이 흐르면 닳아 없어지고 마는 것입니다. 하지만 여러분의 순수한 믿음은 예수 그리스도께서 다시 오실 그 날에 칭찬과 영광과 존귀를 가져다 줄 것입니다.

Dark Night

8. 어두운 밤에 새 아침을
   만들고 계시는 하나님

진노는 잠깐이요, 은총은 영원하니, 저녁에는 눈물을 흘려도, 아침이면 기쁨이 넘친다.

시편 30편 5절

예수님도 통과하셨던 인생의 어두운 밤

어둠 속에 묻혀 말구유에 누워 계신 예수님을 생각해 보라. 폭풍우가 몰아치는 어두운 밤에 갈릴리 호숫가에서 홀로 기도하시던 예수님을 생각해 보라. 죽음을 앞에 두고 겟세마네 동산에서 찬이슬 맞으면서 밤새도록 피땀 흘리며 기도하시던 예수님을 생각해 보라. 어둠 속에서 사랑하는 제자의 배반의 입맞춤을 당하시고 로마 군인들에게 체포당하여 끌려가시는 예수님을 생각해 보라. 어둠 속에서 세 시간 동안이나 십자가에 못 박혀 말할 수 없는 고통을 당하시던 예수님을 생각해 보라. 그리고 칠흑 같이 어두운 무덤 속에서 사흘 동안 누워 계셨던 예수님을 생각해 보라. 이렇게 빛 되신 예수님도 어두운 인생의 밤을 지내셔야 했다.

야곱은 외삼촌의 집으로 야반도주를 하다가 깊은 산중에서 돌을 베개 삼고 누워 하염없이 눈물을 흘리다가 잠이 들었다. 우리에게도 야곱처럼 외로움과 서러움의 눈물을 흘리며 한밤을 지새우는 그런 밤이 있을 것이다. 얍복 강 나루터에서 야곱은 홀로 남아 밤새도록 하나님의 천사와 씨름하다가 환도뼈가 부러졌다. 우리도 가던 길이 막히고 열리지 않아서 야곱처럼 하나님을 붙들고 밤새도록 영적인 씨름을 해야만 하는 그런 밤이 있을 것이다.

요셉은 이집트에서 빛이 하나도 들어오지 않는 깊은 지하 감옥에 던져졌다. 이집트에서 13년 동안의 요셉의 삶은 길고 긴 밤을 통과하는 시간이었다. 우리도 그런 인생의 밤을 지나야 할 때도 있을 것이다.

베드로는 밤새도록 그물을 던졌지만 한 마리도 낚지 못하고 빈 그물만 거두어 올린 때가 있었다. 우리도 베드로처럼 실패의 밤을 지낼 때도 있을 것이다.

베드로가 또 평생 잊지 못했던 잊을 수 없었던 밤이 있다. 예수님을 세 번씩이나 모른다고 부인했던 바로 그 밤이다. 베드로는 평생 동안 수탉 콤플렉스에 걸려 살지 않았을까? 수탉이 울 때마다 베드로는 가슴이 철렁했을 것이다. 그때 그 일을 생각하면서 가슴을 치면서 회개했을 것이다. 우리도 가슴을 치며 회개하며 통곡하며 지내는 밤도 있을 것이다.

베드로는 배신한 아픔을 겪어야 했지만 배신의 아픔에, 이혼의 아픔에, 버림받은 아픔에, 자녀들에게 실망한 아픔에 밤잠을 이루지 못하는 사람들이 얼마나 많은가?

겟세마네 동산에서 죽음을 앞에 두고 예수님은 얼마나 마음이 무겁고 괴로우셨겠는가? 마음이 심히 고민하여 죽게 되었다고 고백하지 않으셨는가? 오늘도 예수님이 겟세마네 동산에서 그러셨던 것처럼 죽음을 앞에 두고 두려움과 공포 가운데 밤을 지새우는 사람들이 얼마나 많은가?

예수님이 십자가에 못 박혀 돌아가시고 난 후 제자들은 좌절과 절망에 빠져 숨어 있었다. 자신들에게 닥칠지도 모르는 신상의 위협을 느끼면서, 문을 걸어 잠그고 숨도 크게 못 쉬고 불도 켜지 못하고 캄캄한 어둠 속에서 숨어 있었을 것이다. 우리도 제자들이 그랬던 것처럼 예수님께 실망하고 영혼의 어두운 밤을 지날 때도 있을 것이다.

바울이 죄수의 몸이 되어 지중해를 건너 로마로 가는 배를 탔다. 그러나 유라굴로라고 하는 광풍을 만나 배가 거의 파선될 지경에 놓였다. 그 배에 타고 있던 사람들은 두 주 동안 거의 아무것도 먹지를 못했다. 배는 하늘 높이 올라갔다 바다 깊이 내려가고, 이리 구르고 저리 구르며 해와 달과 별을 보지 못한 것이 2주나 되었다고 했다. 성경은 이렇게 표현하고 있다.

우리는 살아 남으리라는 희망을 점점 잃었다(행 27:20).

우리도 인생이라고 하는 바다를 항해하다가 광풍을 만나 살 소망이 전혀 없는 것처럼 보이는 절망적인 인생의 밤을 만날 수 있다.

제자들도 여러 번 큰 풍랑을 만나 밤새도록 바람과 싸웠다.

무리를 보내신 후에 기도하러 따로 산에 올라가시니라 저물매 거기 혼자 계시더니 배가 이미 육지에서 수 리나 떠나서 바람이 거스르므로 물결로 말미암아 고난을 당하더라 밤 사경에 예수께서 바다 위로 걸어서 제자들에게 오시니(마 14:23-25).

8. 어두운 밤에 새 아침을 만들고 계시는 하나님

우리도 인생의 한밤중에, 인생의 바다 한가운데서 큰 풍랑을 만날 때가 있다. 인생이라고 하는 것이 언제나 순풍에 돛 단 듯이순탄할 수마는 없는 것 아닌가?

시편 기자는 "저녁에는 울음이 깃들일지라도 아침에는 기쁨이 오리로다"(시 30:5)라고 했는데, 고통과 고민과 걱정과 근심과 염려로 밤잠을 이루지 못하는 이들이 얼마나 많은지 모른다. 그래서 미국에서 가장 많이 팔리는 약이 수면제라고 한다.

당신은 지금 어떤 인생의 밤을 지내고 있는가? 고통이라고 하는 인생의 어두운 밤, 고독이라고 하는 인생의 어두운 밤, 절망이라고 하는 인생의 어두운 밤, 실패라고 하는 인생의 어두운 밤, 기다림이라고 하는 인생의 어두운 밤을 지날 때 우리는 두렵고 떨린다. 앞이 캄캄하다. 길이 안 보인다. 어디로 가야 할지 모른다. 걱정과 근심과 염려로 잠을 이루지 못한다.

우리가 인생의 어두운 밤을 만났을 때, 영혼의 어두운 밤도 경험하게 된다.

'하나님, 왜 나에게 이런 일이 생기는 것입니까? 언제까지 이런 캄캄한 어둠 가운데 있어야 합니까? 나에게 아침은 언제 밝아옵니까? 내가 이런 어둠 가운데 던져져 있는데, 하나님은 무엇을 하고 계신 겁니까? 하나님, 하나님, 왜 나를 버리셨습니까? 왜 나를 외면하십니까? 왜 멀리 계신 겁니까? 왜 나를 돌보아 주시지 않는 겁니까?'

예수님도 십자가에서 그런 영혼의 어두운 밤을 경험하셨다.

나의 하나님, 나의 하나님, 어찌하여 나를 버리셨나이까(마 27:46).

인생의 어두운 밤에 하나님의 얼굴이 잘 보이지 않을 수 있다. 하나님의 음성이 잘 안 들릴 수 있다. 하나님의 손길이 잘 안 느껴질 수 있다. 그래서 영적으로 침체되고, 낙심하고, 영혼의 어두운 밤을 경험하게 된다.

그러나 잔느 귀용은 "나는 어두움을 좋아하도록 배웠다. 이는 처해 있는 환경이 어두우면 어두울수록 주의 얼굴은 더 밝게 빛나기 때문이다"라고 말했다. T. S. 엘리엇은 이렇게 말했다. "나는 내 영혼에게 말했다. 가만히 있어. 어둠이 내게 밀려오게 하라. 그것은 하나님의 어둠일지니." 무슨 말일까?

어둠 속에서도 함께 하시는 하나님

인생의 어두운 밤에 하나님은 우리에게 다가오신다

야곱이 외삼촌의 집으로 도망가고 있다. 그는 이제 하늘 아래 홀홀단신이 되었다. 무거운 발걸음으로 불확실한 미래를 향해서 한걸음 한걸음 옮겨 놓았다. 그러는 동안에 어느새 날이 저물게 되고 야곱은 깊은 산중에서 홀로 하룻밤을 지내야 했다. 깜깜하기만 하다. 어디가 어딘지도 모른다. 밤바람이 차게 불고 찬이슬만 내린다. 춥고 배고프고 떨리고 외롭고 무섭고….

돌을 베개 삼고 누워서 하늘을 보니 별이 총총 밝았다. 한순간 고독이 사무쳐왔다. 사랑하는 부모를 떠나서 고향을 등지고 도망가는 자신의 처량한 신세를 얼마나 한탄했겠는가? 야곱이 우리 가곡을 알았더라면 나지막하게 이렇게 노래했을 것이다. "해는 져서 어두운데 찾아오는 사람 없어, 밝은 달만 쳐다보니 외롭기 한이 없네. 내 동무 어디 두고 나 홀로 앉아서 이 일 저 일을 생각하니 눈물만 흐르네."
그러면서 눈물을 훔쳤을 것이다.

그날 밤 야곱은 한 꿈을 꾸었다. 사닥다리가 하늘 꼭대기에서 내려오더니, 천사들이 그 사닥다리를 오르락내리락하는 것이었다. 그 사닥다리 꼭대기에서 이런 음성이 들려왔다.

> 내가 너와 함께 있어 네가 어디로 가든지 너를 지키며 너를 이끌어 이 땅으로 돌아오게 할지라 내가 네게 허락한 것을 다 이루기까지 너를 떠나지 아니하리라 하신지라(창 28:15).

이렇게 야곱은 고향을 떠날 때 광야 노숙길에 하나님을 만났고, 20년 후에 고향으로 돌아오는 길에 얍복 강 나루터에서 또 한 번 하나님을 만나게 되는데, 여기 공통점이 있다. 둘 다 야곱이 혼자 있을 때 하나님을 만났다는 것과 캄캄한 밤중에 하나님을 만났다는 것이다. 외롭고 괴로울 때, 인생의 광야에 홀로 남아 있을 때, 인생의 캄캄한 한밤중에 하나님은 우리에게 다가오신다. 우리를 만나 주신다.

네 살짜리 아이가 남산만큼 부른 엄마의 배를 만지며 말한다.

"엄마, 내 동생이 있는 이 안은 어둡겠지?"

"그럼. 캄캄하지."

"그럼 혼자 그 안에 있으니까 무섭겠네?"

"아마 아닐 거야. 왜냐하면 엄마 안에 있잖아."

"아 그렇겠구나."

태중의 아이가 어둠 속에 혼자 있지만 사실은 어둠 속에 혼자 있는 것이 아니라 엄마 속에 엄마와 함께 있는 것이다. 우리가 어둠 속에 혼자 있는 것처럼 느껴질 때도 있을 것이다. 그러나 그때도 사실은 어둠 속에 우리 혼자 있는 것이 아니라 하나님의 품속에 있는 것이다.

태중의 생명은 가장 어두운 곳에 홀로 있지만, 아무 소리도 들리지 않고 아무런 손길도 느끼지 못하지만, 이 세상에서 가장 사랑을 받고 있다. 엄마는 아이가 듣지 못하지만 태중의 아이에게 계속 말을 한다. 엄마는 아이가 느끼지 못하지만 계속 태중의 아이를 어루만져 준다.

우리가 어둠 속에 있을 때, 하나님은 그 어떤 때보다 우리를 사랑하신다. 우리 가까이에 계신다. 우리를 돌보아 주신다. 우리를 품에 안아 주신다. 우리에게 나지막하게 속삭이신다. "내가 여기, 너와 함께 있으니 두려워하지 말라."

마당에서 놀던 어미닭이 갑자기 병아리들을 불러모은다. 그리고 날개 속에 병아리들을 감춘다. 왜 그러는가 봤더니 하늘에 매가 맴돌고 있었다. 어둠이 우리에게 닥치면 하나님께서는 우리를 은혜의 날개 아래 보호하신다.

> 예루살렘아 예루살렘아 선지자들을 죽이고 네게 파송된 자들을 돌로 치는 자여 암탉이 그 새끼를 날개 아래에 모음 같이 내가 네 자녀를 모으려 한 일이 몇 번이더냐 그러나 너희가 원하지 아니하였도다(마 23:37).
>
> 나를 눈동자같이 지키시고 주의 날개 그늘 아래에 감추사 내 앞에서 나를 압제하는 악인들과 나를 에워싼 극한 원수에게서 벗어나게 하소서(시 17:8-9).

날개 아래 숨으면 캄캄하다. "하나님께서 은혜의 날개 아래 우리를 품어 주실 때, 그곳은 어두울 수밖에 없다"(코리 텐 붐). 어둠이 우리를 둘러쌀 때 우리는 어둠에 둘러싸이는 것이 아니고, 하나님의 은혜의 날개 아래 있는 것이다. 하나님께서 우리를 품고 계시는 것이다.

해가 지고 어두워지면 어둠이 온 세상을 감싼다. 그러나 사실은 어둠이 온 세상을 덮는 것이 아니라 하나님께서 온 세상을 안고 계신 것이다. 사랑의 날개 아래 품어 주시는 것이다.

우리에게 어둠이 닥칠 때 하나님은 우리를 은혜의 날개 아래 감춰 주신다. 그 어둠 가운데서, 그 사랑의 날개 아래서, 우리는 평안과 안식을 누리게 된다. 그러므로 주변의 온 세상이 어둠에 덮이더라도 두려워하거나 염려하지 말라. 하나님은 우리가 인생의 밤을 만났을 때 우리를 홀로 내버려 두지 않으시고, 어둠 속에서 우리를 안아 주시고, 품어 주시고, 감싸 주시고, 우리를 인도하시며, 우리 곁에서 우리와 함께하시고 우리와 동행하신다.

어둠 속에서 하나님이 잘 안 보일 때도 있지만, 하나님은 그때도 우리를 지켜보며 우리와 함께 계신다

인디언들은 아이들에게 용기를 키워 주기 위해 독특한 훈련을 시킨다고 한다. 아이들에게 사냥하는 법, 낚시하는 법, 광야에서 살아남는 법 등을 가르쳐 준 다음, 13번째 생일이 되면 눈을 가린 채 멀리 데리고 간다. 그리고 그 아이를 깊은 산중에 홀로 내버려 둔다. 그 소년은 홀로 밤을 지내야 한다. 바스락거리는 소리만 나도 놀란다. 금방이라도 늑대가 튀쳐나올 것 같아 잠을 이루지 못한다. 두려움과 공

포 속에서 그렇게 밤을 뜬눈으로 지새운다.

그러나 영원히 끝날 것 같지 않던 밤이 지나고 서서히 여명이 밝아온다. 주변의 모습이 점차 드러난다. 그리고 그 소년은 깜짝 놀란다. 바로 얼마 떨어지지 않은 곳에 한 남자가 창과 화살을 들고 서 있는 것이 아닌가? 바로 그 소년의 아버지였다. 그 아버지는 거기에서 아들과 함께 밤을 지샌 것이다.

어렵고 힘들 때, 인생의 깜깜한 한밤중에 앞이 안 보인다. 앞이 안 보일 뿐만 아니라 하나님도 잘 안 보인다. 하나님이 얼굴을 숨기신 것처럼 보인다. 그러나 우리가 보지 못할 뿐이지, 하나님은 우리를 지켜보고 계신다.

교회에서 수련회를 갔을 때 일이다. 밤에 그룹별로 흩어져서 촌극 연습을 하고 있었다. 잠깐 밖에 나갔더니 유리창으로 안에서 연습하는 모습이 다 보였다. 마침 한 집사님과 눈이 마주쳤다. 그래서 손을 들고 웃어 보였다. 그러나 그 집사님은 얼른 고개를 돌렸다. 보고도 못 본 체를 하는 것이었다. 어떻게 된 일인가?

안에 들어가서 보니 밖이 하나도 보이지 않았다. 캄캄한 곳에서는 밝은 곳이 다 보이지만, 밝은 곳에서는 캄캄한 곳이 보이지 않는다. 나는 밖에서 안을 다 들여다볼 수 있었지만 안에서는 나를 볼 수 없었던 것이다.

제자들은 캄캄한 밤에 풍랑과 싸우고 있다. 예수님은 배에 계시지 않고 멀리 계신다. 제자들의 눈에는 예수님이 보이지 않는다. 어두운 밤이기도 하고, 예수님이 또 멀리 계시기도 하고, 또 지금 풍랑과 싸우고 있기 때문에 예수님이 안 보인다. 그러나 예수님은 그들이 풍랑을 만나 괴로히 노 젓는 것을 다 보고 계셨다.

> 바람이 거스르므로 제자들이 힘겹게 노 젓는 것을 보시고 밤 사경쯤
> 에 바다 위로 걸어서 그들에게 오사(막 6:48).

제자들은 예수님을 보지 못했지만, 예수님은 제자들을 보고 계셨던 것이다. 그들이 풍랑을 만나 괴로이 노를 젓고 있는 것을 다 보고 계셨던 것이다. 그들이 처한 형편과 처지를 다 알고 계셨던 것이다. 지금 인생의 바다 한가운데서 풍랑을 만나 괴로이 노를 젓고 있는가? 예수님은 다 알고 계신다. 다 지켜보고 계신다. "내 모든 형편 아시는 주님, 늘 보호해 주실 것을 나는 확실히 아네."

어둠 속에서는 예수님의 얼굴이 잘 보이지 않는다. 예수님이 함께하심이 잘 느껴지지 않는다. 예수님의 음성이 잘 들리지 않는다.

그러나 인생의 어두운 밤에만 체험할 수 있는 하나님의 은혜가 있다. 인생의 어두운 밤에만 들을 수 있는 하나님의 음성이 있다. 인생의 어두운 밤에만 느낄 수 있는 하나님의 손길이 있다. 인생의 어두운 밤에만 볼 수 있는 하나님의 얼굴이 있다. 어둠 속에서 더욱더 분명하게 주님의 얼굴을 뵐 수 있고, 주님의 음성을 더 분명하게 듣고, 주님의 손길을 더욱 더 분명하게 느낄 수도 있다.

어둠을 통해서 하나님은 우리를 새롭게 빚어 가신다

태아가 생명으로 태어나려면 캄캄한 어머니 태중에서 열 달을 보내야 한다. 애벌레가 나비가 되려면 캄캄한 고치 속에서 오랜 시간을 보내야 한다. 달걀이 병아리가 되려면 어미닭이 품어 주어야 한다. 그곳도 역시 어두운 곳이다.

밀알이 열매를 맺으려면 땅속에 묻혀 있어야 한다. 땅속에 파묻혀서 얼마나 답답하고 숨막히고 어둡겠는가? 이 밀알은 얼어붙은 땅 속에서 추운 겨울을 지내야 한다. 그 땅속 깊은 곳에서 참고 견뎌야 한다. 그래야 열매를 맺을 수 있다.

모든 식물은 밤에 쉬고 있는 것이 아니라 성장하고 있다. 우리는 아침에 해가 뜨면 꽃이 피는 것으로 알고 있지만 그렇지 않다. 밤새도록 아침에 꽃을 활짝 피울 준비를 하고 있는 것이다. 새벽은 새벽에 오는 것이 아니라 깊은 밤에서 시작된다. 부활의 새 아침은 죽음의 골짜기를 통과하고 무덤에서 사흘을 지낸 다음에야 밝아온다.

겨울은 자신을 드러내지 않는다. 다 감춘다. 그러나 봄은 자신을 세상에 활짝 드러낸다. 마치 자신이 꽃을 피우기라도 한 것처럼. 그러나 꽃을 피운 것은 봄이 아니라 겨울이다. 겨울 내내 봄에 꽃을 피울 준비를 하고 있었던 것이다. 봄이 있기까지는 그 뒤에 겨울이 있었음을 기억해야 한다. 우리 인생도 마찬가지 아니겠는가? 고통스럽고 힘들긴 하지만 땅속 깊이 묻혀서 한겨울을 지내고 나면 봄이 오고, 꽃이 피고, 열매를 맺을 것이다.

어둠은 생명을 잉태하는 곳이다. 생명은 어둠 가운데서 잉태한다. 어둠을 통해서 하나님은 우리를 새롭게 빚어 가신다. 어둠 속에서의 긴 기다림을 통해서 하나님은 우리를 새롭게 빚어 가신다. 고독과 외로움을 통해서 하나님은 우리를 새롭게 빚어 가신다. 고통과 시련과 상처를 통해서 하나님은 우리를 새롭게 빚어 가신다.

야곱은 얍복 강 나루터에서 칠흑같이 어두운 밤에 홀로 남아 밤새도록 천사와 환도뼈가 부러지기까지 싸웠다. 그러나 이런 밤을 통과했기에 야곱에서 이스라엘로 바뀔 수 있었던 것이 아닌가?

베드로는 밤새도록 갈릴리 호수에서 그물을 던졌지만 한 마리의 고기도 낚지 못했다. 그러나 그런 밤이 있었기에 예수님을 만나게 되었고, 고기를 낚는 어부에서 사람의 영혼을 낚는 어부가 되지 않았는가?

예수님은 깜깜한 무덤 속에서 사흘 동안 갇혀 계셨다. 그러나 사흘 후에 그를 무덤에 가두었던 죽음을 이기시고 무덤 문을 활짝 열고 부활하시지 않았는가?

제자들은 예수님께서 십자가에 달려 돌아가시자 두려움과 절망에 휩싸여 문을 잠그고 불을 끄고 숨을 죽이고 숨어 있었다. 그러나 그런 십자가의 절망의 밤을 지나고 사흘 후에 문을 박차고 예루살렘 길거리 한복판으로 뛰쳐나오지 않았는가?

성경에 위대한 사람들은 한결같이 인생의 어두운 밤을 통과한 사람들이었다. 절망의 밤, 고통의 밤, 시련의 밤, 실패의 밤, 좌절의 밤을 통과한 사람들이었다.

> 그의 노염은 잠깐이요 그의 은총은 평생이로다 저녁에는 울음이 깃들일지라도 아침에는 기쁨이 오리로다(시 30:5).

지금 인생의 어두운 밤을 지나고 있는가? 하나님께서 가져다 주실 찬란한 부활의 새 아침을 바라보라.

인생의 찬란한 새 아침을 맞으려면

인생을 통으로 보라, 전체로 보라

어떤 책을 보니까 마지막 장이 맨 앞에 나와 있고 마지막에 제 1장이 있다. 그리고 서문에서 마지막 장을 먼저 읽어도 되고, 아니면 1장부터 읽고 마지막 장을 맨 마지막에 읽어도 좋다고 밝혔다. 당신은 어디부터 먼저 읽겠는가? 처음부터 차례대로 읽고 결론을 맨 마지막에 읽겠는가? 아니면 결론이 궁금하니까 마지막 장부터 먼저 읽겠는가?

소설을 읽을 때 맨 마지막 장을 먼저 읽고 그런 다음 처음으로 돌아와서 1장부터 읽는 사람 있는가? 추리 소설 같은 것을 그렇게 읽는 사람은 거의 없을 것이다. 범인을 알고 읽으면 무슨 재미가 있겠는가?

그러나 마지막 결말이 어떻게 나는가를 먼저 보고 처음부터 다시 읽으면 더 재미있을 수도 있다. 결말을 모르는 사람들은 범인을 추적하면서 범인을 알아내기 위해 책을 읽지만, 범인을 아는 사람은 범인이 어떻게 죄를 저지르는지, 어떻게 교묘하게 빠져나가는지, 경찰이 어떻게 실수하는지, 그리고 범인의 결정적 실수가 무엇인지, 범인의 심리나 행동 같은 것에 대해 관심을 갖고 읽게 된다. 결말을 알고 읽는 사람과 모르고 읽는 사람은 같은 책을 읽더라도 다르게 읽는다.

<진실 게임>이라고 하는 오락 프로그램이 있다. 예를 들어 6명이 나왔다고 하자. 그중에 다섯 명은 연예인의 친척이고 한 명만 아니다. 그런데 연예인과 아무 관계도 없는 사람이 자기도 연예인의 친척인 것처럼 연기를 한다. 시청자들은 누가 거짓말을 하고 있는 것인가를 알아맞히기 위해 출연자들 하나하나를 유심히 관찰한다. 그러나 누가 '가짜'인지 알고 나서 다시 그 프로그램을 볼 때는 그 '가짜'가 어떻게 자기가 '진짜'인 것처럼 연기하는지에 대해서만 흥미롭게 눈여겨볼 것이다.

베드로가 옥에 갇혀 있다. 내일이면 헤롯이 그를 사형에 처하려

고 한다. 그래서 교회에서는 철야기도를 하고 있는데, 정작 본인은 잠을 자고 있다. 아니 지금 잠이 올 상황인가? 내일이면 교수형을 당하게 되는데, 잠을 자다니 어떻게 된 것인가?

부활하신 예수님이 베드로에게 나타나셔서 "내 양을 치라"고 하시고 이렇게 말씀하셨다.

> 내가 진실로 진실로 네게 이르노니 네가 젊어서는 스스로 띠 띠고 원하는 곳으로 다녔거니와 늙어서는 네 팔을 벌리리니 남이 네게 띠 띠우고 원하지 아니하는 곳으로 데려가리라(요 21:18).

그의 인생이 어떻게 결말이 지어질 것인지를 알려주셨다. 베드로는 하나님이 갖고 계신 자신의 인생 각본을 알고 있었다. 적어도 그는 일찍 죽지는 않을 것이라는 사실을 알고 있었던 것이다. 그러니까 내일 죽을 지도 모른다는 걱정을 할 필요가 없었던 것이다. 그래서 아무 걱정도 하지 않고 잠을 잘 수 있었던 것이다.

우리는 어떤 의미에서는 이미 우리 인생의 결론을 다 알고 있다. 지금은 인생의 밤을 지나고 있지만 하나님께서 새 아침을 가져다 주실 것을 알고 있다. 그러나 그것을 모르는 사람은 '과연 나에게 인생의 새 아침이 동터올 것인가?' 하는 걱정과 근심과 염려로 밤을 지새우게 된다.

우리가 지금은 사망의 음침한 골짜기를 지나고 있다고 할지라도 하나님께서 우리와 함께 동행하시기 때문에 그곳을 무사히 통과하게 될 것임을 알고 있다. 그러나 그것을 모르는 사람은 사망의 음침한 골짜기를 지날 때 얼마나 무섭고 두렵겠는가?

우리가 요셉처럼 깊은 인생의 구덩이에 던져지더라도 하나님께서 건져 주실 것을 알고 있다. 우리가 이스라엘 백성처럼 인생의 광야를 지나고 있다고 할지라도 마침내 가나안에 들어가게 될 것임을 알고 있다. 우리가 탄 인생의 배가 지금 큰 풍랑을 만나 깨어지게 될 위기에 처해 있다고 하더라도, 마침내 바람과 바다가 잔잔해지고 소망의 항구에 무사히 도착하게 될 것임을 알고 있다.

어떤 의미에서 우리는 우리 인생의 결론을 다 알고 있는 것이다. 지금 우리가 어떤 형편과 어떤 처지에 놓여 있더라도 우리 인생은 해피 엔딩으로 끝날 것이다. 하나님을 사랑하는 자, 곧 그 뜻대로 부르심을 입은 자들에게는 모든 것이 합력하여 선을 이룰 것이기 때문이다(롬 8:28).

여기 당신의 인생의 전기(傳記)가 있다. 총 10장으로 이루어져 있다고 하자. 지금 당신은 인생의 5장이나 6장을 지나고 있다. 그런데 지금 당신은 아주 캄캄하고 절망적인 밤을 지나고 있다. 잠 못 이루는 밤을 지나고 있다. 이 어둠을 뚫고 헤치고 나갈 수 있을지, 과연 새 아침이 동터올는지 불안하다. 그러나 다음 장에서는 어둠이 끝나고 새 아침이 밝아오고. 새로운 이야기가 계속될 것이다. 인생을 통으로 보라. 전체로 보라.

어둠 속에서 기다리는 사람만이 찬란한 새 아침을 맞이할 수 있다

태중의 아이는 캄캄한 어둠 속에서 엄마 얼굴도 보지 못하고 열 달을 보낸다. 그러나 그런 어둠의 시간과 기다림의 시간이 있었기에 생명으로 태어날 수 있는 것이다. 예수님도 이 땅에 태어나시기 위해 어머니 마리아의 태중에서, 캄캄한 어둠 속에서 열 달을 보내셔야 했다. 땅에 뿌려진 씨앗도 땅에 묻혀서 어둠 속에서 오래 참고 기다리는 가운데 싹이 난다.

무엇이든 새 생명으로 태어나려면 그 과정에 있어서 어둠이 필요하다. 모든 생물은 어둠 속에서 부화한다. 어둠 속에서 기다리는 시간이 필요하다. 어둠을 거부하면, 기다림을 거부하면 부화하지 못한다. 새생명으로 태어나지 못한다. 죽고 만다. 싹이 나오지 못한다. 부활의 아침을 맞이할 수 없다.

고치 안에 애벌레가 들어있다. 애벌레가 자라 나방이 되어 고치를 뚫고 나와야 나비가 된다. 그러려면 오랜 시간이 필요하다. 매미 같은 경우는 7-8년이 걸린다고 한다. 한 아이가 고치 안에 있는 나비가 빨리 나오도록 해주겠다고 고치에 구멍을 내주었다. 그 사이로 나비가 나왔다. 그러나 날지 못했다. 몇 번 푸득거리더니 죽고 말았다.

이 나비는 고치 속에서 더 기다렸어야 했다. 그러면서 날 수 있을 만큼 더 강해지고 튼튼해졌어야 했다. 애벌레가 눈부시도록 아름다운 나비로 태어나기 위해서는 오랫동안 캄캄한 고치 안에서 기다림의 시간을 보내야만 한다.

당신은 지금 고치 속에 갇혀 있는 나비처럼 인생의 캄캄한 어둠 속에 갇혀 있는가? 하나님께서 어서 빨리 당신을 그 답답한 고치 속에서 꺼내주시기를 바라는가? 기다려야 한다. 때가 될 때까지 기다려야 한다. 그러면 어느 날 갑자기 고치 속에서 나비가 되어 아름다운 자태를 드러내며 푸드득거리며 나오는 자신의 모습을 볼 수 있을 것이다.

대나무는 매우 잘 자란다. 그래서 우후죽순(雨後竹筍)이라는 말도 있지 않은가? 중국의 대나무 가운데 모소라고 하는 나무가 있는데,

이 대나무를 심었다. 그런데 1년이 다 가도 아무것도 올라오지 않았다. 둘째 해에도 마찬가지였다. 이 나무가 죽은 것일까? 그렇지 않다면 싹이라도 나와야 할 텐데 싹도 나오지 않았다. 3년이 지나고 4년이 지나고 5년이 되던 해였다. 더 이상 기다릴 수가 없어서 다른 것을 심으려고 땅을 갈려고 하다 보니, 수백 평방 미터의 땅 밑에 대나무 뿌리가 빽빽히 뻗어 있었다. 땅 위로 나오지는 않고 그동안 땅속에서 뿌리를 엄청나게 깊고 넓게 뻗고 있었던 것이다. 얼마 후 이 대나무들이 올라오기 시작하는데, 삽시간에 숲을 이룰 정도였다. 하루에 한 자 이상씩 쑥쑥 크는 것이었다. 불과 6주 만에 이 나무들은 15미터 이상씩 컸다.

이 모소라고 하는 대나무는 심어 놓고 5년을 가만히 기다려야 한다. 그래야 겨우 싹이 나온다. 그러다가 어느 날 괴력을 발휘해서 마술처럼 쑥쑥 자라는 것이다. 이 나무를 심어 놓고 왜 싹이 나지 않을까, 죽었을까, 조바심할 필요가 없다. 기다리면, 때가 되면, 숲을 이루게 될 것이다.

레몬은 그냥 먹을 수가 없다. 그러면 누가 나에게 레몬을 주었을 때 어떻게 해야 하는가? 먹지 못하니까 버려야 할까? 아니다. 레몬을 가지고 레모네이드를 만들어 먹으면 된다. 인생의 레몬이 주어졌을 때, 그것을 레모네이드로 만들 줄 아는 지혜가 있어야 한다.

식당에 가면 물에 레몬을 얹어준다. 그러면 그것을 짜서 물에 타 먹어 보라. 맛이 어떨까? 신맛밖에 나지 않는다. 가장 맛있는 레모네이드를 만들려면 물에다 레몬을 썰어서 담가 두라. 짜지 말고 살짝 담가만 두라. 그리고 기다려라. 12시간 동안만! 그러면 레몬의 쓴 맛, 신 맛이 사라지고 아주 감미로운 레모네이드를 맛보게 될 것이다. 가장 맛있고 감미로운 인생의 레몬차를 맛보길 원하는가? 그렇다면 12

시간 동안 기다려야 한다.

그런데 우리는 어떤가? 못 참는다. 그냥 꾹꾹 짜서 물에 섞은 다음 마신다. "오래 참고 기다리는 자는 복이 있나니, 저희가 인생의 레몬차의 참맛을 알 것이니라!"

빵을 만들 때 하나님과 우리가 같이 만든다. 밀가루 반죽을 하고 거기에 누룩을 넣으면 하나님께서 부풀게 하신다. 그리고 우리는 하나님께서 누룩으로 밀가루를 부풀게 하실 때까지 그냥 가만히 옆에서 지켜보고 있으면 된다. 우리가 해야 하는 일은 그저 잠잠히 기다리는 일이다. 이렇게 해서 하나님과 우리가 함께 빵을 만드는 것이다.

성모 마리아 상을 보면 항상 예수님을 안고 있거나, 아니면 예수님이 옆에 누워 있다. 그런데 나사렛을 방문했다가 마리아가 예수님을 잉태하고 있는 그림을 본 적이 있다. 마리아의 배가 불러 있었다. 예수님도 이 땅에 태어나시기 위해 어머니 마리아의 태중에서, 캄캄한 어둠 속에서, 열 달을 기다리셔야만 했다.

예수님이 마리아의 태중에서 이 세상에 태어나기 위해 준비하시며 기다리셨던 것처럼, 나사렛에서 공생애를 기다리시며 준비하셨던 것처럼, 무덤 속에서 부활하시기 위해 준비하며 기다리셨던 것처럼, 우리도 기다려야 한다.

노아는 방주에서 물이 빠지기를 40일 동안이나 기다렸다. 아브라함과 사라는 아들 이삭 보기를 얼마나 오래 기다렸는가? 이스라엘 백성이 이집트에서 노예 생활을 할 때에 그 속박에서 해방되기를 얼마나 기다렸겠는가? 또 그들이 광야 40년 동안 얼마나 간절하게 가나안 땅에 들어가기를 기다렸겠는가?

다윗이 사울에게 10년 넘게 쫓겨 다니면서 얼마나 그 세월이 끝나기를 간절히 기다렸겠는가? 바빌론 포로로 끌려간 이스라엘 백성들이 해방되기를 얼마나 기다렸겠는가? 마리아가 예수님을 잉태했을 때 해산할 날을 얼마나 기다렸겠는가? 나사로의 누이들이 나사로가 죽어갈 때 예수님을 얼마나 간절히 기다렸겠는가?

바울이 2년 동안 가이사랴 감옥에 갇혀 있을 때에 그곳에서 석방되기를 얼마나 기다렸겠는가? 또 그가 인생의 마지막을 앞두고 빌립보 감옥에서 디모데가 오기를 얼마나 간절히 기다렸겠는가?

당신은 지금 무엇을 기다리고 있는가? 인생의 겨울을 지나고 있는 사람은 인생의 봄을 기다리고, 인생의 광야를 지나고 있는 사람은 가나안에 들어가기를 기다리고, 인생의 밤을 지나고 있는 사람은 새롭게 동터올 인생의 아침을 기다린다. 인생의 흉년을 지나고 있는 사람은 하늘 문이 열리기를 기다리고 있을 것이다.

기다린다는 것은 쉬운 일이 아니다. 기다리다 지칠 때가 얼마나 많은가? 그러나 성경은 이렇게 말씀하고 있다.

> 오직 여호와를 앙망하는 자는 새 힘을 얻으리니 독수리가 날개치며 올라감 같을 것이요 달음박질하여도 곤비하지 아니하겠고 걸어가도 피곤하지 아니하리로다(사 40:31).

'앙망하는 자'는 간절히 기다리는 사람이라는 뜻이다. 우리는 기다리다 지치는데, 성경은 오히려 정반대로 기다리는 사람이 새 힘을 얻을 것이라고 약속하고 있다.

믿음의 확신이 있는 사람은 기다리더라도 지치지 않는다. 인생의 어두운 밤을 지나고 있을지라도 하나님께서 새 아침을 가져다 주실 것이라고 믿고 새 아침이 밝아오기를 기다리는 사람은 어두운 밤이 계속 되더라도 지치지 않고, 낙망하지 않고, 좌절하지 않고, 어둠을 뚫고 새 아침을 향하여 나가게 될 것이다. 하나님이 그럴 수 있는 '새 힘'을 주시기 때문이다.

인생의 어두운 밤에도 하나님을 앙망하는 사람은, 하나님을 바라보는 사람은, 하나님을 기다리는 사람은, 하나님께 기도하는 사람은, 지치지 않고 힘을 잃지 않고 독수리가 날개 치며 올라감 같을 것이며 달음박질하여도 피곤치 않고 걸어가도 피곤하지 않을 것이다.

우리가 어둠 속에서 기도하는 동안 하나님은 우리를 위해 아침을 만들고 계신다

열 명의 신부 들러리들이 신랑을 기다리는데, 지혜로운 다섯 처녀들은 기름을 충분히 준비했고, 어리석은 다섯 처녀들은 기름을 충분히 준비하지 않았다. 한밤중에 신랑이 왔을 때 기름을 충분히 준비하지 못했던 다섯 처녀들은 혼인 잔치에 들어가지 못했다. 신랑 되신 예수님을 맞을 준비가 되었는지를 묻는 열 처녀의 비유이다.

열 처녀는 무엇을 하고 있었는가? 신랑이 오기를 기다리고 있었다. 잔치가 열리기 전에 기다림이 있었다. 오랜 기다림 끝에 기다리고 기다리던 신랑이 오고 혼인 잔치가 열리게 되었다. 잔치에 참예하려면 기다려야 한다. 기다리는 사람만이 기쁨의 잔치에 참여할 수 있다.

그러나 우리가 주목해야 할 것이 있다. 신랑 맞을 준비를 하며 기다린 사람만이 잔치에 들어갔다는 사실이다. 같이 기다리기는 했지만 신랑 맞을 준비를 충분히 하지 못한 사람들은 잔치에 들어가지 못했다. 그러므로 우리는 기다리되 그냥 기다리는 것이 아니라 준비하며 기다려야 한다.

비행기로 여행하다 보면 보통 30분에서 한두 시간씩은 기다리게 된다. 언젠가 라스베가스 공항에서 8시간을 기다려 본 적이 있다. 이런 시간을 영어로는 '시간을 죽인다'(kill time)고 표현한다. 이렇게 죽여야 하는 시간은 무의미한 시간이다. 그런 기다림은 그저 기다리기만 하면 된다. 밤새도록 보초를 서는 병사는 아침이 오기만을 기다린다. 그러나 기다리면 아침은 저절로 오게 되어 있다.

그러나 인생의 아침은 기다리기만 한다고 해서 저절로 오는 것이 아니다. 지혜로운 다섯 처녀처럼 준비하면서 기다려야 한다.

예수님은 나사렛에서 30년 동안 준비하며 기다리셨다. 그리고 마침내 때가 되어 공생애를 시작하셨다. 예수님은 자신의 때를 기다리며 준비하셨다.

고래 뱃속은 빛 한 줄기도 들어오지 않는 가장 캄캄한 곳이다. 아무리 소리쳐도 아무도 들을 수 없는 곳이다. 《내 영혼을 새롭게 빚어 가는 기다림》이라는 책을 쓴 수 몽 키드가 아이들에게 고기 뱃속에 들어간 요나 이야기를 들려주면서 물었다고 한다.

"너희들이 요나라면 어떻게 했겠니?"

그러자 불을 질러 기침을 하게 해서 토해내게 하겠다는 아이도 있었고, 배를 발로 쾅쾅 차서 토해내게 하겠다는 아이도 있었다. 한 아이는 이렇게 대답했다.

"나는 아빠에게 구해 달라고 전화할래요. 그리고 아빠가 올 때까지 기다릴 거예요."

요나가 고기 뱃속에서 살기 위해 한 일이 바로 이 일이었다. 하나님에게 119를 돌렸다. 살려 달라고 기도했다. 그곳에서는 아무리 소리쳐도 아무도 들을 수 없다. 그러나 하나님은 들으실 수 있다. 당신이 캄캄한 고기 뱃속에서 기도할 때도 하나님은 들으실 수 있다.

그렇게 기도하고 또 어떻게 했는가? 기다렸다. 다른 도리가 없지 않는가? 기도하며 기다리는 것! 그것이 우리가 요나처럼 캄캄한 인생의 물고기 뱃속에서 할 수 있는 일이다.

예수님이 겟세마네 동산에서 피땀 흘리며 기도하셨다. 겟세마네 동산은 감람산 아랫자락에 자리잡고 있다. 이 감람산에는 감람나무가 많이 있었다. 그리고 무거운 바위들을 위아래로 놓고, 그 사이에 올리브를 넣어 진액을 짜는 올리브 틀들이 여기저기 많이 있었다. 올리브 틀 속에 집어넣은 올리브들은 짓이겨져서 완전히 다 뭉그러지고 거기서 기름이 나온다. 예수님은 사람들이 올리브에서 올리브 기름을 짜내는 바로 그곳에서 올리브를 짜내듯이 그렇게 '짜내는' 듯한 기도를 하셨다.

예수님처럼 인생의 어두운 밤을 만났을 때 간절히 기도하라. 그럴 때 우리는 어둠과 싸워 이길 수 있는 힘과 용기를 얻게 될 것이다.

야곱이 형을 피하여 집 떠난 지 20년 만에 고향으로 돌아오고 있었다. 이제 얍복 강을 건너기만 하면 그리고 그리던 고향 땅을 밟아보게 된다. 그는 가족들과 가축떼들을 먼저 다 건너보냈다. 그러는 동안에 날은 어둑어둑해졌다. 이제 마지막으로 그가 얍복 강을 건너려고 하는데, 갑자기 누군가가 나타나서는 그의 길을 막았다. 야곱은 그 사람과 밤을 새워가며 씨름을 해야 했다. 호세아서(12:3-4)에 보면 이것은 야곱이 기도하는 모습을 그렇게 표현한 것이라고 나와 있다.

야곱은 홀로 남았을 때 기도했다. 캄캄한 밤중에 기도했다. 그랬을 때 막혔던 길이 열렸다. 그는 마침내 그의 마지막 관문이었던 얍복 강을 건너게 된다. 그리고 "그가 브니엘을 지날 때에 해가 솟아올라서 그를 비추었다"(창 32:31).

지난 밤 그는 칠흑 같은 어둠 속에서 하나님 앞에서 몸부림치며 기도했다. 그런데 어떻게 변했는가? 밤이 물러가고 새 아침이 환하게 동터왔다. 그가 가는 길에 환한 빛이 비추었다. 지난밤에는 길도 막히고 또 얼마나 캄캄했는가? 그런데 지금은 막혔던 길이 열리고 아침의 찬란한 햇빛이 그를 비추고 있다. 야곱은 얍복 강 나루터에서의 하나님과의 씨름을 통해서 브니엘의 새 아침을 맞이했다. 그가 인생의 한밤중에 기도했더니 그에게 새 아침이 환하게 밝아왔던 것이다.

그런데 기도를 해도 쉽게 어둠이 물러가지 않을 때가 있다. 기도를 해도 아침이 밝아오지 않을 때가 있다. 이 세상에서 가장 천천히 돌아가는 시계가 바로 하나님의 시계이다.

주께는 하루가 천 년 같고 천 년이 하루 같다는 이 한 가지를 잊지 말라 주의 약속은 어떤 이들이 더디다고 생각하는 것같이 더딘 것이 아니라(벧후 3:8-9).

유명한 유대 신비주의 랍비가 물었다.
"하나님에게는 천년이 하루 같고 하루가 천년 같다면서요?"
그러자 하나님이 대답하셨다.
"그렇지."
랍비가 말했다.
"그러면 하나님에게는 천만 불이 1불 같고 1불이 천만 불 같겠네요?"
"그렇지."
"그러면 하나님, 저에게 1불만 주십시오."
하나님이 대답하셨다.
"어렵지 않지. 하루만 기다려라."

하나님의 시계는 아주 천천히 돌아가지만 동시에 하나님의 시계는 1초도 틀리지 않고 정확하다. 하나님의 타이밍은 1분 1초도 늦지 않는다.

우리에게는 조급증이 있다. '빨리빨리' 강박관념이 있다. 속전속결을 좋아한다. 즉석에서 이루어지는 것을 좋아한다. 빨리 먹을 수 있는 곳 중 하나가 맥도널드이다. 주문하면 1분 안에 나온다. 거기에 길들여져 있어서 신앙도 맥도널드식 신앙이다. 기다리지 못하는 것이다.

시몬느 베이유는 "기대감을 갖고 인내하며 기다리는 것이 영성 생활의 기본이다"라고 했다. 우리는 모든 것이 자동적으로 돌아가는 세상에 살고 있다. 그리고 즉석에서 만들어지는 세상에 살고 있다. 그러나 영성 개발에 즉석이나 자동은 없다. 지름길 종교는 없다.

우리는 빠르고 쉬운 길을 원한다. 돌아가는 것을 좋아하는 사람은 아무도 없을 것이다. 기도도 어떻게 하는가?

"인생을 돌아가지 말게 하시고 지름길로 인도하소서."

돌아가면 인생을 허비하는 것으로 생각하는 것이다.

세계적으로 유명한 건축가 프랭크 로이드 라이트(Frank Lloyd Wright)가 어렸을 때 삼촌과 함께 눈길 위를 걷고 있었다. 말없이 눈이 쌓인 벌판을 한참 걷다가 삼촌이 프랭크에게 말했다.

"프랭크야, 네가 걸어온 발자취들을 돌아보렴."

보니까 삼촌 것은 반듯하게 나 있었다. 그런데 프랭크 것은 그렇지 않았다. 여기 갔다 저기 갔다, 보였다 안 보였다 했다. 벌판을 지나오면서 헛간도 들어가 보고 나무 밑에도 가보고 이리저리 왔다갔다 했던 것이다.

삼촌이 말했다.

"여기 두 종류의 발자취가 있는 것처럼, 두 종류의 인생이 있단다. 네가 어떤 인생을 선택할 것인가를 잘 생각해 보렴."

그때 그는 이렇게 결심했다고 한다.

"나는 삼촌처럼 인생의 많은 것들을 놓치며 살지는 않겠다."

우리는 목표만을 바라보고 똑바로 걸어야 한다고 배웠다. 그렇게 사는 것이 인생을 허비하지 않는 것이라고 생각한다. 사실 우리는 너무 지나치게 목표 지향적으로 살고 있지는 않은가? 그래서 인생의 소중한 것들을 다 지나쳐 버리고 있지는 않은지 생각해 보아야 한다.

비행기를 타고 가면 달라스에서 LA까지 3시간이면 된다. 그러나 차로 가면 꼬박 이틀을 가야 한다. 비행기로 가면 빨리 갈 수는 있지만 차로 가는 사람은 비행기로 가는 사람이 보지 못하는 수많은 것들을 볼 수 있다. 빨리 가는 것만이 좋은 것은 아니다.

이스라엘 백성은 쉽고 빠른 길을 원했다. 빨리 광야를 벗어나 가나안에 들어가고 싶어했다. 그러나 하나님은 돌아가게 하셨다.

하나님은 우리로 하여금 때로는 돌아가게 하시기도 하는데, 그것도 하나님의 은혜이다. 돌아가게 하실 때는 돌아가게 하시는 하나님의 뜻이 있다. 결코 허비하는 시간이 아니다. 돌아갈 때 우리는 더 많은 것을 경험할 수 있고, 더 많은 것을 깨달을 수 있고, 더 많은 것을 누릴 수 있고, 더 풍성한 은혜를 체험할 수 있다.

지름길로만 가려고 하지 마라. 지름길로 가는 것만이 하나님의 인도라고 생각하지 말라. 우리는 인생의 하이웨이를 질주하고 있다. 때로는 이 하이웨이에서 벗어나 지방도로를 타 보는 것도 좋다. 한두 시간, 아니 하루 이틀 늦으면 어떤가?

소로는 "서두르지 않겠다는 결심보다 더 유익한 것은 인간에게 있을 수 없다"고 했다. 뭐든지 빨리빨리 해야 하는 조급증에서 벗어나야 한다. 속전속결 중독증에서 벗어나야 한다.

고기 잡는 재미로 낚시하는 사람은 초보고, 꾼들은 고기 잡는 재미가 아니라 고기가 찌를 물 때 그것을 끌어당기는 그 손 맛, 그 감촉 때문에 낚시를 한다고 한다. 그런데 정말 낚시에 미친 사람은 고기가 낚이는 것에는 별로 관심이 없다. 그냥 낚싯대 드려놓고 기다리면서 낚시를 즐긴다. 어떤 사람은 미끼도 안 달고 낚싯대를 던져놓고 한 시간이고 두 시간이고 개의치 않고 앉아 있는 사람이 있다고 한다. 왜 그러냐고 물으면, '네가 낚시에 대하여 아느냐'고 반문한다.

그렇다. 낚시는 고기 잡는 것보다는 기다리는 것과 더 연관되어 있다. 기다리는 맛에 낚시를 하는 것이다. 고기가 물지 않아도 괜찮다. 고기를 잡기 위해 낚시를 하는 것이 아니고 그 과정을 즐기는 것이다. 기다림을 즐기는 것이다. 낚시는 기다림이다. 고기가 와서 물기를 기다리고, 바람이 잠잠해지기를 기다리고, 물의 흐름이 바뀌기를 기다리고….

기도는 낚시와 많이 비슷하다. 기도하는 사람은 낚시하는 사람들에게서 배워야 한다. 기다리는 법을!

"그리스도인의 기도에는 언제나 애씀보다 기다림이 더 많아야 한다"(이블린 언더힐).

기도의 생명은 기다림이다. 기도하는 것보다 더 어려운 것은 기다리는 것이다. 기도는 기다림이다. 우리는 기도하는 법보다 기다리는 법을 먼저 배워야 한다. 그래야 기도를 바로 할 수 있다. 기도의 씨를 뿌리고 축복의 열매를 거두려면 기다려야 한다. 기도의 씨가 발아하고, 뿌리를 내리고, 싹이 나고, 잎이 자라고, 꽃이 피고, 마침내 축복의 열매를 맺으려면 시간이 필요하다.

어느 날 밤에 비바람이 무섭게 불어닥쳤다. 천둥과 번개가 밤새도록 쳐댔다. 어린 딸은 밤새 잠을 설치고 일어나 아버지에게 물었다.

"아빠! 하나님이 어젯밤 무엇을 하셨을까요?"

그때 아버지는 딸을 품에 꼬옥 안으며 이렇게 대답했다.

"아침을 만들고 계셨을 거야!"

새벽 기도를 나설 때는 캄캄한 밤이다. 그러나 기도를 마치고 나오면 세상은 환히 밝아 있다. 우리가 어둠 속에서 기도하는 동안에 하나님은 아침을 만들고 계셨던 것이다. 인생의 한밤중에 기도할 때, 하나님은 우리를 위해 아침을 만들고 계신다. 우리는 기도하고, 하나님은 우리를 위해 새 아침을 만들고 계신다.

환난과 고난과 좌절과 절망의 밤에, 아침이 오기를 기도하며 기다리는 사람들에게 하나님은 아침을 가져다주신다. 야곱처럼 얍복 강 나루터에서 밤새며 기도를 하면 찬란한 브니엘의 새 아침이 동터 올 것이다. 주님과 더불어 겟세마네 동산에서 기도하며 한밤을 지내면 주님과 더불어 찬란한 부활의 새 아침을 맞이하게 될 것이다.

어두움이 당신을 주관치 못하게 하라

잡초를 없애는 가장 좋은 방법이 무엇일까? 잡초를 없애기란 참 어렵다. 잡초를 없애기 위해 삽으로 뿌리째 다 뽑아버릴 수도 있고, 제초제를 뿌릴 수도 있다. 그러나 가장 좋은 방법은 잡초를 뽑아 없애는 것이 아니라 씨를 뿌리는 것이다. 그러면 그 씨를 잘 가꾸기 위해 얼마나 열심히 부지런히 잡초를 뽑겠는가? 그렇게 잡초를 뽑다 보면 어느새 잡초가 다 없어지고 만다. 잡초를 없애려면 잡초를 뽑지 말고 씨를 뿌려라.

요한복음 1장에 어둠이 빛을 이기지 못한다고 했다(5절). 어둠은 세상이다. 사탄의 세력이다. 빛은 예수 그리스도이시다. 어두운 세상에 빛으로 오신 분이 예수님 아닌가? 세상은 어둠이고 예수님은 빛이기 때문에 세상이 빛 되신 예수님을 싫어했다. 영접하지 않았다. 모든 어둠이 다 드러나기 때문이다. 그래서 이 어둠의 세력이 예수님을 십자가에 못 박아 죽였다.

예수님이 십자가에 못 박혀 죽으시는 순간에 온 땅에 어둠이 몰려왔다. 대낮인데도 태양도 그 빛을 잃고 캄캄하게 되었다. 빛 되신 예수님이 무덤에 묻히게 되었다. 그리고 하루가 지나고 이틀이 지나고 사흘 째 되던 날 아침, 예수님께서 캄캄한 어둠의 무덤에서 다시 살아나셨다. 어둠이 빛을 이길 수 없었던 것이다.

어둠을 물리치는 방법은 하나밖에 없다. 빛을 비추는 것이다. 그러면 어둠은 자동적으로 물러가게 되어 있다.

어둠의 세력이 당신의 마음을 차지하지 못하도록 하라. 당신의 심령 가운데서 모든 어둠을 다 내어 쫓으라. 당신의 삶 가운데서 모든 어둠을 다 내어 쫓으라. 어떻게 어둠을 쫓아낼 수 있을까? 사실 쫓아낼 수도 없고 쫓아내려고 할 필요도 없다. 빛 되신 예수님이 우리 안에 들어오시면 우리 안에 있는 모든 어둠은 자동적으로 물러가게 되어 있다.

켄 가이어(Ken Gire) 목사님의 영성 세미나에 참석했을 때, 이런 말을 들었던 것이 기억난다.

"여러분이 인생의 밤을 지날 때, 어두움이 여러분을 주관치 못하게 하라."

어떻게 그럴 수 있는가? 모세가 바로와 대결할 때 온 이스라엘에 어둠이 덮쳤다. 그러나 이스라엘 사람들의 집에는 어둠이 덮치지 못했다. 빛 되신 예수님이 우리 안에 계실 때 우리는 아무리 캄캄한 인생의 어두운 밤을 지나고 있다고 할지라도, 우리 주변의 세상이 온통 캄캄하기만 하더라도, 우리는 여전히 주님의 환한 빛 가운데 살 수 있다.

빛 되신 주님이 당신의 심령 가운데 들어오시고, 당신의 삶 속에 들어오시면, 비록 당신이 인생의 캄캄한 밤을 지나더라도 어둠의 세력이 당신을 주관치 못하게 될 것이다.

Famine

9. 가무는 해에도 결실이 그치지 않게 하시는 하나님

주께서는, 그 풍성한 보물 창고 하늘을 여시고, 철을 따라서 너희 밭에 비를 내려 주시고, 너희가 하는 모든 일에 복을 주실 것이다. 그러므로 너희는 많은 민족에게 꾸어 주기는 하여도 꾸지는 않을 것이다. 오늘 내가 너희에게 명령하는 바, 너희가 주 너희 하나님의 명령을 진심으로 지키면, 주께서는 너희를 머리가 되게 하고, 꼬리가 되게 하지 않게 하시며, 너희를 오직 위에만 있게 하고, 아래에 있게 하지는 않으실 것이다. 너희는, 좌로든지 우로든지, 내가 오늘 너희에게 명하는 이 모든 말씀을 벗어나지 말고, 다른 신들을 따라가서 섬기지 말아라."

신명기 28장 12-14절

약속의 땅에도 기근은 찾아온다

　1990년대 초에 북한에 몇 년 동안 내리 흉년이 들어 400만 명이나 굶어서 죽었다고 하는데 엘리야 시대에 3년 6개월 동안 흉년이 들었을 때에는 얼마나 많은 사람들이 굶어 죽었겠는가? 마지막 남은 밀가루를 가지고 빵 한 조각 만들어 먹고 아들과 함께 죽으려고 했었던 사렙다 과부의 이야기는 그 당시에 굶어 죽어가고 있던 수많은 사람들 가운데 한 사람의 이야기에 지나지 않는다.
　그 3년 6개월 동안 얼마나 힘들고 고통스러웠겠는가? 얼마나 간절하게 비를 내려달라고 기도를 많이 했겠는가? 하늘을 바라보며 비를 내려주시지 않는 하나님을 얼마나 원망했겠는가?
　엘리야 시대에 3년 6개월 동안 비가 내리지 않은 것은 이스라엘 백성들이 하나님을 버리고 바알 신을 섬겼기 때문이다. 비는 하나님이 아니라 바알이 내려 준다고 생각하고 "바알이여 바알이여, 우리에게 비를 많이 내려 주셔서 농사가 잘 되게 하여주시옵소서"라고 빌며 바알을 섬겼다. 그래서 하나님께서 하늘 문을 닫아버리셨던 것이다. 구약에서 기근은 전쟁과 전염병과 더불어 하나님께서 이스라엘 백성을 징벌하실 때 사용하는 방법으로 많이 나온다.

아브라함이 가나안 땅에 도착했을 때에 그곳에 기근이 들었다. 약속의 땅으로 이주를 해왔는데, 하필이면 그 해에 기근이 들었다. 젖과 꿀이 흐르는 땅인 줄 알고 왔는데 먹을 것이 없는 것이다. 그래서 먹고 살기 위해 이집트로 내려갔다. 요셉의 형제들도 큰 기근이 들어서 양식을 구하기 위해 이집트로 내려갔다가 거기서 요셉을 만났다.

베들레헴에 10년 동안 기근이 있었다. 바로 그때의 이야기가 룻기이다. 베들레헴은 '빵집'이라는 뜻이다. 기근이 들어 빵집에 빵이 떨어지게 되었다. 그래서 나오미는 빵을 찾아 모압 땅으로 이민을 갔다. 이처럼 빵집에도 빵이 떨어질 수 있다. 약속의 땅에도 기근이 찾아올 때가 있다.

축복의 근원이었던 아브라함도 기근을 경험했다. 거부였던 이삭도 기근 때문에 고통을 당해야 했다. 요셉의 형제들도 마찬가지였다. 이렇게 하나님의 사람들에게도 기근이 찾아올 때가 있다. 우리가 경험하는 인생의 가뭄, 인생의 기근, 인생의 흉년은 우리만 겪는 것이 아니다. 우리가 믿음 가운데 살더라도 인생의 기근을 경험할 수 있다. 우리가 하나님의 축복 가운데 살더라도 인생의 가뭄을 경험할 수 있다. 하나님의 자녀인 우리에게도 인생의 흉년이 닥칠 수 있다. 그것은 결코 이상한 일이 아니다.

 ## 인생의 흉년을 만났을 때

'베들레헴'을 떠나면 더 큰 인생의 흉년을 만난다

베들레헴에 흉년이 들자 나오미의 가정은 이방 땅인 모압(지금의 요르단)으로 이민을 갔다. 그랬다가 나오미는 10년 만에 남편, 큰아들, 둘째 아들 다 잃고, 청상과부가 되었다.

> 내가 풍족하게 나갔더니 여호와께서 내게 비어 돌아오게 하셨느니라 여호와께서 나를 징벌하셨고 전능자가 나를 괴롭게 하셨거늘(룻 1:21).

흉년을 피해 베들레헴을 떠났다가 더 큰 인생의 흉년을 만나게 된 것이다. 나오미는 베들레헴을 떠나지 말았어야 했다. 나오미처럼 어렵고 힘들다고 해서 베들레헴을 떠나면 나오미(기쁨이라는 뜻)가 마라(괴로움이라는 뜻)가 되고 만다.

> 나를 나오미라 칭하지 말고 마라라 칭하라 이는 전능자가 나를 심히 괴롭게 하셨음이니라(룻 1:20).

베들레헴을 떠나지 말라. 생명의 말씀인 하나님의 말씀을 떠나지 말라. 생명의 빵이신 예수님을 떠나지 말라. 생명의 양식이 있는 베들레헴을 떠나면, 인생의 흉년을 만나게 된다. 인생의 가뭄을 만나게 된다. 인생의 기근을 당하게 된다.

기근이 닥쳐와도 약속의 땅 가나안을 떠나지 말라. 더욱더 믿음

가운데 굳게 서라. 그러면 마침내 기근이 끝나고 하나님께서 돌아보아 주실 날이 다가올 것이다.

> 여호와께서 자기 백성을 돌보시사 그들에게 양식을 주셨다 함을 듣고(룻 1:6).

나무는 가물 때 더 깊이 뿌리를 내린다

므두셀라 나무라고 불리는 나무가 있는데, 캘리포니아에 있는 한 산에 서식하고 있다. 이 나무는 자그마치 나이가 4700살이라고 한다. 그리고 놀랍게도 지금도 열매를 맺는다고 한다.

어떻게 그렇게 오랫동안 살 수 있었을까? 우리는 이 나무가 살아가기에 최고 좋은 조건이 주어졌기 때문에 그럴 수 있었을 것이라고 생각할 수 있다. 그러나 연구해 본 결과, 전혀 그렇지가 않았다. 토양도 매우 척박하고 더구나 고지대인데다, 매우 건조하기까지 하다. 한여름에도 이곳에 올라가면 너무나 추워서 몸이 떨릴 정도라고 한다. 그리고 바람이 계속 불어친다고 한다. 그래서 그 주변에는 다른 나무들이 한 그루도 없다. 그러나 이 나무만큼은 그곳에서 반만년 동안 버텨온 것이다.

이 나무는 몇 년씩 가뭄이 계속될 때에도 말라 죽지 않았다. 가뭄이 들면, 그동안에는 몇 년이고 동면기를 갖는다고 한다. 성장하지 않고 멈추어 있는 것이다. 그리고 만일의 사태를 대비해서 물이나 영양분을 보관해 놓고 있다고 한다. 최악의 조건 속에서 살아남기 위해 고군분투하는 가운데 강한 나무가 된 것이다. 그래서 그렇게 오랫동안 살아남을 수 있었던 것이다.

가뭄 때문에 죽는 나무가 있는가 하면 가뭄 때문에 더 강해지고 뿌리를 깊이 내리는 나무가 있다. 인생의 가뭄이 닥쳐올 때 그것 때문에 신앙의 나무가 말라죽는 사람이 있는가 하면 반대로 이 나무처럼 더욱더 강인해지는 사람도 있다.

시편 92편에서 의인들은 종려나무와 백향목처럼 우거지게 되고, 주의 집에 심겨진 나무처럼 크게 번성할 것이라고 말씀하고 있다(시 92:12-13). 예루살렘에서 여리고를 거쳐 사해와 네게브 사막을 끼고 세 시간 정도 달리다 보면 남쪽 끝에 휴양도시인 에일랏이 나온다. 거기까지 가는 동안 거의 푸른색을 볼 수가 없다. 모두 광야이기 때문이다.

그러나 유일하게 푸르게 자라고 있는 것이 종종 눈에 들어오는데, 이것이 바로 종려나무이다. 황량하기만 한 사막에서도 잘 자라는 것이 바로 종려나무이다. 수분이 없어서 다른 식물들이 살아남지 못하는 곳에서도 종려나무는 잘 자란다.

사막이라고 해서 물이 전혀 없는 것은 아니다. 사막 지대라도 땅속 깊은 곳에는 거대한 강이 흐르고 있다. 종려나무는 뿌리를 아주 깊이 내리기 때문에 이 강줄기로부터 수분을 빨아들일 수 있다. 그래서 물이 없는 광야에서도 싱싱하게 자라고, 사시사철 푸르를 수가 있고, 때를 따라 열매를 맺을 수 있는 것이다. 가뭄을 견뎌내는 방법은 하나뿐이다. 뿌리를 깊이 내리는 것이다.

법궤를 만들 때 사용한 싯딤 나무라고 있다. 우리 성경에는 '조각목'이라고 번역되어 있는데, 아카시아 나무의 일종이다. 이 싯딤나무는 볼품이 없다. 그런데도 이런 나무로 법궤를 만들었다. 좋은 나무 다 내버려두고 왜 이런 나무로 법궤를 만들었을까? 법궤는 광야에서 만들었다. 그런데 광야에는 다른 나무가 없다. 이 나무밖에 자라는 것이 없다. 그래서 볼품은 없지만 법궤를 만드는 데 귀하게 쓰임을 받게 된 것이다.

이 나무는 앙상하고 크기도 몇 미터 안 되는 나무인데, 뿌리를 보통 20미터에서 3, 40미터까지 내린다고 한다. 물이 있는 곳을 향해서 물을 찾을 때까지 계속 뿌리를 내린다. 그러니까 살 수 있는 것이다.

예수 그리스도에게 깊이 뿌리를 내리지 않은 사람은 가뭄이 오거나 인생의 흉년을 만나게 되면, 견디지 못하고 시들시들하다가 이내 말라서 죽고 만다. 인생의 가뭄을 견뎌내기 위해서는 예수 그리스도에게 더욱더 깊이 믿음의 뿌리를 내려야 한다.

원망과 불평은 하늘 문을 더 굳게 닫히게 할 뿐이다

인생의 흉년을 만났을 때 원망하고 불평하면 하늘 문이 열리지 않는다. 더 오래 닫혀 있게 된다. 광야에서 이스라엘 백성이 왜 40년을 방황했는가? 왜 가나안에 들어가지 못했는가? 그들은 기도할 생각은 하지 않고 원망만 했다. 광야에서 베풀어 주시는 하나님의 은혜를 생각하지 않고 불평과 불만만을 터뜨렸다. 그래서 가나안에 들어가지 못하고 광야에서 방황하다 광야에서 죽고 말았다.

인생의 광야를 속히 통과해서 약속의 땅 가나안에 들어가 하나님의 축복을 누리며 살기를 원하는가? 인생의 흉년이 빨리 끝나기를 원하는가? 하늘 문이 활짝 열리고 은혜의 단비, 축복의 소나기가 쏟아지기를 원하는가? 그렇다면 하박국 선지자처럼 원망과 불평 대신에 감사와 찬양과 기도를 드려라.

비록 무화과나무가 무성하지 못하며 포도나무에 열매가 없으며 감람나무에 소출이 없으며 밭에 먹을 것이 없으며 우리에 양이 없으며 외양간에 소가 없을지라도 나는 여호와로 말미암아 즐거워하며 나의 구원의 하나님으로 말미암아 기뻐하리로다(합 3:17-18).

극심한 가뭄 가운데서도 하나님을 바라보며 감사할 수 있어야 한다. 인생의 흉년과 기근으로 인해 창고가 점점 비어가고 있다고 할지라도 여호와 하나님으로 인하여 기뻐하고 즐거워할 수 있어야 한다. 그럴 때 하나님께서 하늘 문을 여시고 우리 창고에 쌓을 곳이 없을 정도로 다시 채워 주실 것이다.

10년을 기도해도 인생의 가뭄이 끝나지 않을 수도 있다

2, 3년만 내리 가뭄이 들어도 엄청난 고통을 당하게 된다. 그런데 베들레헴에 장장 10년 동안이나 흉년이 들었다. 그랬으니 베들레헴 사람들이 얼마나 극심한 고통을 당했겠는가? 그들이 그 가뭄을 겪으면서 무엇을 했겠는가? 그들이 할 수 있는 일은 하나밖에 없었을 것이다. 고향을 떠나든지 아니면 기도하는 일이었다.

나오미는 고향을 떠났다. 그리고 더 큰 인생의 흉년을 만났다. 그러나 다른 사람들은 고향을 떠나지 않고 남아서 그 고통을 참고 견디면서 기도를 했다. 그들은 이 가뭄이 끝나게 해 달라고, 긍휼히 여겨 달라고, 죄가 있으면 그 죄를 용서해 달라고, 하늘 문을 여시고 비를 내려 달라고 얼마나 간절히 기도했겠는가? 그렇게 10년이나 기도를 했을 것이다.

10년이나 기도했음에도 불구하고 하나님은 하늘 문을 열어 주시지 않았다. 그렇지만 그들은 기도했다. "주여, 속히 이 가뭄이 끝나게 하소서. 우리에게 하늘 문을 열어 주시옵소서!" 10년이나 그런 기도를 드린 다음에야 하나님께서 하늘 문을 열어 주셨다. 가뭄이 끝났다. 흉년이 끝났다. 기근이 끝났다.

우리에게 인생의 가뭄이 10년 동안 계속된다면 베들레헴 사람들처럼 그렇게 참고 견디면서 10년 동안 기도할 수 있겠는가? 그 모진 가뭄 가운데서도 10년 동안 신앙으로 버텨낼 수 있는 사람이 얼마나 될까?

엘리야 시대에도 비 한 방울, 이슬 한 방울 내리지 않는 3년 6개월 동안 얼마나 간절하게 기도를 드렸겠는가? 그러나 응답이 없었다. 그러다가 3년 6개월이 되어서야 하나님이 마음을 푸시고 그들에게 큰 비를 내려 주시지 않았는가?

우리 인생의 흉년도 쉽게 끝나지 않을 때가 있다. 아무리 기도를 드려도 인생의 가뭄이 끝나지 않을 때가 있다. 우리가 겪고 있는 인생의 가뭄이 생각보다 쉽게 끝나지 않을 수도 있다. 그러나 우리가 지금 룻기 1장 1절에 있다면 언젠가 1장 6절이 올 날이 있을 것이다. 그날이 올 때까지, 하나님께서 우리를 돌아보실 때까지(룻 1:6), 우리에게 큰 빗소리가 들릴 때까지(왕상 18:41), 축복의 장맛비가 내릴 때까지(겔 34:26), 기도하면서 참고 기다려야 한다.

인생의 흉년을 만났을 때 체험하는 하나님의 은혜

가문 해에도 백 배의 수확을 거둘 수 있다

> 이삭이 그 땅에서 농사하여 그 해에 백 배나 얻었고 여호와께서 복을
> 주시므로 그 사람이 창대하고 왕성하여 마침내 거부가 되어(창 26:12-13).

이삭이 '그 땅'에서 농사하여 백 배를 거두었다고 했는데, '그 땅'은 그랄이라고 하는 곳이다. 브엘세바 근처에 있는데, 브엘세바는 가나안 땅에서 사람이 살 수 있는 남방 한계선으로 비가 1년에 200밀리미터 정도밖에 오지 않는다. 그 정도 강우량은 인간이 살기 위해 필요한 최소한의 강우량이라고 한다.

바로 이런 곳에서 농사를 지었는데, 백 배의 소출을 거두었다. 이것은 굉장한 소출이다. 그곳에서는 농사를 지어도 수확을 할 수 있을지 없을지 모른다. 비가 내리지 않기 때문이다. 그런데 이삭은 백 배를 거두었으니, 기적이 아닌가?

'그 해'에 백 배로 거두었다고 했는데, '그 해'는 어떤 해였는가? 풍년이 든 해였는가? 아니다. 흉년이 든 해였다(창 26:1). 그런데 이삭은 백 배로 거두어들였던 것이다. 하나님께서 축복을 주시면 흉년에도 백 배의 결실을 거두어들일 수 있다. 남들이 다 안 될 때에도 잘 될 수 있다. 광야에도 꽃이 필 수 있다.

흉년임에도 불구하고 이삭이 백 배의 축복을 받은 이유가 있다.

> 여호와께서 이삭에게 나타나 이르시되 애굽으로 내려가지 말고 내가
> 네게 지시하는 땅에 거주하라(창 26:2).

흉년이 들었다고 해서 이집트로 내려가지 말고 가나안 땅에 머물러 있으라고 하셨다. 아버지 아브라함은 흉년이 들었을 때 약속의 땅 가나안을 떠나서 이집트로 내려갔다. 그랬다가 아내를 빼앗길 뻔한

일을 당했다. 그러나 이삭은 가나안 땅에 흉년이 찾아왔어도 그곳을 떠나지 않았다. 이삭이 백 배의 축복을 누릴 수 있었던 것은 하나님 말씀에 순종해서 가나안 땅을 떠나지 않았기 때문이다.

인생의 흉년을 만났을 때 믿음으로 잘 참고 견디면, 믿음에 굳게 서서 흔들리지 않으면, 하나님께서 흉년 가운데서도 이삭에게 그러셨던 것처럼 백 배의 축복을 주실 것이다.

가뭄을 통해 하나님의 돌보심을 체험하게 된다

엘리야 시대에 3년 6개월 동안 가뭄이 있었을 때 하나님께서 엘리야를 사렙다 과부에게 보내셨고, 여차여차해서 그 집 쌀독에 쌀이 떨어지지 않았다는 이야기를 잘 알고 있다. 이스라엘 땅에도 이 과부와 같은 처지에 놓여 있는 사람들이 얼마든지 있는데, 왜 하필이면 이 여인을 도와주려고 하셨던 것일까?(눅 4:25-26)

이 사렙다 과부가 살고 있었던 시돈은 고대 페니키아 땅으로서 오늘날은 레바논에 속해 있다. 시돈은 그 유명한 바알 신의 본거지였다. 바알 신앙의 원조, 고향, 본산지였던 것이다. 그러나 그 여인은 그런 곳에 살면서도 바알을 섬기지 않고 하나님을 섬기고 있었다. 사렙다 과부가 이웃 사람들에게 도움을 받으려면 바알을 섬겨야 했다. 그런데 이 여인은 오직 하나님을 섬기고 살았다.

만일 이 여인이 하나님을 섬기지 않고 다른 사람들처럼 바알 신을 섬겼더라면 그래도 이웃 사람들로부터 작은 도움이라도 받을 수 있었을 것이다. 죽기만을 기다리는 상황까지는 다다르지 않았을 것이다. 세상에 가장 비참한 것이 먹을 것이 없어 굶어죽는 것이 아닌가? 그것도 혼자면 덜하다. 그 아들도 같이 죽게 될 판이니 얼마나 기가 막혔겠는가? 자식이 굶어 죽어가는 것을 보고도 아무것도 할 수 없는 가련한 어머니가 바로 이 사렙다 과부였다. 하나님께서 바로 그러한 이유로 그 여인을 특별히 기억하시고 보살펴 주셨던 것이다.

정원에 있는 나무와 산에 있는 나무는 어떤 차이가 있을까? 비가 많이 올 때는 똑같다. 그러나 가물 때는 다르다. 주인이 없는 나무는 아무도 돌보는 사람이 없다. 가뭄을 못 견뎌내면 말라 죽는다. 그러나 정원에 심겨진 나무는 가물어서 말라 죽는 법이 없다. 주인이 돌보아 주기 때문이다. 우리의 주인이 하나님이시라면, 우리가 인생의 흉년이나 가뭄을 만나더라도 하나님께서 우리를 돌보아 주셔서 잘 이기게 해주실 것이다.

하나님이 우리를 찾아오시는 날, 인생의 흉년이 끝나게 된다

베들레헴 사람들은 그 힘든 기근 가운데서도 베들레헴을 떠나지 않고 기도하면서 잘 참고 견뎠다. 그랬을 때 어떤 일이 생겼는가?

> 여호와께서 자기 백성을 돌보시사 그들에게 양식을 주셨다(룻 1:6).

마침내 기근이 끝나게 되었다. 닫혔던 하늘 문이 활짝 열리게 된 것이다. 하나님이 축복의 비를 내려 주신 것이다. 사실 "여호와께서 자기 백성을 돌보시사 그들에게 양식을 주셨다"라는 번역은 너무 밋밋하다. 히브리어 원문에는 이렇게 되어 있다.

"하나님께서 자기 백성에게 양식을 주시기 위해 방문하셨다

(pagad)."

하나님께서 그들을 찾아오셨을 때 기근이 끝났다. 흉년이 끝났다.

이스라엘 백성들이 이집트에서 노예 생활을 하며 고통을 당하고 있을 때에 부르짖어 기도했다. 하나님께서 그 소리를 들으시고 그들을 찾아가셨다(창 50:24, 출 3:1 6, 4:31, 13:19). 그들을 방문하셨다. 심방가셨던 것이다. 하나님께서 기근으로 고통당하는 베들레헴 사람들을 찾아가셨던 것처럼, 이집트로 그들을 찾아가셨던 것이다. 그랬을 때 어떤 일이 일어났는가? 출애굽의 대역사가 일어나게 되었다.

창세기 21장 1절에 보면 이렇게 되어 있다.

여호와께서 말씀하신 대로 사라를 돌보셨고 여호와께서 말씀하신 대로 사라에게 행하셨으므로.

사라를 돌보셨다고 했는데, 역시 원문에는 "사라를 방문하셨다"로 되어 있다. 아이를 낳지 못하던 사라였다. 아이 낳기를 얼마나 소원했는가? 그런데 그 소원이 이루어지게 되었다. 언제? 하나님께서 그를 찾아가신 바로 그날 사라는 아이를 잉태했고 그래서 낳은 아들이 이삭이었다.

사무엘상 2장 21절에 이렇게 말씀하고 있다.

여호와께서 한나를 돌보시사 그로 하여금 임신하여 세 아들과 두 딸을 낳게 하셨고.

여기도 "한나를 돌보시사"라고 했는데, 하나님께서 한나를 방문하셨다, 심방하셨다, 찾아가셨다, 만나 주셨다는 뜻이다. 그때 무슨 일이 일어났는가? 3남2녀를 더 주셨다. 기억할 것이다. 한나는 아이를 낳지 못하던 석모였다는 사실을.

"자기 땅에 오매 자기 백성이 영접하지 아니하였으나"(요 1:11)라는 말씀처럼, 하나님께서 우리에게 심방 오셨다. 그런데 우리가 문도 열어주지 않았다. 어떤 목사님이 안 좋은 일이 있어서 교인 집에 심방을 갔는데, 문도 안 열어 주었다. 심지어는 모르는 사람이라고 경찰을 부르기도 했다. 얼마나 황당한 일인가? 예수님도 이 땅에 오셔서 똑같은 일을 당하셨다.

예수님이 우리를 방문하러 이 땅에 오셨을 때, 얼마나 놀라운 역사가 일어났는가? 인류의 역사가 바뀌었다. 예수님이 우리를 찾아오심으로 우리가 하나님의 자녀가 되고, 죄 사함을 받고, 구원을 얻고, 천국 시민권자가 되어 영생복락을 누리게 되었다. 만일 예수님이 우리에게 심방 오시지 않았더라면 우리는 여전히 죄 가운데서 살 수밖에 없고, 사탄의 종노릇을 할 수밖에 없고, 영원히 꺼지지 않는 불 못에 던져질 수밖에 없었을 것이다.

하나님께서 우리를 찾아오실 때 기적이 일어난다. 놀라운 역사가 일어난다. 좋은 일이 일어난다. 닫혔던 하늘 문이 열리게 된다. 큰 빗소리가 들려오게 된다. 은혜의 소나기, 축복의 폭우가 내리게 된다. 그리고 기근과 흉년도 끝나게 된다.

인생의 흉년을 만나더라도 낙심하지 말고 믿음 가운데 굳게 서서 소망 가운데 기도하며 기다리라. 그러면 마침내 하나님께서 우리를 찾아오셔서 우리 인생의 가뭄과 흉년과 기근을 끝나게 해주실 것이다.

하늘 문을 여는 열쇠 : 회개

사막이 원래부터 사막이었을까? 아니다. 미국 땅덩어리만큼 큰 사하라 사막은 대부분이 바다이거나 아니면 평원이었다고 한다. 옛날에는 사람들이 살았다. 한때는 번창했던 도시들도 많았다. 사막 곳곳에 문명을 꽃피웠던 흔적들이 많이 남아 있다. 그러나 이제는 아무도 살지 않는다. 사람뿐만 아니라 짐승도 식물도 사라졌다. 이유는 단 하나, 비가 내리지 않아 사막으로 변했기 때문이다.

사막은 위로부터 비가 오지 않아 사막이 된 것이지, 하층의 지층 구조와는 아무런 관계가 없다고 한다. 사하라 사막에 충분한 비가 내린다면 캔사스에 끝없이 펼쳐진 평원처럼 세계 최대의 곡창 지대가 될 것이다. 반대로 캔사스 평원에도 충분한 비가 내리지 않으면 사막으로 변하고 말 것이다.

사막에는 비가 전혀 오지 않을까? 아니다. 이 지구상에 비가 전혀 내리지 않는 곳은 없다고 한다. 사막에도 비가 오긴 오는데 매우 부족할 뿐이다. 15년, 또는 20년에 한 번씩 비가 내리는 곳도 있다. 이런 곳의 식물들은 얼마나 비참하게 사는지 모른다. 하늘에서 비를 내려 주지 않으니까 다 비틀어지고, 가시가 솟아나고, 앙상하고, 말라버려서, 제대로 된 나무가 없다. 꽃을 피우거나 열매 맺는 식물이 거의 없다. 푸른 나무나 풀이나 꽃이 없다. 다 죽지 못해, 아니 죽지 않기 위해 생존을 위해 투쟁하는 모습이다.

몇 년 동안 견디다가 비가 내리면 단 며칠 사이에 싹을 피우고 열매를 맺고 열매를 퍼뜨리고 죽는 식물도 있다. 물이 금방 말라버리기 때문에 물이 사라지기 전에 모든 과정을 순식간에 해치우는 것이다.

천천히 뿌리를 내리고, 싹을 내고, 꽃을 피우고, 열매를 맺을 시간이 없다. 봄, 여름, 가을, 그런 것이 없는 것이다. 순식간에 다 해버려야 한다.

사막에 자라는 식물들은 왜 가시가 그렇게 많은가? 잎이 넓으면 증발이 많아진다. 그래서 수분 증발을 막기 위해 잎을 좁히고 좁히고 좁히다보니까 두꺼워지고 딱딱해져서, 마침내 가시가 된 것이다. 생존하기 위해 어쩔 수 없이 가시가 될 수밖에 없는 것이다.

사막에도 달팽이가 산다고 한다. 이 달팽이는 몇 년씩 비를 기다리며 산다. 비 한 번 오기를 몇 년씩 기다리며 살아가는 것이 사막의 짐승들이다. 얼마나 비참한가? 이런 곳이 바로 사막이다.

하나님께서 하늘 문을 열어주시지 않으면 우리 인생도 사막과 같이 되고 만다. 인생의 흉년이 들고 만다. 인생의 가뭄이 찾아오게 된다. 인생의 기근이 찾아오게 된다. 삶이 어렵게 된다. 고단하게 된다. 메마르게 된다. 삭막하게 된다. 고통스럽게 된다. 기도 응답도 없다. 우리 심령도 강퍅하게 된다. 교회 부흥도 없다. 성령께서도 역사하시지 않는다. 야곱처럼 천사가 오르락내리락하는 것도 볼 수 없다. 스데반처럼 하늘의 영광스러운 모습을 체험할 수도 없다. 하늘 문이 닫히면 하나님께서 주시는 그 어떤 것도 받을 수 없다. 그 때 어떻게 하면 다시 하늘 문을 열 수 있을까? 하늘 문을 여는 열쇠는 무엇일까? 세 개의 열쇠가 있다. 첫번째 열쇠는 회개라고 하는 열쇠이다.

> 밭이 황무하고 토지가 마르니 곡식이 떨어지며 새 포도주가 말랐고 기름이 다하였도다 농부들아 너희는 부끄러워할지어다 포도원을 가꾸는 자들아 곡할지어다 이는 밀과 보리 때문이라 밭의 소산이 다 없어졌음이로다 포도나무가 시들었고 무화과나무가 말랐으며 석류나

무와 대추나무와 사과나무와 밭의 모든 나무가 다 시들었으니 이러므로 사람의 즐거움이 말랐도다(욜 1:10-12).
먹을 것이 우리 눈 앞에 끊어지지 아니하였느냐 기쁨과 즐거움이 우리 하나님의 성전에서 끊어지지 아니하였느냐 씨가 흙덩이 아래에서 썩어졌고 창고가 비었고 곳간이 무너졌으니 이는 곡식이 시들었음이로다 가축이 울부짖고 소 떼가 소란하니 이는 꼴이 없음이라 양 떼도 피곤하도다(욜 1:16-18).

가뭄이 찾아왔다. 기근이 들었다. 그래서 어떻게 하라고 했는가? 인생의 흉년을 끝내는 방법이 무엇이라고 하셨는가?

여호와의 말씀에 너희는 이제라도 금식하고 울며 애통하고 마음을 다하여 내게로 돌아오라 하셨나니 너희는 옷을 찢지 말고 마음을 찢고 너희 하나님 여호와께로 돌아올지어다 그는 은혜로우시며 자비로우시며 노하기를 더디하시며 인애가 크시사 뜻을 돌이켜 재앙을 내리지 아니하시나니 주께서 혹시 마음과 뜻을 돌이키시고 그 뒤에 복을 내리사 너희 하나님 여호와께 소제와 전제를 드리게 하지 아니하실는지 누가 알겠느냐 너희는 시온에서 나팔을 불어 거룩한 금식일을 정하고 성회를 소집하라(욜 2:12-15).

인생의 흉년을 끝내려면 마음의 옷을 찢고 회개해야 한다. 금식하면서 회개해야 한다. 성회를 열고 회개를 해야 한다. 하나님에게로 돌아와야 한다. 유턴(U-Turn)을 해야 한다.
2006년 12월, 제임스 김이라는 사람이 미국을 울렸다. 샌프란시스코에 살고 있던 그는 가족과 함께 추수감사절 휴가를 맞이하여 시

애틀에 있는 친척집을 방문하고 5번 고속도로를 타고 내려오고 있었다. 그의 가족은 남은 휴가를 즐기기 위해 태평양 연안에 있는 한 해변으로 향하고 있었다. 5번 고속도로를 타고 내려오다 42번 도로를 타면 쉽게 목적지에 도착하게 되어 있었다.

그런데 잘못해서 42번 인터체인지를 8-9킬로미터 지나쳤다. 잠시 돌아갈까 말까 망설이다 그냥 계속 내려가기로 했다. 지도를 보니 1시간 정도 더 내려가면 지름길이 있었기 때문이다. 드디어 지름길로 들어섰다. 험한 산길이었다. 그런데 갑자기 눈이 내리기 시작하면서 그들은 고립되었다. 온도는 영하로 떨어졌다. 자동차 연료도 다 떨어져 히터도 틀 수 없었다. 타이어 고무로 불을 피웠다. 먹을 것도 다 떨어졌다. 산에서 야생 열매를 먹으면서 연명을 했다. 아이에게 젖을 먹여가면서…. 그렇게 8일을 지내야 했다. 하루 하루가 삶과 죽음의 갈림길이었다.

언제 죽을지 모르는 상황 속에서 제임스 김은 마지막 결단을 내렸다. 구조를 요청하기 위해 아내와 두 딸을 두고 길을 나섰다. 그것이 마지막이었다. 이틀 후 그는 시신으로 발견되었다. 일주일 이상 먹지도 못하고 아무 장비도 갖추지 않은 사람이, 그 추운 겨울에 가벼운 옷 하나 걸치고 손전등 하나 들고 가족을 살리기 위해 필사적으로 노력하다가 눈 위에 쓰러져 죽고 말았던 것이다. 다행히 가족은 무사히 구조되었다.

왜 이런 비극이 일어났는가? 만일 그들이 타려고 했던 도로를 지나온 것을 알았을 때 바로 다시 유턴해서 돌아가 그 길을 탔더라면 그런 비극이 일어나지 않았을 것이다. 제 길로 가지 않고 다른 길로 가다가 그런 변을 당한 것이다. 제임스 김이 죽어가면서 가장 후회했던 것이 있다면 무엇이겠는가? "그때 유턴만 했더라면 내가 이렇게 죽지는 않았을 텐데…."

탕자는 아버지 집을 떠나 아주 먼 나라로 가서 허랑방탕하게 살다가 결국 인생의 흉년을 만나게 되었다. 그때서야 비로소 정신을 차리고 아버지 집으로 돌아온다(turn). 아버지 집으로 돌아오는 것, 방향을 바꾸어 유턴해서 돌아오는 것, 이것이 바로 회개다.

요나가 니느웨 백성들에게 가서 회개하라고 외쳤다. 그러자 그들이 어떻게 했는가? "그들이 행한 것 곧 그 악한 길에서 돌이켜(turn)" 떠났다(욘 3:10). 악한 길에서 떠나는 것, 방향을 돌이키는 것, 궤도를 수정하는 것, 삶의 방식을 바꾸는 것, 이것이 바로 회개다.

하나님에게서 멀리 떠나면 하늘 문이 닫힌다. 인생의 흉년을 만나게 된다. 인생의 흉년이 끝나게 하려면, 하늘 문이 열리도록 하려면, 잘못된 길로 갈 때 속히 그 길에서 돌아서야 한다. 회개를 해야 한다.

> 악인은 그의 길을, 불의한 자는 그의 생각을 버리고 여호와께로 돌아오라 그리하면 그가 긍휼히 여기시리라 우리 하나님께로 돌아오라 그가 너그럽게 용서하시리라(사 55:7).

악한 사람이 그 길을 버리고 하나님께로 돌아오는 것이 회개다. 불의한 자가 그 생각을 버리고 하나님께로 돌아오는 것이 회개이다.

회개는 입으로 하는 것이 아니다. 뉘우치는 것이 아니다. 회개는 '삶의 방향을 바꾸는 것'이다. 궤도를 수정하는 것이다. 삶이 변화되어야 한다. 옛사람을 벗어버려야 한다. 그런 것이 바로 진정한 회개이다.

> 그때에 여호와께서 자기의 땅을 극진히 사랑하시어 그의 백성을 불쌍히 여기실 것이라 여호와께서 그들에게 응답하여 이르시기를 내가 너희에게 곡식과 새 포도주와 기름을 주리니 너희가 이로 말미암아 흡족하리라(욜 2:18-19).

여기 '그때에'가 중요하다. '그때'가 어떤 때인가? 회개했을 때. 눈물로 통곡하며 마음의 옷을 찢으며 회개하고 하나님 앞에 돌아왔을 '그때에' 어떤 일이 일어나는가?

> 그가 너희를 위하여 비를 내리시되 이른 비를 너희에게 적당하게 주시리니 이른 비와 늦은 비가 예전과 같을 것이라 마당에는 밀이 가득하고 독에는 새 포도주와 기름이 넘치리로다(욜 2:23-24).

회개할 때 닫혔던 하늘 문이 활짝 열리고 축복의 장맛비를 내려주셔서 인생의 흉년이 끝나게 된다

유대인들은 비가 와도 우산을 쓰거나 비를 피할 생각을 하지 않는다. 태연스럽게 비를 맞는다. 일기 예보에서 비가 온다고 해도 아이들은 학교에 갈 때 우산을 가지고 가지 않는다. 비가 와도 비를 맞으면서 학교에 간다.

왜 그러는가? 그들은 비를 하나님의 가장 큰 축복이라고 생각하기 때문이다. 유대인들에게는 '비가 내린다'는 말이나 '축복이 내린다'는 말이 같다. '축복을 주시옵소서'라는 말은 '비를 내려 주시옵소서'라는 뜻이다. 유대인들에게는 비는 곧 축복을 의미한다. 그래서 성경에 보면, '축복을 주신다'는 직설법적인 표현 대신에 '비를 내려 주신다'는 상징적인 표현이 많이 나온다.

> 내가 그들에게 복을 내리며 내 산 사면 모든 곳도 복되게 하여 때를 따라 비를 내리되 복된 장맛비를 내리리라(겔 34:26).

비를 내려 주시되 "복된 장맛비"를 내려 주시겠다고 했다. 소나기가 아니라 장맛비이다. 언젠가 부흥회 포스터에 이 구절을 적어 넣은 적이 있다. 그리고 교인들에게 이 성경 구절을 이렇게 풀어 주었다. "하나님은 소나기와 같이 잠깐 은혜를 퍼부어 주시고 마는 분이 아니라 장맛비처럼 계속해서 은혜를 쏟아부어 주시는 분이다. 그러므로 부흥회를 통해 잠깐 소나기 같은 은혜를 받는 것으로 만족하지 말고 부흥회가 끝나더라도 계속해서 장맛비처럼 쏟아 부어 주시는 하나님의 은혜를 받자."

그러나 이 구절에서 말하는 장맛비는 소나기와 비교되는 비가 아니라는 사실을 깨달은 것은 훨씬 후의 일이다. 복된 장맛비가 영어 성경에는 shower of blessing(축복의 소나기)으로 되어 있는데, 히브리어 원문에도 그렇게 되어 있다. 그래서 개정 개역판 성경에서는 '복된 소낙비'라고 수정했다.

이스라엘은 장마가 없다. 그래서 장맛비를 모른다. 그렇기 때문에 하나님의 축복을 장맛비가 아니라 소나기에 비유한 것이다.

부흥회 때 단골 메뉴로 등장하는 찬송가가 있다.

빈 들에 마른 풀같이 시들은 나의 영혼

주님의 약속한 성령 간절히 기다리네
가물어 메마른 땅에 단비를 내리시듯
성령의 단비를 부어 새 생명 주옵소서.

원래 영어 가사는 1절부터 4절까지 모두 이렇게 시작하고 있다.
"There shall be showers of blessing."
후렴은 이렇다.
"Showers of blessing, showers of blessing we need. Mercy drops round us are falling, but for the showers we plead."

이 찬송의 주제는 축복의 소나기(showers of blessing)를 내려 달라는 것이다. 그런데 우리 찬송가에서는 주제가 "성령을 내려 주시옵소서"로 바뀌었다. 물론 넓게 보면 하나님께서 내려 주시는 축복의 비 가운데는 성령의 단비도 포함되겠지만, 원래는 축복의 비를 내려 달라는 찬송이었다.

'비=복' 이라는 등식은 신명기 28장에도 잘 나타난다.

여호와께서 너를 위하여 하늘의 아름다운 보고를 여시사 네 땅에 때를 따라 비를 내리시고 네 손으로 하는 모든 일에 복을 주시리니(12절).

반대로 순종하지 않고 거역하면 하늘 문을 놋문처럼 굳게 닫고 비를 내려 주시지 않는다. 그런 사람을 성경에서는 광야에 심겨진 가시나무에 비유하고 있다(렘 17:6). 하나님의 축복을 받지 못하고 살아가는 사람들은 하늘로부터 내리는 비를 받지 못해서 다 말라 비틀어져 죽어가는 광야의 앙상한 가시나무처럼, 불행한 삶을 살게 된다.

그러나 의인은, 하나님의 축복을 받고 살아가는 사람들은, 시편 1

편의 말씀처럼 시냇가에 심겨진 나무처럼 사시사철 푸르고 시절을 좇아 열매를 맺는다.

    탕자처럼, 엘리야 시대의 이스라엘 백성들처럼, 회개하지 않아서 우리에게 하늘 문이 닫히고 인생의 흉년을 만났다면, 회개해야 한다. 그래야 그동안 녹슨문처럼 닫혔던 하늘 문이 삐그덕거리면서 열리게 될 것이다. 그리고 축복의 소나기와 은혜의 단비를 부어 주실 것이다.

회개할 때 하늘 문을 여시고 성령을 폭포수처럼 부어 주셔서 영적인 가뭄이 끝나게 된다

    그 후에 내가 내 영을 만민에게 부어 주리니 너희 자녀들이 장래 일을 말할 것이며 너희 늙은이는 꿈을 꾸며 너희 젊은이는 이상을 볼 것이며 그때에 내가 또 내 영을 남종과 여종에게 부어 줄 것이며(욜 2:28-29).

    하나님께서는 유대인뿐만 아니라 이방인에게도 성령을 부어주시겠다고 하셨다. 가이사랴에 베드로가 부흥회를 하러 갔을 때 그곳에 모였던 사람들은 이방인들이었다. 그런데 그들에게 성령이 임하셨다. 그것을 보고 함께 갔던 유대인들이 충격을 받았다. 이방인에게도 성령이 임하리라고는 꿈에도 생각을 하지 못했던 것이다. 성령은 누구에게나 주어진다. 성령은 특별한 사람만이 받을 수 있는 것이 아니다.

    성령을 언제 주신다고 했는가? '그 후에' 주신다고 했다. 성령을 만민에게 주기는 주시는데, 무조건 주시는 것이 아니라 조건이 있다. '그 후에' 주신다. '그 후'가 무엇인가? 앞에서 본 대로 하나님 앞에 돌아와서 통회하고 자복하며 눈물로 회개하면 그때 가서야 성령을 주시겠다는 말씀이다(욜 2:12-13).

베드로도 다음과 같이 설교하고 있다.

> 너희가 회개하여 각각 예수 그리스도의 이름으로 세례를 받고 죄 사함을 받으라 그리하면 성령의 선물을 받으리니(행 2:38).

회개는 하늘 문을 여는 열쇠이다. 회개할 때 삐걱 하고 하늘 문이 열리는 소리가 들릴 것이다. 회개할 때 주홍같이 붉은 죄가 흰 눈같이, 양털같이 희게 될 것이다. 그럴 때 비로소 성령이 주어진다. 왜냐하면 성령은 죄로 붉게 물든 심령 가운데는 임할 수 없기 때문이다.

죄인도 구원받을 수 있다. 죄가 없어야 구원받는 것은 아니다. 그러나 성령은 그렇지 않다. 죄의 문제를 해결하지 못하면 성령을 받을 수가 없다. 성령 충만을 받지 못하는 것은 기도하지 않아서가 아니다. 간절히 사모하는 마음이 부족해서도 아니다. 성령 충만을 받는 데에 있어 가장 큰 장애물은 바로 죄이다. 하나님 앞에서 해결해야 할 죄의 문제가 있다면 먼저 그 문제를 해결해야 한다. 죄가 우리를 주장하고 있는 한 성령 충만한 삶을 살 수 없다.

예수님에게 하늘 문아 열리면서 성령이 비둘기같이 임하셨다. 성령이 임하려면 우리에게 하늘 문이 활짝 열려야 한다. 우리에게 하늘 문이 열리도록 하려면 먼저 회개해야 한다. 회개의 열쇠로 하늘 문을 열어야 한다. 회개할 때 하나님께서 하늘 문을 활짝 열어 주시고, 빈 들에 마른 풀같이 시든 우리의 영혼에 성령의 단비를 흠뻑 내려 주실 것이다. 그리고 성령이 비둘기처럼 우리에게 임하실 것이다.

회개할 때 하늘 문이 열리고 우리의 기도가 상달되어 기도 응답의 복을 받게 된다

> 그때에 여호와께서 자기의 땅을 극진히 사랑하시어 그의 백성을 불쌍히 여기실 것이라 여호와께서 그들에게 응답하여 이르시기를 내가 너희에게 곡식과 새 포도주와 기름을 주리니 너희가 이로 말미암아 흡족하리라(욜 2:18-19).

여기에서도 '그때에' 응답해 주신다고 했는데, 그때는 우리가 회개할 때, 눈물로 통곡하며 가슴을 치며 마음을 찢으며 회개할 때를 말한다(욜 2:12-13).

기도하고 있는 고넬료에게 천사가 나타나서 이렇게 말했다.

> 네 기도와 구제가 하나님 앞에 상달되어 기억하신 바가 되었으니(행 10:4).

열심히 기도를 해도 하나님 앞에 상달되지 않는다면 무슨 소용이 있겠는가? 그런데 고넬료는 땅에 떨어지는 기도가 아니라 하나님의 귀에까지 '올라가는' 기도를 드렸다. 기도가 응답되었다고 하는 것은 우리의 기도가 하나님의 귀에까지 들렸다는 것이다. 하늘 문이 닫혀 있으면 우리가 아무리 열심히 기도드려도 상달되지 못한다. 땅에 떨어지는 기도가 되고 만다.

유대 전승에 이런 이야기가 있다. 모세가 죽게 되어 천사가 데리러 왔다. 그때 모세가 간절하게 기도하기 시작했다.

"하나님, 이대로 죽기는 억울합니다. 저 요단 강만 건너면 되는데 왜 저를 데려가시려고 하십니까? 저 가나안 땅을 단 한 번만이라도 밟아 보게 해주십시오. 저곳에 들어가기 위해 얼마나 고생했는지는 하나님께서 더 잘 아시지 않습니까?"

모세가 기도하기 시작하자 하늘에서는 천사들이 비상이 걸렸다. 모세의 기도가 하나님에게까지 들리지 않도록 하기 위해 천국에 있는 모든 문이란 문은 다 굳게 잠가버렸다. 그래도 그의 기도가 얼마나 강력하고 능력이 있었던지, 그 문을 뚫고 하나님의 귀에까지 들렸다. 하나님도 난처하게 되었다. 그래서 모세와 거래를 하셨다.

"내가 네 장례식에 직접 갈 테니, 가나안 땅에 들어갈 생각하지 말고 천국으로 오너라."

모세가 그 거래를 받아들였다. 그리고 기도를 멈추고 죽었다고 한다.

하나님께서 어떤 사람에게는 하늘 문을 닫아 놓고 어떤 기도를 해도 듣지 않으실 때가 있다.

주께서 구름으로 자신을 가리사 기도가 상달되지 못하게 하시고(애 3:44).
오직 너희 죄악이 너희와 너희 하나님 사이를 갈라 놓았고 너희 죄가 그의 얼굴을 가리어서 너희에게서 듣지 않으시게 함이니라(사 59:2).

교회 창립 기념 주일에 전교인이 밖으로 나가서 기도 제목을 담아서 풍선에 매달아 하늘로 날려 보낸 적이 있다. 하늘로 날려 보낸 풍선들은 우리의 기도 제목과 함께 높이 높이 올라갔다. 그러나 교회 안에서 풍선을 놓으면 어떻게 되겠는가? 위로 올라가다가 천장에 부딪쳐 떨어지고 말 것이다. 하나님과 우리 사이에 뭔가가 가로막고 있으면 우리가 아무리 열심히 기도를 드려도 하나님 앞에 상달되지 못한다. 하나님과 우리 사이에 막힌 죄의 담을 먼저 헐어야 우리의 기도가 방해를 받지 않고 하나님 앞에까지 올라갈 수 있다. 우리의 죄가 빽빽한 구름같이 하나님과 우리 사이를 가로막고 있으면, 우리 쪽에서 아무리 소리 높여 기도를 드려도 하나님 쪽에서 들리지를 않는다.

하나님께서 우리에게 은혜의 햇빛을 비춰 주셔도 빽빽한 죄의 구름이 가로막고 있으면 우리는 그 빛을 받을 수가 없다. 하나님께서 치료의 광선을 비추어 주셔도 빽빽한 죄의 구름이 가로막고 있으면 우리는 치료의 광선을 쐴 수 없다. 치료를 받을 수가 없다.

시편 기자는 이렇게 고백하고 있다.

> 내가 나의 마음에 죄악을 품었더라면 주께서 듣지 아니하시리라(시 66:18).

우리의 마음이 순수하고 정결하지 않으면 기도가 효력이 없다. 우리가 바르지 못한 마음을 품고 기도를 드리면 하나님께서 응답해 주시지 않는다. 하나님은 통회하고 자복하는 심령을 받으신다. 그런 마음으로 기도를 드려야 하나님께서 들으시고 응답해 주신다. 진정으로 죄를 회개하고 죄에서 돌아선 사람이 드리는 기도만이 하늘 높이 올라가 하늘 보좌에 다다를 수 있다.

회개해야 한다. 통곡하며 회개해야 한다. 마음의 옷을 찢고 회개해야 한다. 금식하면서 회개해야 한다. 그때 하늘 문이 열리고 축복의 소나기를 부어 주시고, 성령의 단비를 내려 주시고, 기도를 응답해 주실 것이다.

 ## 하늘 문을 여는 열쇠 : 순종

불순종하면 하늘 문이 닫힌다

네 머리 위의 하늘은 놋이 되고 네 아래의 땅은 철이 될 것이며 여호와께서 비 대신에 티끌과 모래를 네 땅에 내리시니 그것들이 하늘에서 네 위에 내려 마침내 너를 멸하리라(신 28:23-24).
네가 만일 네 하나님 여호와의 말씀을 순종하지 아니하여 내가 오늘날 네게 명령하는 그의 모든 명령과 규례를 지켜 행하지 아니하면 이 모든 저주가 네게 임하며 네게 이를 것이니(신 28:15).

순종하지 않으면 하늘 문이 닫힌다. 하늘 문이 닫히면 아버지 집을 떠난 탕자처럼 인생의 흉년을 만나게 된다. 베들레헴을 떠났던 나오미의 가정처럼 인생의 기근을 만나게 된다. 엘리야 시대의 이스라엘 백성들처럼 인생의 가뭄을 만나게 된다.

하늘 문이 닫히면 모든 인생의 문들도 닫힌다. 하늘 문이 닫히면 만사불통하게 된다.

강이 변하여 광야가 되게 하시며 샘이 변하여 마른 땅이 되게 하시며 그 주민의 악으로 말미암아 옥토가 변하여 염전이 되게 하시며(시 107:33-34).

그러나 회개하고 순종하고 바르게 살면 하나님께서 복을 내려 주신다.

> 광야가 변하여 못이 되게 하시며 마른 땅이 변하여 샘물이 되게 하시고… 밭에 파종하며 포도원을 재배하여 풍성한 소출을 거두게 하시며 또 복을 주사 그들이 크게 번성하게 하시고(시 107:35-38).

순종하며 사는 사람에게 하나님께서는 하늘의 보화의 창고를 활짝 열어 주신다.

어떤 사람이 산을 가지고 있었다. 산을 개간해서 농사를 짓고 살았는데, 돌을 골라내고 골라내고 해도 계속 돌이었다. 겨우 씨를 뿌리고 농사를 짓고 살았다. 아버지도, 아들도, 손자도, 계속 그렇게 산을 개간해서 가난하게 살았다. 그런데 나중에 알고 보니까 그 산은 엄청나게 많은 금이 매장되어 있는 금광이었다. 땅속에 금덩어리가 들어 있는 것도 모르고 계속 땅만 파서 먹고 살았던 것이다. 그들은 사실상 엄청난 부자인데도 가난하게 살았던 것이다. 그 산을 소유하고 있었지만 그것을 누리지는 못했던 것이다.

하늘나라 창고에는 온갖 보화들이 가득 차 있다. 순종의 열쇠만 있으면 얼마든지 그 창고를 열 수 있다. 그런데 우리는 금광을 소유하고도 가난했던 사람들처럼 하늘나라 창고를 소유하고도 누리지는 못하고 사는 경우가 많다. 구원받는 것과 복받는 것은 다르다. 구원받은 사람이라고 다 복을 받는 것은 아니다. 그러나 구원받은 사람은 복도 함께 받아야 한다.

믿음만 있으면 누구나 다 구원받을 수 있다. 그러나 복은 다르다. 천국 문을 열려면 믿음의 열쇠가 필요하지만, 하늘 문(하늘의 보고)를 열려면 믿음의 열쇠 외에 또 다른 열쇠가 필요하다.

> 여호와께서 너를 위하여 하늘의 아름다운 보고를 여시사 네 땅에 때

를 따라 비를 내리시고 네 손으로 하는 모든 일에 복을 주시리니 네가 많은 민족에게 꾸어줄지라도 너는 꾸지 아니할 것이요(신 28:12).

언제 이런 복이 임하는가?

네가 네 하나님 여호와의 말씀을 청종하면 이 모든 복이 네게 임하며 네게 이르리니(신 28:2).

순종이 하늘 문을 여는 열쇠이다. 천국 문을 여는 열쇠는 갖고 있는데, 하늘 문을 여는 열쇠는 없는 사람이 있다. 구원은 받았는데 복을 누리지 못하고 사는 것이다.

하나님께 순종하면 흉년에도 백 배의 축복을 받을 수 있다

이삭이 흉년이 들었는데도 백 배의 복을 받은 이유가 무엇이었는가? "흉년이 들었다고 해서 이집트로 내려가지 말라. 가나안 땅에 머물러 있으라. 어렵고 힘들어도 잘 참고 견디어라"고 하신 하나님 말씀에 순종했기 때문이다. 하나님께 순종하면 흉년에도 백 배의 결실을 거두게 될 것이다.

말씀에 순종하며 사는 사람은 시냇가에 심겨진 나무와 같은 인생을 살게 된다

광야에도 물이 흐르는 시내가 있다. 와디라고 하는데, 비가 오면 잠깐 물이 흐르다 비가 그치면 말라버리는 건천이다. 1년 내내 말라 있을 때가 대부분이다. 아니 5년, 10년 동안 물 한방울 흐르지 않는 와디들도 많다. 광야를 지나다 보면 저 멀리 나무들이 줄을 지어 서 있는 것을 볼 수 있다. 와디가 흐르는 곳을 따라 나무가 자라는 것이다.

시편 1편에 복 있는 사람은 시냇가에 심은 나무와 같다고 하지 않았는가? 광야에 가보면 이 말씀이 실감이 난다. 사막에서는 나무들이 100퍼센트 다 시냇가에서 자란다. 물이 없으므로 다른 데서는 자랄 수가 없다. 이 나무들은 봄에 잠깐 푸르다가 여름이 되면 바싹 말라버린다. 앙상한 가지만 남는다. 꽃을 피우는 법이 없다. 열매를 맺는 법이 없다. 그저 죽지 않기 위해 몸부림치는 것이다.

> 그는 사막의 떨기나무 같아서 좋은 일이 오는 것을 보지 못하고 광야 간조한 곳, 건건한 땅, 사람이 살지 않는 땅에 살리라(렘 17:6).

시편 1편에 나오는 시냇가는 비가 오면 물이 흐르고 비가 오지 않으면 물이 흐르지 않는 그런 와디가 아니라, 비가 오지 않아도 물이 흐르도록 해놓은 관개수로이다. 그러니까 가물어도 끄떡없고 사시사철 푸르를 수 있는 것이다.

산에 심겨진 나무는 가물면 말라죽지만, 시편 1편에서 말하는 그런 시내에 심겨진 나무는 결코 말라죽는 법이 없다. 아무리 가물어도 주인이신 하나님께서 물을 주시기 때문이다.

> 그는 물 가에 심어진 나무가 그 뿌리를 강변에 뻗치고 더위가 올지라도 두려워하지 아니하며 그 잎이 청청하며 가무는 해에도 걱정이

없고 결실이 그치지 아니함 같으리라(렘 17:8).

말씀을 주야로 묵상하며 말씀에 믿음의 뿌리를 내리고 말씀에 순종하며 사는 사람은 시편 1편의 시냇가에 심겨진 나무처럼 인생의 흉년을 만나도 끄떡하지 않는다. 가물어도 말라죽지 않고 그 잎사귀가 청청하며, 철을 따라 열매를 맺는다.

하늘 문을 여는 열쇠 : 기도

유대인들은 하나님만이 여실 수 있는 문이 세 가지가 있다고 한다. 첫째는 여인의 태의 문이다. 하나님이 태의 문을 열어주셔야 아이를 낳을 수 있다는 것이다. 성경에는 아이를 낳지 못하는 여인들이 많이 나온다. 사라의 태를 열어 주셔서 이삭을 낳게 하셨다. 마노아의 아내의 태를 열어 주셔서 삼손을 낳게 하셨다. 엘리사벳의 태를 열어주셔서 세례자 요한을 낳게 하셨다. 한나의 기도를 들으시고 그녀의 태의 문을 열어주셔서 사무엘을 낳게 하셨다.

둘째는 무덤 문이다. 하나님만이 무덤 문을 열고 죽은 자를 다시 살려 주실 수 있다고 하는 것이다. 수넴 여인의 아들이 죽었을 때 엘리사가 그를 위해 기도하자 다시 살아났다. 예수님도 나인 성 과부의 아들과 나사로를 명령 기도를 통해 살리셨다. 베드로도 죽은 사람을 기도로 다시 살렸다.

마지막으로 하늘 문이다. 하나님만이 하늘 문을 열고 비를 내려 주실 수 있다고 하는 것이다. 하나님은 이스라엘 백성들이 바알 숭배에 빠지자 3년 6개월 동안 하늘 문을 닫고 비를 내려 주지 않으셨다. 그러다가 엘리야가 갈멜 산 꼭대기에 올라가서 간절하게 기도했을 때 3년 6개월 동안 닫혔던 하늘 문을 여시고 비를 내려 주셨다.

이렇게 성경에는 하나님만이 여실 수 있는 문을 기도를 통해 연 사람들이 많이 있다. 이것이 바로 기도의 능력이다.

어떤 사람에게 한밤중에 예고도 없이 친구가 찾아왔다. 그런데 줄 것이 없어서 이웃집 친구를 찾아갔다. 그러나 이미 문이 닫혔다. 불도 꺼졌다. 잠자리에 누운 것이다. 문을 두드렸더니 "자려고 누웠으니까 귀찮게 하지 말고 돌아가라"고 했다. 그래서 그냥 돌아왔는가? 아니다. 문을 열어 줄 때까지 두드렸다. 그랬더니 할 수 없이 일어나서 먹을 것을 빌려 주었다고 하지 않는가?

> 구하라 그리하면 너희에게 주실 것이요 찾으라 그리하면 찾아낼 것이요 문을 두드리라 그리하면 너희에게 열릴 것이니(마 7:7).

기도는 문을 두드리는 것이다. 닫힌 문이 열리도록 두드리는 것이 기도다. 기도는 언제 하는가? 문이 닫혀 있을 때 한다. 기도는 어떻게 해야 하는가? 문이 열릴 때까지 해야 한다. 그런데 우리는 어떻게 기도하는가? 동네 개구쟁이들이 장난하느라고 아무 집에나 가서 딩동딩동 초인종을 누른다. 주인이 나와서 보면 아무도 없다. 아이들이 다 도망가고 없는 것이다. 우리도 마찬가지다. 문을 두드리다가 열어주기도 전에 가버리고 만다. 그리고는 문이 열리지 않는다고 원망하고 낙심하고 불평하는 것이 우리의 모습이 아닌가?

문을 계속 두드렸을 때 이웃이 일어나서 먹을 것을 주었다. 그가 구하는 것을 얻을 수 있었다. 이렇게 문이 열려야 구하는 것을 얻을 수 있다. 하늘 문이 열리면 형통이고 닫히면 불통이다. 하늘 문이 닫히면 아무것도 얻을 수 없다. 하늘 문이 닫히면 기도 응답도 없고 축복도 없다. 그러나 하늘 문이 열리면 인생의 모든 문들도 다 자동적으로 열리게 된다.

기도라고 하는 마스터 키로 열지 못할 문은 하나도 없다. 앞에 문이 닫혀 있을 때 기도하라. 기도로 두드려라. 하나님께서 열어 주실 것이다.

베드로가 옥에 갇혔을 때 교회는 그를 위해 간절히 기도했다. 그랬을 때 하나님께서 천사를 급파하셔서 굳게 닫힌 철장을 여시고 쇠사슬과 차꼬를 풀어 주시고는 베드로를 감옥 밖으로 이끌어 내셨다.

바울과 실라가 매를 맞고 빌립보 감옥에 갇히게 되었다. 한밤중쯤 되어 자다가 일어나 기도와 찬송을 했다. 그때 누가 그것을 들었는가? 성경에 보니까 "하나님이 들으셨더라"고 되어 있지 않고 "죄수들이 듣더라"고 되어 있다(행 16:25). 물론 하나님도 들으셨지만, 그 자리에 있던 죄수들도 그들의 찬송 소리와 기도 소리를 들었던 것이다. 그들은 한밤중에 부르는 찬송 소리를 듣고 마음의 감동을 받았을 것이다. 은혜를 받았을 것이다. 바울과 실라가 부른 찬송은 그 감옥에 아마도 처음 울려퍼졌던 노래였을 것이다.

하나님께서는 그들의 찬송과 기도를 들으시고 어떻게 하셨는가? 옥터가 흔들리면서 옥문이 열리고 바울과 실라뿐만 아니라 그 안에 있던 모든 죄수들의 쇠사슬이 풀렸다. 이것이 기도의 능력이다.

무엇이 당신의 인생을 얽어매고 있는가? 어떤 쇠사슬에 매여 살아가고 있는가? 어떤 감옥에 갇혀 살아가고 있는가? 어떻게 하면 그 쇠사슬에서 벗어날 수 있는가? 어떻게 하면 그 족쇄를 풀어버릴 수 있는가? 어떻게 하면 철장을 활짝 열어젖치고 나올 수 있는가? 어떻게 하면 사탄의 쇠사슬로부터 벗어날 수 있는가?

　기도가 방법이다. 기도가 열쇠이다. 기도라고 하는 열쇠만 있으면 어떤 쇠사슬도 풀 수 있다. 기도라고 하는 열쇠만 있으면 어떤 철장도 열 수 있다. 기도는 우리 인생의 마스터 키와 같아서 이 키만 있으면 모든 닫힌 문들을 열 수 있다.

골방에 들어가 세상 문을 닫고 기도할 때 하늘 문이 열린다

'고아의 아버지'라고 불리는 조지 뮬러는 5만 번 이상 기도 응답을 받았다고 한다. 그는 사업가도 아니고 부자도 아니었지만 수많은 고아들을 키워냈다. 어떤 사람이 그에게 그 비결이 무엇인가 물었다. 뮬러가 그 사람을 데리고 지하 골방으로 데려가더니 방석을 보여주었다. 그 방석은 여기저기 구멍이 나 있었다. 그 구멍을 보여주면서 이렇게 말했다고 한다.

　"여기에서 돈이 쏟아진답니다."

　골방에 들어가 기도드릴 때 하나님께서 하늘 문을 여시고 창고에 필요한 것들을 가득가득 채워 주셨던 것이다.

　예수님은 골방에 들어가 '문을 닫고' 기도하라고 하셨다. 기도하러 골방에 들어갈 때는 세상의 문을 닫아야 한다. 하늘 문을 열기 위해서는 세상으로 향한 문을 닫고 기도의 골방으로 들어가야 한다.

　지금 당신에게 세상으로 나가는 문은 활짝 열려 있는데, 하늘 문은 굳게 닫혀 있지는 않은가? 세상 문은 문턱이 닳도록 드나들면서, 하늘 문은 몇 번이나 열어 보았는가? 골방에 들어가 세상 문을 닫고 기도하라. 골방을 열고 들어가는 순간 하늘 문도 삐끄덕 하고 열릴 것이다. 골방을 열고 들어가 문을 닫는 순간 지금까지 닫혔던 문들이 열릴 것이다.

우리는 기도할 때 눈을 감는다. 육의 눈을 감을 때 영의 눈이 열린다. 기도할 때 영의 눈이 열리니까 영의 세계를 바라볼 수 있고, 기도할 때 영의 귀가 열리니까 성령이 들려 주시는 하나님의 음성이 들리는 것이다.

영적인 침체는 개인적인 기도의 골방에서부터 시작된다. 영적인 침체에 빠지게 되면 골방에 들어가 기도하는 시간이 점점 줄어들고, 골방에 들어가는 횟수가 점점 줄어들고, 골방에 들어가 앉아 있는 시간이 점점 줄어든다. 골방에 들어가 기도하는 기쁨이 점점 사라진다.

왜 골방을 멀리하게 되는가? 바빠서? 바쁜 것이 아니라 영적으로 게으른 것이다. 피곤해서? 기도는 체력으로 하는 것이 아니라 영력으로 하는 것이다. 기도하는 사람은 육신은 약할지 몰라도 그의 영혼은 사탄의 세력이 무너뜨릴 수 없을 정도로 강력한 요새와 같다. 다시 기도의 골방에 들어가라. 골방을 가까이하라. 골방에 들어가는 것을 거르지 말라.

골방의 문을 열고 들어가는 순간에 하늘에서는 하늘 문이 열리게 될 것이다. 하늘 문이 열리면서 성령의 단비가 내릴 것이다. 하늘 문이 열리면서 성령이 비둘기같이 임하실 것이다.

기도의 골방에 들어가 기도할 때 하늘 문이 열리면서 천사가 오르락내리락하는 모습을 보게 될 것이다. 기도의 골방에 들어가 기도할 때 하늘 문이 열리면서 우리의 기도가 하나님 앞에 상달될 것이다. 기도의 골방에 들어가 기도할 때 하늘 문이 열리면서 스데반이 그랬던 것처럼 하늘의 영광과 신비를 체험하게 될 것이다.

기도의 골방에 들어가 기도할 때 하늘 문이 열리면서 하늘의 음성이 들려오게 될 것이다. 기도의 골방에 들어가 기도할 때 하늘 문이 열리면서 하나님께서 보내 주시는 치료의 광선이 우리에게 비쳐 치유의 역사가 일어날 것이다. 기도의 골방에 들어가 기도할 때 축복의 소나기를 내려 주셔서 인생의 가뭄과 흉년과 기근이 끝날 것이다. 기도의 골방에 들어가 기도할 때 닫혔던 태의 문이 열리고 새 생명을 선물로 주실 것이다. 기도의 골방에 들어가 기도할 때 지금까지 닫혀 있던 모든 인생의 문들이 활짝활짝 열리게 될 것이다.

기도는 천국 문을 여는 열쇠이다. 우리가 누군가를 위해 중보기도를 드릴 때 그 사람에게 지옥의 문이 닫히고 천국의 문이 열리게 된다. 기도는 천국 문을 여는 열쇠요, 지옥 문을 잠그는 자물쇠이다. 기도는 사탄에게 갇힌 자를 풀어주는 열쇠요, 사탄을 철장에 가두는 자물쇠이다.

보이지 않는 곳에서 기도하는 사람은 보이는 곳에서 승리자가 될 것이다. 하나님 앞에 무릎 꿇는 사람은 사람들 앞에서 당당히 서게 될 것이다. 하나님 앞에 울면서 기도하는 사람은 사람들 앞에서 웃게 될 것이다. 하나님 앞에 항복하는 사람은 세상 사람들 앞에서 승리하게 될 것이다.

눈물로 기도의 씨를 뿌리는 사람은 정녕 기쁨으로 그 단을 거둘 것이다. 골방에서 남몰래 눈물로 기도하는 사람은 남들 앞에서 풍성한 수확을 거두게 될 것이다. 영적 전쟁의 승패는 세상이라고 하는 전쟁터에서 결판나는 것이 아니라 기도의 골방에서 판가름난다. 골방에서 나오는 사람은 영적 전쟁에서 승리하게 될 것이다.

"약속을 믿고" 기도할 때 하늘 문이 열린다

엘리야는 기도를 드리기 전에 이미 비가 올 줄 알았다. 비가 올 것이라고 믿었다. 비가 오기도 전에 큰 빗소리가 들린다고 아합 왕에게 말했다. 비가 오기도 전에 아합 왕에게 큰 비가 내릴 테니 어서 채비를 갖추고 왕궁으로 돌아가라고 했다(왕상 18:41, 44).

엘리야는 기도하면서도 시종에게 계속 비구름이 몰려오는지 확인하라고 했다. 기도하는 가운데 비구름이 몰려올 것이라고 하는 확신이 있었던 것이다. '이렇게 간절하게 기도하면 언젠가는 비가 오겠지' 하는 막연한 기대를 갖고 기도를 드린 것이 아니라 바로 그 자리에서 비가 올 것이라는 확신을 갖고 기도했던 것이다.

어떻게 비가 올 줄 알았을까? 하나님께서 "내가 비를 지면에 내리리라!"고 이미 약속하셨기 때문이다(왕하 18:1). 엘리야는 자신이 기도하면 하나님께서 응답해 주실 것이라고 하는 믿음이 있어서 기도한 것이 아니라, 하나님께서 약속하신 것을 반드시 이루어 주실 것이라는 믿음을 갖고 기도했던 것이다.

엘리야가 일곱 번이나 간절히 기도를 했는데, 어떤 기도를 했을까? "하나님, 지금 비가 필요합니다. 비를 내려 주십시오"라고 기도했을까? "하나님, 약속하신 대로 비를 내려 주시옵소서!"라고 기도했을 것이다. 엘리야의 기도는 하나님의 약속을 붙들고 드리는 기도였다.

여리고 성을 무너뜨린 이스라엘 백성들처럼 우리도 여리고와 같은 성들을 계속 돌면서 '이 성이 무너질 줄 믿습니다' 라고 기도하면 그 성들이 와르르 무너질까? 아니다. 그냥 몇 바퀴 돈다고 해서 무너질 성은 세상에 하나도 없다. 바닷가의 모래성도 무너지지 않을 것이다.

그러면 이스라엘 백성들은 어떻게 여리고 성을 무너뜨렸는가? 하나님께서 "돌기만 하라. 그러면 무너지게 될 것이다"라고 약속을 하셨다(수 6:1-6). 바로 그 약속을 믿고 돌았기 때문에 여리고 성이 무너진 것이다. 그 약속이 없었다면 7일이 아니라 7년을 돌았어도 여리고 성은 무너지기는커녕 금도 가지 않았을 것이다.

베드로가 물위를 걸었다. 그래서 어떤 믿음 좋은 청년이 유람선을 타고 가다 "나도 물위를 걸을 수 있게 해주시옵소서. 그렇게 해주실 줄로 믿습니다. 확신합니다" 하고 한강 속으로 뛰어들었다. 어떻게 되었을까? 죽다 살았다. 그래서 예수님께 물었다.

"예수님, 베드로는 물위를 걸었는데, 저는 왜 물위를 걷지 못했습니까? 믿음이 약해서입니까?"

예수님께서 대답하셨다.

"내가 너보고 언제 물위를 걸으라고 했느냐?"

베드로가 물위를 걷기 전, 먼저 예수님께 허락을 받았다는 사실을 기억해야 한다. 베드로도 예수님께서 허락하시지 않았다면 물위를 한 걸음도 걷지 못했을 것이다.

믿음만 있으면 만사형통일까? 믿음으로 기도하면 다 응답될까? 믿음으로 손만 얹으면 모든 병이 다 나을까? 모세보다 더 큰 믿음이 있다고 할지라도 하나님께서 "홍해를 갈라 줄테니 지팡이를 들어라" 하는 말씀이 있기 전까지는 절대로 홍해를 가를 수 없다. 여리고 성을 돌라고 하는 하나님의 명령이 있기 전에는 아무리 믿음으로 여리고 성을 백 바퀴를 돌아도 여리고성은 꼼짝도 하지 않을 것이다. 베드로보다 더 큰 믿음이 있다고 할지라도 "물위를 걸어오라"고 하는 예수님의 말씀이 있기 전까지는 절대로 한 발자국도 물위를 걸을 수 없다.

기도에 있어서 우리에게 필요한 것은 하나님의 약속에 대한 믿음이다. 바로 그 믿음을 보시고 홍해를 갈라지게 하시고, 여리고 성을 무너뜨려 주시고, 물위를 걷게 해주시고, 3년 6개월 동안 닫혔던 하늘 문을 열어 주신 것이다. 하나님의 약속을 붙들고 기도하는 것이 믿음의 기도이다. 하나님께서 약속하신 것을 이루어 주실 줄 믿고 기도하는 것이 믿음의 기도다.

약속을 믿고 "기도할 때에" 하늘 문이 열린다

우리는 이렇게 생각하기 쉽다.

'하나님이 비를 내려 주시겠다고 했으니 기도하지 않아도 비가 올 텐데, 왜 엘리야는 그렇게 간절하게 열심히 비가 올 때까지 기도했는가? 그럴 필요가 있는가?'

하나님께서 약속하신 것이 언제 이루어졌는가? 엘리야가 기도드리기 전까지는 비가 오지 않았다. 엘리야가 기도할 때에 하나님께서 약속하신 것을 이루어주셨다.

당신을 향한 하나님의 약속이 이루어지기를 원하는가? 기도하라! 기도할 때 하나님의 약속이 이루어진다. 성경에 나와 있는 하나님의 약속이 당신의 것이 되기를 원하는가? 기도하라! 기도하기 전까지는 내 것이 아니다. 기도할 때 내 것이 된다.

하늘 문을 열어주실 때까지 기도하라!

엘리야는 비가 올 징조가 보일 때까지 기도했다. 일곱 번이나 기도했다. 같은 기도를.

한 번 해서 안 되면 두 번, 두 번 해서 안 되면 세 번, 네 번… 일곱 번… 계속 기도하라.

엘리야와 비슷한 사람이 있다. 호니(Honi)라는 사람인데, 예수님과 비슷한 시기에 활동한 사람으로서 하나님의 능력으로 놀라운 이적과 기적을 많이 행한 유명한 사람이다. 한번은 이스라엘에 큰 가뭄이 들었다. 사람들은 호니를 찾아가서 비가 오도록 기도해 줄 것을 요청했다. 그들은 그의 기도가 능력이 있어서 하나님께서 그 기도를 들으시고 비를 내려 주실 것인가 호기심을 가지고 지켜보았다.

호니는 그들이 지켜보는 앞에서 둥그런 원을 하나 그렸다. 그리고 하나님께 이렇게 말했다.

"하나님, 하나님 앞에 맹세하는데, 만일 저의 기도를 들어 주시지 않으면 저는 절대로 이 원 밖으로 나가지 않겠습니다."

그런데 신기하게도 얼마 지나지 않아서 비가 내리기 시작했다. 사람들은 흥분했다. "아! 과연 하나님의 사람이구나!"

기도를 응답해 주시지 않았으면 몇 날 며칠을 꼼짝도 못하고 원 안에 갇혀서 비가 오지 않는 하늘만 야속하게 바라보고 있어야 할 판인데, 하나님께서 기도를 응답해 주셨으니, 얼마나 감사한 일인가? 그런데 호니는 하나님께 감사드린 것이 아니라 오히려 하나님께 불평했다.

"하나님, 제가 기도한 것은 이런 비가 아닙니다."

그러자 좀더 많은 비가 내리기 시작했다. 그런데 이번에도 호니는 "하나님, 이런 비 가지고는 안 된다니까요?" 하는 것이 아닌가? 그러자 소나기가 세차게 퍼부어 대서 모든 가뭄을 해갈할 수 있었다고 한다.

호니처럼 "하나님, 이 기도 들어주지 않으시면 절대로 이 원 밖을 나가지 않겠습니다. 내 기도를 들어 주실 때까지 기도하겠습니다. 절대로 물러서지 않겠습니다"라고 기도하는 사람이 많지 않다. 하나님께 강청하는 사람이 많지 않다. 적당히 기도하다가 그만둔다. 우리는 얼마나 흐지부지하게 기도를 하는가? 얼마나 쉽게 포기하는가? 기도를 하되 건성으로 하지 말고, 기도 응답을 해주시지 않으면 뭔가 결판낼 사람처럼 그렇게 기도해야 한다.

그래야 놋문처럼 굳게 닫혔던 하늘 문이 삐끄덕 소리를 내면서 축복의 비가 퍼부어질 것이다. 그럴 때 우리 인생의 긴 가뭄도 끝나게 될 것이다.

Storm

10. 폭풍이 몰아칠 때
바람막이가 되어주시는 하나님

예수께서는 곧 제자들을 재촉하여, 배를 태워, 자기보다 먼저 건너편 벳새다로 가게 하시고, 그 동안에 무리를 헤쳐 보내셨다. 그들과 헤어지신 뒤에, 예수께서는 기도하시려고 산에 올라가셨다. 날이 저물었을 때에, 제자들이 탄 배는 바다 한가운데 있었고, 예수께서는 홀로 뭍에 계셨다. 그런데 예수께서는, 그들이 노를 젓느라고 몹시 애쓰는 것을 보셨다. 바람이 거슬러서 불어왔기 때문이다. 이른 새벽에 예수께서 바다 위를 걸어서 그들에게로 가시다가, 그들을 지나쳐 가려고 하셨다. 제자들은 예수께서 바다 위로 걸어오시는 것을 보고, 유령으로 생각하고 소리쳤다. 그를 보고, 모두 놀랐기 때문이다. 그러나 예수께서 곧 그들에게 말씀하셨다. "안심해라. 나다. 두려워하지 말아라." 그리고 예수께서 그들이 탄 배에 오르시니, 바람이 그쳤다. 그래서 제자들은 몹시 놀랐다. 그들은 빵의 기적을 깨닫지 못하고 마음이 무디어 있었다.

마가복음 6장 45-52절

인생의 폭풍이 몰아칠 때

인생을 살다 보면 모든 일들이 막힘이 없이 원하는 대로, 생각한대로 잘 풀려나갈 때가 있다. 마치 순풍에 돛 단 듯이 말이다. 그런가 하면 역풍이 불어와서 하는 일마다 안 될 때도 있다.

제자들도 갈릴리 호수를 건너가다 한가운데서 큰 풍랑을 만나 배가 거의 깨어지게 된 적이 있었다. 그래서 그들은 밤을 새워가며 바람과 싸워야 했다.

우리가 탄 교회라고 하는 배, 가정이라고 하는 배, 인생이라고 하는 배가 광풍과 풍랑을 만나 흔들릴 때 어떻게 해야 하는가?

인생의 역풍이 불어오더라도 방향을 바꾸면 안 된다

예수님은 제자들에게 바다 건너편으로 건너가라 하시고는 혼자 남아 산에 올라가 밤을 새워 기도하고 계셨다. 그런데 제자들이 바다 건너편으로 가다 풍랑을 만났다. 그들은 갈릴리 호수 서편에서 동쪽으로 건너가는 중이었다. 그런데 갑자기 광풍이 동쪽에서 불어오기 시작한 것이다. 앞으로 나가려고 있는 힘을 다해서 노를 저어도 소용이 없었다. 밤새도록 배는 제자리를 맴돌았다.

그들이 가던 방향을 바꾸어, 즉 목적지를 바꾸어 그냥 되돌아왔더라면 그날 밤에 그렇게 고생하지 않아도 되었을 것이다. 그런데 제자들은 되돌아가지 않았다. 예수님 말씀에 순종하기 위해 뱃머리를 돌리지 않았던 것이다. 예수님께서 가라고 하신 곳으로 가기 위해 밤새도록 죽을 힘을 다해 노를 저었던 것이다.

사실은 그들이 그렇게 죽을 고생을 한 것은 광풍 때문이 아니라, 예수님의 말씀에 순종하다 보니까 그렇게 된 것이다. 그들은 예수님의 말씀에 순종하기 위해 그 고생을 했던 것이다.

장마철에 비가 많이 내리면 나무도 떠내려가고, 집도 떠내려가고, 소도 떠내려간다. 사람도 떠내려간다. 그러나 유일하게 떠내려가지 않는 것이 있다. 물고기다. 물고기는 아무리 물살이 세도 떠내려가지 않는다. 급류를 타고 거슬러 올라간다. 힘센 물고기만 그런 것이 아니다. 작은 송사리들도 그 엄청난 물살을 헤치고 거슬러 올라간다. 그래야 살 수 있기 때문이다.

연어가 죽을 때가 되면 수천 킬로미터도 더 떨어진 고향 시냇가를 찾아 떠난다. 바다에 살던 연어가 강과 개울을 따라 올라간다. 그렇게 상류까지 올라가 태어난 데서 알을 낳고 죽는다.

그런데 올라가다 보면 급류도 만나고, 계곡도 만나고, 폭포도 만난다. 그러면 그곳을 오르기 위해 열 번이고 백 번이고 시도한다. 올라갈 때까지 계속 뛰어보는 것이다. 그렇게 해서 천신만고 끝에 성공을 한다.

고기가 물을 거슬러 올라가야 살지, 물에 떠밀려 내려가면 죽듯이 우리도 세상 조류에 떠밀려 내려가면 영적으로 다 죽게 되고 만다.

> 너희가 세상에 속하였으면 세상이 자기의 것을 사랑할 것이나 너희는 세상에 속한 자가 아니요 도리어 내가 너희를 세상에서 택하였기 때문에 세상이 너희를 미워하느니라(요 15:19).

우리는 세상 사람들과 가치관이 다르다. 인생관이 다르다. 삶의 방식이 다르다. 행동 방식이 다르다. 삶의 종착지가 다르다. 그런데 어떻게 그들과 똑같은 삶을 살아갈 수 있겠는가? 우리는 세상 물결을 거슬러 오르며 살아가야 한다.

세상 가운데서 하나님의 말씀을 따라 산다고 하는 것은 바람을 뚫고 나가는 것과 마찬가지다. 그 바람을 뚫고 나가기가 어렵다고 포기하고 뱃머리의 방향을 바꿔서는 안 된다. 그 역풍을 헤치고 나가면, 그만큼 우리의 신앙도 업그레이드 될 것이다.

인생의 역풍이 불어오더라도 열심히 노를 저어야 한다

제자들이 큰 풍랑을 만나서 다 죽게 되었다. 그런데 언제 예수님이 그들에게 오셨는가? 예수님은 광풍이 불어닥친 것을 보고 그들에게 달려오신 것이 아니었다. 예수님은 그들이 다 죽게 된 것을 보고 달려오신 것이 아니었다. 성경을 잘 읽어 보면 예수님은 제자들이 힘겹게 노 젓는 모습을 보고 그들에게 오셔서 바람과 바다를 잔잔하게 하셨다고 되어 있다(막 6:48).

열심히 노를 저었다. 한 시간 두 시간 세 시간…. 그래도 풍랑은 잔잔해질 줄을 몰랐다. 네 시간 다섯 시간…. 이제 이 정도면 지쳐 떨어질 정도이다. 포기할 만도 하지 않는가? 그러나 그들은 포기하지 않았다. 힘들고 괴로웠지만 열심히 노를 저었다. 여섯 시간 일곱 시간… 여덟 시간…. 그들은 완전히 녹초가 되었다. 더 이상 노를 저을 힘이 없었다.

그런데 그때 비로소 예수님이 나타나셨다. 예수님은 그들이 최선을 다해서 노를 젓는 모습을 보시고 그들에게 오셔서 바람과 바다를 잔잔하게 해주셨던 것이다.

풍랑이 거셀수록 열심히 노를 저어야 한다. 노를 젓지 않으면 배는 떠내려가고 만다. 뒤집히고 만다. 파도에 부딪쳐 깨지고 만다. 가라앉고 만다. 인생의 바다를 항해하다 풍랑을 만날 때 열심히 노를 저어야 한다. 그래야만 당신이 탄 배가 깨지지 않을 것이다. 노를 젓지 않으면 결코 소망의 항구에 안착할 수 없다.

지금 열심히 노를 젓고 있지만 역풍을 만나 앞으로 나가지 못하고 있는가? 사실 제자들도 30분이면 갈 수 있는 거리를 여덟 시간 동안 앞으로 나가지 못하고 제자리에서 빙빙 돌고 있었다. 인생을 살다 보면 그런 경험을 할 때가 있다. 일곱 시간 여덟 시간 노를 저어도 30분 노를 저은 것만큼밖에 앞으로 나가지 못할 때가 있다.

그럴 때 우리는 낙심하기 쉽다. 포기하기 쉽다. 그러나 그래서는 안 된다. 그럴수록 더 열심히 노를 저어야 한다. 끝까지 우리가 포기하지 않고 최선을 다해서 노를 저을 때, 예수님은 그런 우리의 모습을 보시고 우리에게 다가오실 것이다.

지금 힘겹게 노를 젓고 있는가? 예수님이 속히 달려오시기를 원하는가? 그렇다면 계속 노를 젓기 바란다. 열심히 노를 젓다 보면 어느 순간 예수님이 다가오셔서 그 바람을 잔잔하게 해주시고 순풍이 불게 해주실 것이다.

인생의 역풍이 불어와 배가 흔들리더라도 믿음만큼은 흔들리지 말아야 한다

바울은 디모데에게 보낸 편지에서 풍랑을 이기지 못하고 믿음의 배가 깨어지게 된 사람들에 대해 언급하고 있다.

"그 믿음에 관하여는 파선하였느니라 그 가운데 후메내오와 알렉산더가 있으니…"(딤전 1:19-20).

예수님이 시몬에게 베드로라는 이름을 지어 주셨다. 베드로라고 하는 말은 '반석'(바위)이라는 뜻이다. 예수님이 베드로에게 그런 이름을 주셨을 때는 "바위처럼 듬직한 인물이 되어라. 바위처럼 강한 믿음을 가져라. 바위처럼 흔들리지 않는 사람이 되어라. 바위처럼 한결같은 사람이 되어라. 바위처럼 굳건한 사람이 되어라"고 하는 의미였을 것이다. 우리는 어떤가? 우리는 그런 반석 같은 믿음을 갖고 있는가?

설악산에 가면 산 중턱에 흔들바위가 있다. 흔들바위라는 이름이 붙어서인지 지나가는 사람마다 한 번씩 다 밀어 본다. 이렇게 밀면 흔들리기는 하지만, 아무리 힘을 다해 밀어도 구르지는 않는다. 흔들리다 제자리로 돌아온다.

지나가는 사람마다 한 번씩 흔들바위를 흔드는 것처럼, 주변에서 우리를 흔드는 사람들이 많이 있다. 신앙생활 열심히 하려고 마음먹으면 꼭 사탄이 역사한다. 믿음이 좀 자랄 만하면 우리를 흔들어 댄다.

사탄이 누구를 통해서 우리를 흔드는가? 가까운 사람들이다. 가장 가까운 사람인 아내나 남편을 통해서 우리를 흔들 때가 많다. 사탄은 하와를 통해서 남편 아담에게 선악과를 먹게 했다. 교회에서도 마찬가지다. 가까운 사람들에게서 시험을 받고 상처를 받는다.

우리가 언제 믿음이 흔들리는가? 아무것도 되는 일이 없는 것처럼 보일 때, 아무리 노를 저어도 앞으로 나아가지 않을 때, 내가 탄 배가 바람과 풍랑에 심하게 흔들릴 때 우리 믿음이 흔들리게 된다. 시편 기자는 "내 인생이 왜 이렇게 고통스러우냐 하고 생각할 때에도 나의 믿음은 흔들리지 않았습니다" 라고 고백하고 있다(시 116:10). 탄식과 원망이 나올 수밖에 없었을 때에도 결코 믿음이 흔들리지 않았던 것이다. 우리도 믿음의 뿌리를 깊이 내려 어떤 어려움을 만나더라도 절대로 믿음이 흔들리지 않도록 해야 할 것이다.

그러므로 내 사랑하는 형제들아 견실하며 흔들리지 말고 항상 주의 일에 더욱 힘쓰는 자들이 되라(고전 15:58).

금문교를 만든 사람은 2천년 된 레드우드 나무에서 지혜를 얻었다고 한다. 이 나무의 뿌리를 연구했는데 땅속에 있는 큰 바위를 칭칭 감고 있었다. 그래서 바람이 불어 나무가 흔들릴 때도 반석을 감고 있는 뿌리 때문에 나무가 흔들리지 않았다. 여기에 착안을 해서 금문교를 만들었다고 한다.

예루살렘 성전을 지을 때 기둥으로 백향목을 사용하였다. 이 나무는 어둡고 캄캄하고 추운 곳에서 뿌리가 깊어지고 더욱더 단단해지고 더욱더 잘 자란다고 한다. 온갖 풍상을 다 겪으면서 올곧게 자란 나무를 잘라다가 성전 기둥으로 사용한 것이다. 온실 속에서 잘 자란 나무가 아니라 온갖 비바람을 맞고 그것을 이겨낸 나무가 성전 기둥으로 귀하게 사용될 수 있는 것이다.

악기도 마찬가지다. 온갖 풍상을 다 겪은 나무로 만든 악기가 최고라고 한다. 그런 나무라야 견고하고, 소리도 좋다고 한다. 사람도 마찬가지 아니겠는가? 하나님도 이런 식으로 우리를 큰 사람으로 만드신다. 그리고 그런 사람들을 사용하신다. 우리의 인생에 바람이 불지 않고 잔잔하기만 하면 좋을 것 같은데, 그것이 아닌 것이다. 때로는 환난과 고난의 바람이 불어야 우리가 성숙해진다.

지금까지 가장 오래된 나무는 캘리포니아 화이트 산에 있는 5천 년 정도 된 나무로 알려졌었는데 얼마 전에 그것보다 거의 두 배나 오래된 나무가 발견되었다. 스웨덴에서 발견된 가문비나무인데, 나이가 무려 8000살에서 9500살 정도라고 한다.

그런데 이 나무의 특징은 뿌리와 나무의 나이가 다르다는 것이다. 뿌리는 9천 년 정도 되었지만 나무는 600년 정도밖에(?) 안 되었다고 한다. 어떻게 뿌리와 나무의 나이가 다를 수 있는가?

이 나무의 뿌리는 계속 살아 있었다. 그러나 이 뿌리에서 나온 나무둥치들은 자라다가 죽고, 그러면 새로운 둥치가 다시 나와 자라고… 그러다가 죽고… 그러면 새 둥치가 다시 나오고… 그렇게 9천 년 동안 살아온 것이다.

뿌리가 이렇게 중요하다. 뿌리가 나무를 살린다. 뿌리가 살아 있으면 둥치가 죽어도 그 나무는 죽지 않는다.

"불휘기픈 남간 바람에 아니 뮐새 곶됴코 여름하나니…" 뿌리가 깊은 나무는 바람이 아무리 불어도 흔들리지 않고 꽃도 아름답게 피고 열매도 많이 맺는다.

믿음도 마찬가지이다. 믿음의 뿌리가 깊은 만큼 그 사람은 홍수가 나고 바람이 불어도 끄떡하지 않는다. 그러나 믿음의 뿌리가 깊지 못하면 조그만 시험이나 환난이나 어려움이 닥쳐도 금방 뽑히고 만다. 우리 모두 예수 그리스도에게 깊이 뿌리를 내려야 할 것이다.

인생의 폭풍이 몰아칠 때 체험하는 하나님의 은혜

폭풍과 싸우면서 더욱 성숙하고 강하게 된다

역풍이 불어도 돛을 잘 조정하면 배가 앞으로 나아갈 수 있다. 이 때는 돛을 옆으로 비스듬히 달고 지그재그로 앞으로 나아간다. 그러면 속도는 떨어지지만 그래도 맞바람을 뚫고 앞으로 나아갈 수 있다.

문제는 바람을 어떻게 이용하느냐 하는 것이다. 불어오는 바람을 막을 수는 없지만, 우리는 그 바람을 이용할 수는 있다. 잘만 이용하면 우리가 탄 배는 더 빨리 앞으로 나아갈 수도 있다. 바람만 잘 이용하면 비행기도 뜨지 않는가?

요트 경기는 바람이 없으면 할 수가 없다. 요트는 바람을 이용하는 경기이기 때문이다. 요트 경기의 승패는 어떻게 바람을 잘 이용하느냐 하는 데 달려 있다. 우리 인생도 마찬가지이다. 인생을 살아가면서 만나는 문제들을 어떻게 대하느냐에 따라서 우리 인생이 결정된다.

달라스에 있는 한 빌딩 안에 40년 된 나무가 있다. 이 나무는 햇빛을 충분히 받고 수분도 충분히 공급 받으면서 40년이라고 하는 세월을 온실 속에서만 자랐다. 대부분의 나무는 밑동은 굵고 위로 올라갈수록 가늘어지는데, 이 나무는 위아래 굵기가 똑같다. 또 한 가지 특이한 점은 가지들을 다 줄로 매서 고정시켜 주었다고 하는 것이다. 가지가 힘이 없어서 축축 늘어지니까 줄로 매서 고정을 시켜준 것이다. 비바람이나 서리 한 번 맞지 않고 자랐는데, 왜 자기 가지도 스스로 지탱할 힘이 없게 된 것일까?

이유는 간단하다. 나무는 바람이 불면 불수록 뿌리를 깊이 내리고 가지가 튼튼해지게 된다. 그 바람을 견디려고 노력하다 보니까 강해지는 것이다. 그런데 이 나무는 바람을 맞지 않고 자랐기 때문에 가지들이 축축 늘어질 수밖에 없었던 것이다.

이런 이야기가 독일의 한 작은 시골 마을에 전해 내려오고 있다. 몇 년 동안 계속해서 흉년이 들었다. 그래서 동네 사람들이 하나님께 기도했다.

"하나님, 우리 동네에 몇 해 동안 계속해서 흉년이 들어 무척 힘듭니다. 1년 동안만 우리에게 농사짓는 모든 것을 다 맡겨 주십시오. 우리가 해 달라는 대로만 해 주시기 바랍니다."

하나님이 OK하셨다. 사람들이 비를 내려 달라고 하면 비를 내려주시고 햇빛을 비춰 달라고 하면 햇빛을 비춰주셨다. 그래서 농사를 아주 잘 지을 수가 있었다. 이제 추수 때가 되었다. 때 맞추어 적당히 비도 내리고 햇빛도 비치고 그랬으니 농사가 얼마나 잘 되었겠는가?

그런데 옥수수를 따서 보니까 이게 웬일, 농사가 너무너무 잘 되었으리라고 생각했는데, 속이 다 빈 것이었다. 기가 막혀서 하나님께 따졌다.

"하나님, 우리가 농사짓겠다고 하니까 하나님이 심술을 부리신 것이지요? 비가 필요할 때 비를 주고 햇빛이 필요할 때 햇빛을 비춰 주었는데, 어떻게 알이 하나도 여물지 않을 수 있습니까?"

그러자 하나님이 이렇게 대답하셨다.

"너희는 나에게 비와 햇빛을 구했지만, 거친 바람은 구한 적이 없었다. 농작물은 거친 바람이 불어주지 않으면 수분을 빨아들이지 못해 열매를 맺을 수 없단다."

바람이 불면 나무 줄기에 압력이 가해지고, 그 압력을 이기기 위해 안간힘을 쓰는 가운데 줄기가 튼튼해지는 것이라고 한다. 그래서 나무의 무게를 지탱할 수 있을 만큼 튼튼해지고 똑바르게 잘 자라는 것이다. 우리 생각에는 바람이 불면 오히려 줄기가 휘어질 것 같은데 그것이 아니다. 나무가 자라는 데는 햇빛과 비만 필요한 것이 아니라 바람도 필요하다. 비바람을 맞고 자라야 튼튼하고 똑바로 자라게 된다.

우리 인생도 마찬가지다. 때로는 환난과 고난의 바람이 불어야 성숙해진다.

바람과 바다를 잔잔케 하시는 하나님의 기적을 체험하게 된다

역풍을 만났음에도 불구하고 방향을 바꾸지 않고 열심히 노를 젓고 있었을 때 예수님께서 제자들에게 다가오셨다. 그리고 바람과 바다를 향해 잠잠하라고 꾸짖으시자 풍랑이 잠잠해졌다. 그때 제자들은 다시 한 번 놀랐다. '아니 이분이 누구시길래 바람과 바다도 순종하는가?'

제자들은 풍랑을 통해 그들이 미처 알지 못했던 새로운 모습의 예수님을 만나게 되었다. 그리고 이제껏 보지 못했던 놀라운 기적을 체험하게 된 것이다.

첫째, 기적은 문제가 생길 때 일어난다.

모든 기적은 문제가 생겼을 때 일어났다. 문제는 기적의 재료이다. 아무 문제도 없는데 예수님께서 기적을 행하신 적이 있는가? 예수님께서는 문제가 있을 때 그 문제를 해결하시기 위해 기적을 행하셨다. 바람과 바다 때문에 제자들이 탄 배가 깨어질 위기에 놓이게 되었을 때 예수님께서 기적을 행하셨다. 가나의 혼인 잔치의 기적은 포도주가 떨어졌을 때 일어났다. 오병이어의 기적은 먹을 것이 없을 때 일어났다. 하나님께서는 문제를 통해 기적을 행하신다.

문제가 있는가? 기적을 체험할 수 있는 기회이다. 문제를 문제로만 보지 말고 하나님의 놀라운 기적을 체험할 수 있는 기회로 받아들이라.

둘째, 기적은 절망적인 상황에서 일어난다.

누가 기적을 체험하는가? 절망적인 상황에 놓여 있는 사람이다. 제자들이 지금 바다에 빠져 죽게 되었다. 절망적인 상황에 놓이게 된 것이다. 그러나 그런 상황에 놓여 있었기 때문에 기적을 체험할 수 있었던 것이다. 당신에게 기적이 필요하지 않다면 당신은 지금 절망적인 상황에 놓여 있는 것이 아니다. 감사할 일이다.

그러나 정말 절망적인 상황에 있는 사람에게 필요한 것이 바로 기적이다. 위염에 걸린 사람에게는 기적이 필요한 것이 아니라 약이 필요하다. 그러나 위암에 걸린 사람에게는 약이 아니라 기적이 필요하다.

세상 사람들은 절망적인 상황에 놓이게 될 때 절망할 수밖에 없다. 달리 방법이 없기 때문이다. 그러나 우리에게는 방법이 있다. 우리는 예수님에게 기적을 기대할 수 있다. 기적을 기대하라! 절망적인 상황에 놓여 있더라도 좌절하지 말라. 얼마든지 예수님께서 기적을 행하실 수 있다는 사실을 잊지 말라. 어떤 상황에 처하더라도 좌절하지 말고 기적을 기대하라!

셋째, 기적은 예수님을 만날 때 일어난다.

기적은 언제 일어나는가? 기적은 예수님을 만날 때 일어난다. 예수님을 만난 사람들이 기적을 체험했다. 예수님을 만나지 않고는 그 누구도 기적을 체험할 수 없다. 언제 바람과 바다가 잔잔해지는 기적이 일어났는가? 예수님께서 바람과 바다와 싸우고 있는 제자들에게 다가오셨을 때였다.

성경에서 누가 기적을 체험했는가? 예수님을 만나러 온 사람들이다. 각색 병든 모든 사람들이 기적을 체험하기 위해 동서남북 사방에서 예수님을 찾아오지 않았는가? 그때 예수님은 그들을 한 사람도 그냥 돌려보내지 않고 일일이 다 고쳐 주셨다.

기적을 체험하기를 원하는가? 예수님 앞으로 나아 오라. 예수님을 만나라. 예수님의 손을 잡으라.

넷째, 기적은 순종할 때 일어난다.

문제가 있다고 해서 기적이 저절로 일어나는 것은 아니다. 또 예수님을 만난다고 다 기적이 일어나는 것도 아니다. 그렇다면 누구에게 기적이 일어나는가? 하나님 앞에 순종할 때 기적이 일어난다. 예수님은 기적을 행하시기 전에 무엇인가 요구하시는데, 거기에 온전히 순종할 때 기적이 일어났다.

예수님은 우리가 순종할 때 기적을 행하신다. 우리의 순종을 통해 기적이 일어나는 것이다. 순종하지 않는 사람에게는 절대로 기적 같은 것이 일어나지 않는다. 그런 사람에게 기적이 일어난다고 하면 그것이 바로 기적이다. 그런 기적은 일어나지 않는다.

제자들이 예수님 말씀에 순종하기 위해 밤새도록 노를 젓는 것을 보시고 예수님이 그들에게 오셔서 바람과 바다를 잠잠하게 하셨다. 가나의 혼인 잔치에서 예수님의 어머니가 하인들에게 "무엇이든 예수님이 말씀하는 대로 그대로 행하라"고 일렀다. 그래서 그렇게 했더니 기적이 일어나지 않았는가? 모든 기적들이 다 그런 식으로 일어났다. 기적은 순종할 때 일어난다.

다섯째, 기적은 우리가 최선을 다할 때 일어난다.

기적이 그렇게 쉽게 일어나는 것은 아니다. 아무에게나 쉽게 기적을 베푸시지 않는다. 기적은 우리가 최선을 다할 때 일어난다. 최선도 다하지 않고 기적을 기대해서는 안 된다.

제자들이 최선을 다해서 노를 젓는 모습을 보시고 예수님이 다가오셔서 바람과 바다를 잔잔하게 하셨다. 그들은 적어도 여덟 시간 이상 노를 저었다. 그런 다음 기적이 일어났다. 처음부터 기적이 일어난 것이 아니다. 열심히 노 젓는 모습을 보시고 기적을 행하셨던 것이다.

오병이어의 기적이 어떻게 일어났는가? 그들이 가진 것을 다 모아왔다. 한 소년이 자기 먹을 것을 먹지 않고 예수님께 바쳤다. 그랬더니 오병이어의 기적이 일어난 것이다.

교회 건축을 한다고 하자. 우리가 가지고 있는 것 다 바치고 할 수 있는 데까지 다 한 다음에 하나님께 기적을 기대해야지, 적당히 하고 "무에서 유를 창조하시는 하나님, 떡 다섯 개 물고기 두 마리를 가지고 5천 명을 먹이시고도 열두 광주리가 남게 하신 하나님, 우리에게도 오병이어의 기적이 일어나게 하소서"라고 기도한다면 기적이 일어날까, 안 일어날까? 당연히 일어나지 않는다.

오병이어의 기적을 기대한다면 먼저 우리가 최선을 다해서 예수님께 드려야 한다. 그래야 그것을 재료로 해서 기적을 행하신다. 물론 오병이어가 없었어도 예수님은 돌들을 가지고도 빵을 만드실 수 있지만 예수님은 그런 식으로 기적을 행하시지 않는다. 우리가 하나님 앞에서 최선을 다할 때 하나님도 우리를 위해 놀라운 기적을 행하신다.

지금 역풍이 불어오고 있는가? 풍랑이 일고 있는가? 밤새 노를 저어도 제자리만 맴돌고 있는가? 당신이 탄 배가 언제 깨어질지 모르는 위기 상황 가운데 있는가? 하나님께서 바람과 풍랑을 잔잔하게 하시는 기적을 체험할 수 있는 기회로 만들기를 바란다.

'태풍의 눈'이 되시는 예수님에게 피하라

바다 한가운데서 갑자기 태풍을 만나면 어떻게 하는가? 그럴 때는 태풍을 뚫고 한가운데로 들어간다고 한다. 태풍을 어떻게 해서든지 피해야지, 태풍 한가운데로 들어간다고 하는 것은 상식적으로 보면 말이 되지 않는다.

태풍을 레이더로 찍은 것을 보면 한가운데 구멍이 뻥 뚫려 있는 것을 볼 수 있다. 그곳이 바로 '태풍의 눈'이다. 태풍 한가운데 있는 태풍의 눈이 지나는 곳에는 바람 한 점 불지 않는다. 아주 고요하다. 조용하다. 파도가 전혀 없다. 바다가 유리알 같다. 하늘도 파랗고 밤에는 별도 보인다고 한다.

태풍이 무섭게 지나가다가 갑자기 해가 나면서 날씨가 화창해지고, 비가 멈추고, 바람도 잠잠해지는 것을 경험했을 것이다. 바로 태풍의 눈이 지나가고 있는 것이다.

예수님은 갈릴리 호수에 광풍이 불어 산더미만한 파도가 몰려오고 배가 깨어지기 직전까지 되었는데도, 마치 아무 일도 없는 것처럼 주무시고 계셨다. 마치 태풍의 눈에 있는 것처럼 말이다.

태풍이 불어온다고 놀라지 말라. 두려워하지 말라. 당황하지 말라. 태풍의 눈이 되시는 예수님께로 피하면 된다. 세상의 태풍이 우리를 삼키려고 불어와도 태풍의 눈 되시는 예수님의 품에 있으면 안전하다. 예수님은 우리의 가장 안전한 피난처가 되신다.

하나님은 우리의 피난처시요 힘이시니 환난 중에 만날 큰 도움이시라 그러므로 땅이 변하든지 산이 흔들려 바다 가운데 빠지든지 바닷

물이 솟아나고 뛰놀든지 그것이 넘침으로 산이 흔들릴지라도 우리는 두려워하지 아니하리로다(셀라)… 만군의 여호와께서 우리와 함께하시니 야곱의 하나님은 우리의 피난처시로다(시 46편).

우리 인생에 엄청난 지각 변동이 일어난다고 할지라도, 우리의 삶에 엄청난 태풍이 불어 닥친다고 할지라도, 태풍의 눈 되시는 예수님께로 피하면 안전할 것이다.

엄마 품에 안겨 있는 어린아이는 포탄이 떨어지는 전쟁터에서도 조금도 두려워하거나 무서워하지 않는다. 세상 모르고 평안하게 잔다. 엄마 품안에 있기 때문이다. 주님 품안에 있는 것도 바로 그런 것 아니겠는가?

제2차 세계 대전 때 영국의 어느 도시에 공습 경보가 발령되었다. 밤새도록 포탄이 떨어지고 대포 소리가 들리고 여기저기서 굉음이 들리고 불이 나고 있으니 잠을 잘 수가 있겠는가? 그런데 한 아이는 잠을 잘 자는 것이다. 그래서 물어 보았다.

"넌 무섭지 않니? 죽을지 살지 모르는데 어떻게 잠이 오니?"

그랬더니 이렇게 말했다.

"아버지, 하나님은 졸지도 않으시고 주무시지도 않고 깨어서 우리를 지키신다고 하셨잖아요? 그런데 왜 내가 깨어 있어야 해요? 둘 다 깨어 있을 필요는 없잖아요?"

불어오는 태풍은 우리가 어떻게 할 수 없다. 인생의 태풍은 우리가 막을 수 없으나 그 태풍의 영향력으로부터 벗어날 수는 있다. 태풍이 우리에게 아무런 영향도 미치지 못하게 할 수는 있다. 태풍으로부터 안전하게 피할 수는 있다. 태풍의 눈이 되시는 주님에게로 피하면 된다. 태풍의 눈은 무풍지대이기 때문에 태풍의 눈이신 예수님 안에 있으면 태풍이 그냥 지나가게 될 것이다.

　인생의 태풍을 피해 다니지 말고, 태풍의 눈 되시는 예수님에게로 피하라. 우리가 태풍의 눈이 되시는 예수님에게 피할 때 제아무리 무서운 인생의 태풍이라도 우리에게는 별 영향력을 미치지 못할 것이다. 인생의 태풍 한가운데서도 절대 고요와 절대 평안을 맛보게 될 것이다.

Rough Sea

11. **풍랑**이 이는 바다를 지나
 소망의 항구에 닻을 내리게 하시는
 ## 하나님

예수께서는 곧 제자들을 재촉하여, 배를 태워, 자기보다 먼저 건너편 벳새다로 가게 하시고, 그 동안에 무리를 헤쳐 보내셨다. 그들과 헤어지신 뒤에, 예수께서는 기도하시려고 산에 올라가셨다. 날이 저물었을 때에, 제자들이 탄 배는 바다 한가운데 있었고, 예수께서는 홀로 뭍에 계셨다. 그런데 예수께서는, 그들이 노를 젓느라고 몹시 애쓰는 것을 보셨다. 바람이 거슬러서 불어왔기 때문이다. 이른 새벽에 예수께서 바다 위를 걸어서 그들에게로 가시다가, 그들을 지나쳐 가려고 하셨다. 제자들은 예수께서 바다 위로 걸어오시는 것을 보고, 유령으로 생각하고 소리 쳤다. 그를 보고, 모두 놀랐기 때문이다. 그러나 예수께서 곧 그들에게 말씀하셨다. "안심해라. 나다. 두려워하지 말아라." 그리고 예수께서 그들이 탄 배에 오르시니, 바람이 그쳤다. 그래서 제자들은 몹시 놀랐다. 그들은 빵의 기적을 깨닫지 못하고 마음이 무디어 있었다.

마가복음 6장 45-52절

갈릴리 호수에서는 풍랑을 예측할 수 없다. 서쪽 지중해에서 불어오는 습하고 시원한 바람과 동쪽에서 불어오는 건조하고 뜨거운 바람, 그리고 북쪽 헐몬 산에서 계곡을 타고 불어오는 찬 바람이 만나 난기류를 형성하면서 갑자기 큰 풍랑이 일 때가 많다. 어느 날 밤 제자들이 큰 풍랑을 만나 죽을 고생을 했는데, 이날도 낮에만 해도 날씨가 좋았다. 거의 2만 명이나 되는 사람들이 야외에 나와서 오병이어의 기적을 체험하고 즐거운 하루를 보냈다. 김밥 대신에 보리빵과 생선을 배부르게 먹었다.

이제 '소풍'이 끝나고 사람들이 집으로 돌아가고 있었다. 예수님은 제자들을 호수 건너편으로 건너가게 하셨다. 그들이 출발할 때만 해도 아무 이상이 없었다. 그런데 출발한 지 얼마 되지 않아 이런 풍랑을 만나게 된 것이다.

우리가 살아가면서 만나는 풍랑도 예측할 수 없듯이, 제자들도 전혀 예상하지 못했던 풍랑을 만나게 되었다. 그들은 죽어라고 노를 저었지만 헛수고였다. 무려 여덟 시간 동안이나 사느냐 죽느냐 사투를 벌였다.

> 여호와께서 명령하신즉 광풍이 일어나 바다 물결을 일으키는도다 그들이 하늘로 솟구쳤다가 깊은 곳으로 내려가나니 그 위험 때문에 그들의 영혼이 녹는도다 그들이 이러저리 구르며 취한 자같이 비틀거리니 그들의 모든 지각이 혼돈 속에 빠지는도다(시 107:25-27).

제자들도 광풍을 만나 집채만한 파도에 둘러싸여서 하늘 높이 올라갔다가 뚝 떨어지고, 올라갔다가 뚝 떨어지고를 반복하며, 천당과 지옥을 수백 번 수천 번도 더 왔다갔다 하고 있다.

풍랑을 만나지 않으려면

700년 전 중국을 떠나 한국을 거쳐 일본으로 건너가던 한 무역선이 그만 목포 근처의 신안 앞바다에 침몰하고 말았다. 이 배가 발굴되어 목포에 유물들이 전시되어 있다. 700년 전의 것이니 얼마나 원시적이겠는가? 규모만 컸다 뿐이지 돛을 이용하여 망망대해를 항해하던 배였다. 거기에 무슨 항해 장치가 되어 있었겠는가? 이렇게 항해하다가 큰 바람을 만나게 되면 끝나는 것이다. 그 당시에는 무역선들이 다 이러한 돛단배들이었는데, 항해 도중 바다에 빠져죽을 확률이 50퍼센트가 넘었다고 한다. 큰 태풍을 만나면 살아남을 방도가 없었던 것이다.

지금도 바다에 고기 잡으러 나가는 사람이나 여객선들은 날씨에 가장 민감하다. 바다에 나가기 전에 반드시 일기 예보를 확인한다. 생명과 직결된 문제이기 때문이다. 바다에 나가 고기를 잡으면서도 계속 날씨를 확인해야 한다. 그러다가 언제든지 태풍 경보가 내리면 철수를 해야 한다. 바다 사람들에게 가장 무서운 것이 바로 이 바람이다.

다시스로 가는 배는 풍랑을 만나게 되어 있다

요나가 욥바에서 다시스로 가는 배를 타고 가다가 큰 풍랑을 만났다. 하나님을 피해서 이스라엘에서 가장 먼 곳, 당시에 땅 끝이라고 생각했던 스페인으로 도망을 가다가 풍랑을 만났던 것이다.

요나처럼 하나님에게서 도망가면 인생의 바다에 광풍이 불어닥치게 되어 있다. 하나님께서 원하시지 않는 곳으로 가면 인생의 거센 풍랑을 만나게 된다.

탕자도 요나처럼 하나님께서 원치 않으시는 '먼 나라'에 가서 살다가 인생의 큰 흉년을 만나고 인생의 돼지우리를 경험했다. 그런 다음에야 제정신이 들었고 아버지 집으로 돌아왔다. 요나도 고기 뱃속에 들어가 지옥을 경험한 다음에야 살려 달라고 부르짖지 않았는가?

우리는 요나 탕자처럼 다른 길로 가다가 매 맞고 돌아온 사람들의 간증을 많이 듣는다. 그런 간증을 들을 때 은혜를 받고 감동을 받는다. 그러나 당신은 그런 간증을 하는 일이 없기를 바란다. 얼마나 어리석은 일인가? 왜 알면서도 다른 길로 가는가? 하나님에게서 도망을 가봤자 어디까지 가겠는가? 그런 사람의 인생은 막다른 골목에서 끝나고 만다.

존 뉴튼은 노예선의 선장이었다. 뉴튼이 한번은 아프리카에서 노예들을 사서 배에 가득 태우고 바다를 건너오다가 큰 풍랑을 만나게 되었다. 그가 탄 배가 거의 파선하게 될 지경에 이르게 되었다. 이제 죽게 되었으니 어떻게 하겠는가?

"하나님 한 번만 살려 주십시오. 그러면 제가 이렇게 나쁜 일을 하지 않고 새사람이 되겠습니다."

간절하게 기도했다. 그랬더니 신기하게도 바람이 잔잔해지면서 풍랑이 가라앉게 되었다. 그 후 그는 새사람이 되어 세계 곳곳에 다니며 복음을 전하는 전도자가 되었다. 악명 높은 노예선 선장이 전도자가 된 것이다. "나 같은 죄인 살리신 주 은혜 놀라워 잃었던 생명 찾았고 광명을 얻었네"라는 찬송가를 지은 이가 바로 이 사람이다.

"나 같은 죄인"을 살려 주신 하나님의 은혜가 놀랍다고 했는데, 그는 어떤 죄인이었는가? 사람을 노예로 팔아먹고 사는 노예선 선장이었다. 그보다 더 흉악한 죄가 또 어디 있겠는가? "나 같은 죄인"이 영어로는 wretch like me라고 되어 있다. wretch는 그냥 단순히 죄인이 아니라 '철면피', '비열한 사람', '비참한 놈'이란 뜻이다. "아, 하나님은 나같이 비열한 인간 철면피를 구원하셨구나!" 그는 너무 감격스러워 눈물을 흘리며 이 찬송을 지었다. 하나님은 노예선 선장이었던 철면피를 회개시키기 위해 바다에 광풍을 보내셨던 것이다. 때때로 하나님은 이런 식으로 사람을 변화시키시도 하신다.

때가 아닌데도 항해하다 보면 풍랑을 만나기 쉽다

바울도 로마로 가다가 지중해 한복판에서 무서운 풍랑을 만났다. "거의 구원의 여망이 다 사라졌다"(행 27:20)고 성경은 기록하고 있다. 그러면 바울이 탄 배는 왜 풍랑을 만났는가? 몇 가지 이유가 있다.

먼저, 바울이 탄 알렉산드리아 호는 항해하기에 위태로운 때에 항해를 했다. 바울이 탄 배가 지중해를 항해한 것은 11월경이었다. 그때는 항해하기에 위험한 때라 바울은 3개월 정도 기다린 다음 겨울을 지나고 떠나자고 했지만, 선장은 항해를 강행했다. 바울의 말을 들었더라면 그 배는 파선되지 않았을 것이다.

항해해야 할 때가 있고, 항해를 해서는 안 될 때가 있다. 겨울은 항해를 중단하고 기다려야 하는 때이고, 봄은 항해를 다시 시작하는 때이다. 그런데 겨울에 항해를 하려고 하다가 그런 일을 당한 것이다.

우리도 인생을 살면서 이런 우를 범할 때가 많다. 순리를 따라야 한다. 억지로 밀어붙여서는 안 된다. 하나님의 법칙을 따라야 한다. 자연의 법칙도 결국은 하나님께서 만드신 법칙이 아닌가? 이것을 무시하다가는 풍랑을 만나고 배가 깨어지기 쉽다. 때를 기다릴 줄 아는 지혜가 필요하다.

유명한 강철왕 카네기의 사무실에는 아주 중요한 자리에 그림 한 점이 걸려 있었다고 한다. 그런데 그 그림은 어떤 유명한 화가의 그림도 아니었고, 그렇다고 해서 멋진 풍경 그림도 아니었다. 초라한 나룻배가 바닷가 모래밭에 박혀 있는 그림이었다. 노는 모래 위에 놓여 있다. 마치 버려진 것처럼 보이는 초라한 배였다. 그 그림 밑에는 이런 글이 씌어 있었다고 한다.

"썰물 때가 있으면 밀물 때가 있다."

이 배는 버려진 배가 아니었다. 썰물이 되어서 물이 빠져 나가자 배가 모래 언덕 위에 놓이게 된 것이다. 그러나 밀물이 몰려오면 다시 이 배는 바다 위를 떠다니게 될 것이다.

우리 인생에도 밀물 때가 있고 썰물 때가 있다. 지금은 썰물 때가 되어 우리의 배가 움직이지 못한다고 할지라도 밀물이 밀려오면 다시 움직이게 될 것이다. 인생을 살면서 서두르지 말고 때를 잘 분별해야 한다. 때가 아니다 싶으면 기다려야 한다. 때가 아닌데도 무리하게 항해를 강행하다 보면 풍랑을 만나기 쉽다.

하나님의 사람들의 말에 귀 기울이지 않으면 풍랑을 만나기 쉽다

알렉산드리아 호가 파선하게 된 이유가 또 하나 있다. 출항하는 문제를 가지고 의논할 때, 바울은 지금은 때가 아니니 기다리자고 주장했다. 그러나 선장은 떠나자고 했고, 사람들도 다 그의 말에 따랐다. 선장은 항해하는 데 전문가이지만, 바울은 항해와는 거리가 먼 사람이었다. 더구나 그는 죄수의 몸이었다. 그러니 바울의 말보다는 선장의 말을 더 믿었던 것이다. 그래서 배는 뱃고동을 울리며 미항을 빠져나갔다.

선장은 바다를 항해하는 일에 있어서 전문가였다. 그러나 그는 자신의 경험과 자신의 판단에 따라 무리하게 항해를 하다가 거센 풍랑을 만나, 천신만고 끝에 사람의 목숨은 건졌으나 배는 파선되었다. 그때 바울의 말을 들었더라면 그런 일은 생기지 않았을 것이다. 잘못하면 276명의 목숨을 다 잃을 뻔했다. 바울이 뭐라고 했는가?

여러 사람이 오래 먹지 못하였으매 바울이 가운데 서서 말하되 여러

분이여 내 말을 듣고 그레데에서 떠나지 아니하여 이 타격과 손상을 면하였더라면 좋을 뻔하였느니라(행 27:21).

바울은 하나님의 사람이었다. 성령의 지혜가 있는 사람이었다. 그는 기도하는 가운데 떠나서는 안 된다는 것을 알았다. 그는 성령의 인도하심 가운데 가서는 안 된다고 하는 것을 직감했다. 그래서 선장이 가자고 하는데도 가서는 안 된다고 주장했던 것이다.

베드로는 고기 잡는 일에 있어서 전문가였다. 그러나 밤새도록 그물을 던졌지만 한 마리의 고기도 낚지 못한 때가 있었다. 실의와 절망에 빠져서 집으로 돌아가기 위해 빈 그물을 정리하고 있었을 때에, 예수님께서 다가오셨다.

"깊은 데로 가서 그물을 다시 한 번 던져봐라."

고기 잡는 일에 있어서 베드로가 전문가 아닌가? 한평생 갈릴리 호수에서 잔뼈가 굵은 사람이 아닌가? 그러나 예수님은 어부가 아니라 목수이셨다. 집 짓는 일이라면 예수님이 베드로보다 더 잘 아실 것이다. 그런데 예수님이 어부인 베드로에게 고기는 이렇게 잡아야 한다, 이런 곳에 가서 잡아야 한다고 말씀하신 것이다. 그러나 베드로는 순종했다. 결국 그의 빈 그물에는 찢어질 정도로 고기가 가득 찼다.

인생이라는 바다를 항해할 때 우리의 경험이나 지식, 상식만을 의지하게 되면 알렉산드리아 호처럼 인생의 큰 풍랑을 만나 배가 깨어질 수도 있다. 우리는 언제나 하나님의 말씀에 귀를 기울여야 한다. 하나님의 사람들의 말에 귀를 기울여야 한다. 성령의 인도하심을 따라야 한다. 하나님의 음성에 귀를 기울이고 그 음성을 따르는 사람들은 절대로 인생의 바다를 항해하다가 좌초하거나 파선하는 일이 없을 것이다.

풍랑을 만나더라도 파선하지 않으려면

전에 부목사로 있었을 때, 담임목사님이 교회를 비우면 괜히 좋았다. 알게 모르게 담임목사님 눈치를 많이 보다가 보니까 그랬던 것 같다. 담임목사님이 안 계시니까 일은 당연히 더 많아진다. 그래도 좋았던 것 같다.

아이들만 두고 며칠 집을 비워 보라. 그러면 아이들이 밥도 해먹어야 하고, 옷도 빨아 입어야 하는 등 해야 할 일이 많아지지만 그래도 좋아한다. 라면을 삶아먹으면서도 신난다.

기러기 아빠들을 보라. 혼자 남아서 열심히 돈을 벌어서 외국에 나가 있는 가족에게로 보낸다. 하루 종일 시달리다 집에 들어와도 맞아 주는 사람 하나 없다. 이렇게 헤어져 있다가 6개월이고 1년에 한 번씩 만나면 얼마나 좋겠는가? 그런데 좋은 것도 하루 이틀이지, 며칠 지나면 불편하다고 한다. 떨어져 사는 데 익숙해져서 같이 있는 것이 불편한 것이다. 같이 사는 것이 서로 구속받는 것처럼 느껴지는 것이다.

가정에는 부모가 있어야 한다. 그리고 부부는 같이 살아야 한다. 마찬가지로 우리가 탄 배에는 예수님이 계셔야 한다. 예수님을 배에 모셔들이면 내가 좀 불편하고 많이 포기해야 할 것이다. 그러나 예수님에게 구속당하기 싫다고 예수님을 우리의 배에 모셔들이지 않고 가끔 손님으로만 오시라고 하면 내가 탄 배에 심각한 문제가 생길 수 있다.

　제자들도 먼저 배를 타고 건너편으로 건너가라고 하셨을 때 아마 신났을 것이다. 그림자처럼 예수님을 따라다니다가, 모처럼 예수님이 안 계시니, 해방된 기분이었을 것이다. 예수님 눈치를 보지 않아도 되니 얼마나 좋았겠는가? 마치 휴가를 받은 기분이었을 것이다.

　그러나 예수님 없다고 신난 것도 잠시뿐, 그날 밤 어떤 일이 벌어졌는가? 그들은 정말 죽는 줄 알았다. 문자 그대로 죽을 고생을 했다. 그때 제자들이 맨 먼저 무슨 생각을 했을까? '이럴 때 예수님이 계셨으면 얼마나 좋았을까?' 분명 그렇게 생각했을 것이다. 얼마 전에도 풍랑을 만나 죽다 살아난 일이 있었다. 그러나 다행히도 그때는 예수님이 배에 함께 계셨기 때문에 큰 문제가 없었다.

　그런데 오늘은 예수님이 배에 안 계신다. 예수님만 함께 배에 계셨더라면 별 문제도 없었을 텐데, 자기들만 보낸 예수님이 원망스러웠을 것이다. 얼마 전까지만 해도 예수님이 없어서 신났었는데, 이제는 상황이 변한 것이다.

　그들이 탄 배에 예수님이 함께 계셨더라면 그들은 그날 밤 사투를 벌이지 않아도 되었을 것이다. 예수님은 말씀 한마디로 바다와 바람을 잔잔하게 하셨을 것이고, 그들은 건너편으로 건너가서 어느 집에서 곤하게 단잠을 자고 있었을 것이다.

　예수님이 우리와 함께 배에 타고 계시느냐 안 계시느냐의 차이는 바다가 잔잔할 때는 모른다. 그러나 바다에 풍랑이 일고 파도가 밀려올 때 그 차이가 분명하게 드러날 것이다.

　우리 가정이라고 하는 배, 교회라고 하는 배, 사업이라고 하는 배, 우리 인생이라고 하는 배가 풍랑을 만나더라도 예수님이 그 배에 계시면 아무 문제가 없다. 우리가 당하는 문제가 문제가 아니라, 예수님이 안 계신 것이 문제다. 예수님만 계시면 내가 타고 있는 배에 아무리 광풍이 불어닥치고 집채만한 파도가 밀려와도 문제가 되지 않는다. 그러나 내가 타고 있는 배에 큰 풍랑이 일고 있는데, 그 배에 예수님이 안 계시다면 그때는 정말 큰 문제가 된다.

이 제자들처럼 바람이 불고 파도가 쳐야 예수님을 찾는 사람들이 얼마나 많은가? 그때 가서 예수님을 찾아도 예수님은 오셔서 구해 주시겠지만, 고생은 고생대로 해야 한다. 지혜롭지 못한 것이다. 예수님을 당신이 타고 있는 배에 모셔들이라! 예수님과 함께 인생의 바다를 항해하라. 그러면 배가 풍랑을 만나 흔들릴지는 몰라도, 깨어지거나 파선하거나 침몰하는 일은 없을 것이다.

인생의 풍랑을 잠잠케 하시는 예수님

풍랑을 만나지 않으리라는 약속은 성경 어디에도 없다

그날 밤, 예수님이 그 배에 타고 계셨어도 날씨는 달라지지 않았을 것이다. 예수님이 그 배에 안 계셨기 때문에 바람이 불어 닥친 것이 아니었다. 환난의 바람, 시련의 바람이 믿음의 사람들에게는 안 불어오고 믿음 없는 사람들에게만 불어 닥치는가? 그것은 아니다.

인생의 바다를 항해할 때 광풍이 불어 닥쳤다고 하자. 두 가지 중의 하나다. 요나의 경우처럼 하나님께서 보내신 광풍일 수 있고, 아니면 누구나 바다를 항해하다 보면 만날 수 있는 바람일 수도 있다.

요나처럼 불순종해서 하나님께서 광풍을 보내신 것이라면 즉시 회개해야 한다. 그러나 제자들처럼 하나님 말씀에 순종하며 살고 있는데도 광풍이 불어 닥치고, 풍랑이 일고, 파도가 밀려온다고 하더라도 이상한 것이 아니다. 하나님께서 사랑하시는 사람들에게도 인생의 역풍이 불어 닥칠 수 있다. 제자들이 말씀에 순종해서 앞으로 나아가려고 하는데도 역풍이 불어 닥치지 않았는가? 예수님이 탄 배에도 광풍이 불어 닥치지 않았는가?

성경 그 어디에도 우리가 풍랑을 만나지 않을 것이다, 우리에게는 광풍이 불어닥치지 않을 것이다, 우리가 탄 배는 결코 흔들리지 않을 것이라고 약속하는 구절은 없다. 그러나 이런 약속은 있다.

> 야곱아 너를 창조하신 여호와께서 지금 말씀하시느니라 이스라엘아 너를 지으신 이가 말씀하시느니라 너는 두려워하지 말라 내가 너를 구속하였고 내가 너를 지명하여 불렀나니 너는 내 것이라 네가 물 가운데로 지날 때에 내가 너와 함께 할 것이라 강을 건널 때에 물이 너를 침몰하지 못할 것이며 네가 불 가운데로 지날 때에 타지도 아니할 것이요 불꽃이 너를 사르지도 못하리니(사 43:1-2).

캄캄한 밤, 바다 한가운데서 풍랑을 만났을 때에도 예수님은 다 보고 계신다

제주도에 가면 어디에서나 한라산이 보인다. 그러나 날이 흐리거나 안개가 짙게 낀 날은 잘 보이지 않는다. 비가 몰아치면 한라산이 하나도 보이지 않는다.

샌프란시스코에 가면 금문교가 있는데, 안개 때문에 세 번 가야 한 번 볼 수 있을 정도라고 한다. 나도 처음 갔을 때는 얼마나 안개가 짙게 깔렸는지 금문교 다리 꼭대기만 약간 보고 왔는데, 두 번째 갔을 때 다행히 전체를 볼 수 있었다.

천둥 번개가 치고 비가 내리는 날에 비행기를 타 본 사람은 다 경험했을 것이다. 활주로를 벗어나서 하늘로 힘차게 비행기가 날아오르면 1-2분도 채 안 되어 파란 하늘을 볼 수 있다. 아래서는 먹구름에 가려 해가 보이지 않지만, 그렇다고 그 날 해가 뜨지 않은 것이 아니다. 인생의 먹구름이 몰려올 때, 그래서 해가 보이지 않을 그때에도, 먹구름 너머에는 해가 빛나고 있음을 잊지 말라.

내가 어렵고 힘들 때, 하나님이 보이지 않을 때, 그때도 하나님이 안 계신 것이 아니다. 다만 내가 보지 못할 뿐, 하나님께서는 나를 지켜보고 계신다.

'태양-달-지구'가 일직선상에 놓이게 되면 달에 가려 태양이 보이지 않는다. 이것을 일식이라고 한다. 태양이 보이지 않는다고 없는 것은 아니다. 단지 보이지 않는 것뿐이다. '하나님-문제-나' 이렇게 일직선상에 놓이게 되면 문제에 가려서 하나님이 안 보인다. 문제가 가로막혀 있을 때 마틴 부버가 표현한 대로 '하나님의 일식' 현상이 일어난다.

어떤 때는 하나님이 분명하게 보이지만, 느껴지지만, 믿어지지만, 또 어떤 때는 하나님이 희미하게 보인다. 희미하게 느껴진다. 때로는 전혀 보이지 않을 때도 있다. 문제가 하나님과 우리 사이를 가로막고 있기 때문이다.

인생의 어두운 밤을 지날 때 그 어둠에 가려 하나님이 보이지 않더라도 하나님께서 우리를 지켜보고 계심을 잊지 말라. 하나님께서 숨어 계신 것이 아니다. 다만 우리 눈에 잠시 보이지 않는 것뿐이다.

지금 제자들은 캄캄한 밤에 풍랑과 싸우고 있다. 예수님은 배에 계시지 않는다. 멀리 계신다. 제자들의 눈에는 예수님이 보이지 않는다. 어두운 밤이기도 하고, 예수님이 멀리 계시기도 하고, 지금 풍랑과 싸우고 있기 때문에 예수님이 안 보인다. 그러나 예수님은 그들이 풍랑을 만나 괴롭게 노를 젓는 모습을 다 보고 계셨다. 제자들은 예수님을 보지 못했지만, 예수님은 제자들을 보고 계셨다. 그들이 풍랑을 만난 것, 괴로히 노를 젓고 있는 것을 다 보고 계셨다. 그들이 처한 형편과 처지를 다 알고 계셨다.

지금 인생의 바다 한가운데서 풍랑을 만나 괴로히 노를 젓고 있는가? 예수님은 다 알고 계신다. 다 지켜보고 계신다. 그분이 내 형편과 처지를 다 알고 계시는데, 내가 지금 어떤 상황에 처해 있는지 다 알고 계시는데, 무엇을 염려하겠는가?

캄캄한 밤, 바다 한가운데서 풍랑을 만났을 때에도 예수님은 우리를 위해 기도하고 계신다

예수님은 제자들을 먼저 호수 건너편으로 건너가게 하시고 기도하러 산에 올라가셨다. 기도하고 있는데 갑자기 광풍이 불어닥쳤다. 예수님은 순간 풍랑과 싸우고 있을 제자들을 떠올리셨을 것이다. 그리고 그들을 위해 기도하시지 않았겠는가?

예수님은 그들이 풍랑과 싸우고 있을 때 당장 그들에게 달려가지 않으셨다. 그 대신 그들을 위해 기도하셨다. 풍랑을 잘 헤치고 나갈 수 있도록 기도하셨을 것이다. 기억하라. 우리가 힘겹게 풍랑과 싸우며 노를 젓고 있는 동안에 성령님은 우리를 위해 기도하고 계신다.

이스라엘 백성들이 출애굽을 해서 홍해를 건너 광야로 들어갔을 때 맨먼저 아말렉 군대를 만났다. 여호수아와 이스라엘 사람들이 아말렉 군대와 싸울 때 모세는 어디에서 무엇을 하고 있었는가? 같이 전쟁터에 나갔는가? 아니다. 산에 올라가 기도를 드렸다. 두 손을 높이 들고 기도하면 이스라엘이 이기고, 피곤해서 잠시 손을 내리면 아말렉이 이겼다. 기도가 이렇게 중요한 것이다.

"내가 이렇게 풍랑과 싸우고 있는데, 왜 예수님은 가만히 계신 것일까? 내가 이렇게 힘겹게 노 젓는 것을 알고나 계신 것일까? 도대체 나에게 관심이나 있는 것일까?"

예수님은 다 알고 계신다. 그리고 당신을 위해 기도하고 계신다.

> 이와 같이 성령도 우리의 연약함을 도우시나니 우리는 마땅히 기도할 바를 알지 못하나 오직 성령이 말할 수 없는 탄식으로 우리를 위하여 친히 간구하시느니라(롬 8:26).

캄캄한 밤, 바다 한가운데서 풍랑을 만났을 때에도 예수님은 우리와 함께 계신다

요셉만큼 파란만장한 인생을 산 사람도 없을 것이다. 형들이 그를 미워하여 죽이려고 구덩이에 던져버렸다. 그러다가 이집트에 노예로 팔려갔다. 노예 시장에서 보디발 장군의 집으로 팔려갔다. 보디발 장군의 아내에게 모함을 당하여 억울하게 지하 감옥에 갇히게 되었다.

하는 일마다 안 되었다. 끝없이 추락하는 삶을 살았다. "나는 왜 하는 일마다 안 되지? 도대체 이렇게 될 거면 나에게 꿈은 왜 주신 거야? 내 인생 이렇게 끝나고 마는 건 아닐까?" 하고 절망했을 수도 있다.

그런데 성경은 뭐라고 말씀하고 있는가? 요셉이 보디발의 집에 노예로 팔려갔는데도 "여호와께서 요셉과 함께 하시므로 그가 형통한 자가 되었다"(창 39:2)고 말씀하고 있다. 노예로 끌려갔지만, 하나님이 그와 함께 하셨다는 것이다. 정말 하나님이 함께 하셨다고 한다면 노예로 끌려갈 뻔하다가 극적으로 구출되어야 하는 것 아닌가?

또 성경은 "요셉이 옥에 갇혔으나 여호와께서 요셉과 함께 하시고 그에게 인자를 더하사 간수장에게 은혜를 받게 하시매"(창 39:20-21)라고 말씀하고 있다.

억울하게 옥에 갇힐 뻔했는데 하나님이 함께하셔서 극적으로 풀려나게 되었다는 식으로 이야기가 전개되어야 하는 것이 아닌가? 하나님께서 함께 계셨다면 노예가 되지 않게 하시고 감옥에 갇히지 않게 하셔야지, 노예가 되고 감옥에 갇힌 다음에 형통하게 하시면 뭐하는가?

성경이 분명하게 말씀하고 있는 것은, 하나님이 함께 하시지 않아서 노예로 끌려간 것이 아니라는 사실이다. 하나님이 함께 하시지 않아서 지하 감옥에 갇히게 된 것이 아니라는 사실이다. 하나님이 함께 하시지 않아서 우리가 고통을 당하고, 시련을 당하고, 억울한 일을 당하고, 실패를 하고, 우리에게 문제가 생기는 것이 아니라는 것이다.

하나님이 함께 하신다고 해서 만사형통하는 것은 아니다. 하나님이 우리를 사랑하시고 우리와 항상 함께 하시지만, 그럼에도 불구하고 우리가 종종 이해할 수 없는, 감당하기 어려운 일들이 일어나게 된다. 우리는 좋은 일이 있을 때만 하나님이 나를 사랑하시고, 나와 함께 하시고, 나에게 축복을 주시는 것으로 생각하기 쉽다. 인생의 풍랑을 만나고, 인생의 파도가 밀려오고, 우리가 탄 배가 깨어지기 직전에 놓여 있고, 기도 응답도 없고 그러면 우리는 하나님께서 멀리 떠나신 것처럼 느껴지고, 하나님께서 나를 돌아보지 않으시는 것처럼 생각하게 되고, 하나님께서 정말 나를 사랑하는가 의심하게 된다.

그러나 바로 그때도 하나님은 우리와 함께 하신다. 다만 우리가 깨닫지 못하거나 느끼지 못할 뿐이다. 느낌이나 감정을 의지하지 말고, 믿음을 갖고, 하나님을 신뢰하고 살아가라. 느낌이나 감정에 따라 좌우되지 말고 믿음으로 감정을 조정하라. 하나님의 임재를 느끼지 못할 때에도 하나님이 함께 계심을 믿으라.

하나님은 우리가 어떤 형편에 처하든지 우리와 함께 하신다. 우리를 결코 내버려두지 않으신다. 우리를 결코 잊지 않으신다. 때로는 하나님께 버림받은 것처럼 생각될 때도 있다. 그러나 하나님은 결코 우리를 버리지 않으신다.

> 내가 사망의 음침한 골짜기로 다닐지라도 해를 두려워하지 않을 것은 주께서 나와 함께 하심이라(시 23:4).

하나님이 함께 하시는 자들도 사망의 음침한 골짜기를 지난다. 그러나 하나님이 함께 하심으로 아무런 해도 받지 않고 무사히 그 골짜기를 통과해서 생명의 문에 이르게 된다.

제자들은 어려움을 당할 때 그들과 함께 계시지 않는 예수님이

야속했을 것이다. 그러나 예수님은 그 배에는 안 계셨지만 그들과 함께 하고 계셨다. 그들을 지켜보고 계셨다. 그들을 위해 기도하고 계셨다.

당신이 탄 배가 흔들리고 있는가? 가정이라고 하는 배, 사업이라고 하는 배, 인생이라고 하는 배가 흔들리고 있는가? 그 흔들리는 배 안에도 예수님이 계심을 믿으라.

캄캄한 밤, 바다 한가운데서 풍랑을 만났을 때 예수님은 우리에게 오실 것이다

처음에 바람이 불기 시작하자 예수님께서 제자들에게 달려가셨는가? 아니다. 바람이 조금 세게 불기 시작했을 때 달려가셨는가? 아니다. 바람이 줄어들지 않고 계속 불어닥치기 시작하자 달려가셨는가? 아니다. 제자들이 밤새도록 풍랑과 파도와 싸우는 것을 가만히 다 지켜보시고 나서 그들에게 가셨다. 그들이 힘겹게 노 젓는 모습을 보시고 그들에게 가셨다.

아이들에게 걸음마를 가르쳐 줄 때 처음에는 엄마가 붙들어 준다. 엄마가 일으켜 주고, 엄마 손을 붙잡고 한 발 한 발 걷게 한다. 그러다가 엄마는 살그머니 손을 놓는다. 넘어질 것 같을 때서야 붙들어 준다. 아이는 그렇게 하면서 걷는 법을 배우게 된다.

예수님도 마찬가지다. 우리를 계속 붙잡아 주시지 않는다. 만약 계속 붙잡고만 계신다면 우리는 영적으로 걷지 못하는 어린아이가 되고 말 것이다. 따라서 우리가 스스로 걸을 수 있도록 우리를 훈련시키신다. 훈련을 받다 보면 넘어질 때도 있고, 쓰러질 때도 있고, 다칠 때도 있고, 상처를 입을 때도 있다. 그런 것을 다 지켜보고 계시다가 정말 우리에게 도움이 필요할 때, 우리가 위험할 때에, 우리를 도와주지 않으면 안 되는 그런 순간에 도와주신다.

> 그러므로 우리는 긍휼하심을 받고 때를 따라 돕는 은혜를 얻기 위하여 은혜의 보좌 앞에 담대히 나아갈 것이니라(히 4:16).

언제 도움을 주신다고 하셨는가? '제때에' 도움을 주신다고 했다. '아무 때'나 도움을 주시는 것이 아니라 '제때에', '정확한 때에', '하나님이 계산하신 때'에 주신다고 했다. 제자들이 이제 다 지쳐서 포기하기 직전에, 배가 깨어지기 직전에 예수님이 그들에게 물 위로 걸어서 다가오셨다. 정말 아슬아슬한 순간에 오셨던 것이다. 그래서 극적으로 그들이 구조받을 수 있었다.

아직도 하나님께서 도와주시지 않는가? 그것은 아직도 당신이 노를 저을 수 있기 때문이다. 아직 버틸 수 있기 때문이다. 당신이 정말 더 이상 버틸 수 없는 상황이 오면 하나님은 그때 도움의 손길을 보내실 것이다. 예수님은 절망의 순간에 다가오신다. 당신의 힘으로는 도무지 어떻게 할 수 없는 상황에 이르게 될 때에 하나님은 도움의 손길을 내미실 것이다. 지쳐서 더 이상 노를 젓지 못하게 될 때에 분명히 예수님은 당신에게 다가오실 것이다.

예수님은 나사로가 병들어 죽어가고 있다고 하는 급한 전갈을 받고도 곧바로 가시지 않았다. 나사로가 죽은 뒤 4일이 지난 다음에야 나사로의 집에 그 모습을 나타내셨다.

마르다가 한탄을 했다. "예수님, 왜 이제서야 오시는 겁니까? 조금만 더 일찍 오셨더라면 우리 오빠가 죽지 않아도 되었을 텐데요."

마르다와 마리아의 생각에는 예수님이 벌써 오셨어야 했다. 나사로가 죽기 전에 오셨어야 했다. 늦어도 한참 늦게 오신 것이다. 때를 놓치신 것이다. 그러나 그게 아니었다. 예수님은 정확한 때에 오셨던 것이다.

예수님은 상가집을 잔칫집으로, 애곡을 찬송으로, 눈물을 춤으로 바꾸어 주시려고 일부러 늦게 오신 것이었다. 예수님은 정확한 때에 우리에게 다가오신다. 우리가 보기에는 늦은 것처럼 보여도 늦은 것이 아니다.

마침내 바람과 바다를 잔잔케 하실 것이다

주일학교에서 부활절에 연극을 하게 되었다. 예수님의 역을 맡은 아이의 대사에 "내니 두려워하지 말라!"라는 것이 있었다. 부활하신 예수님이 처음으로 하신 말씀이다. 짧지만 열심히 이 대사를 외웠다(열심히 외울 것도 없지만).

부활절이 되어 연극을 하는데, 이 아이가 무대에 나가 보니 모든 사람들이 자기만 바라보고 있는 것이었다. 그 순간 당황하여 아무 생각도 나지 않았다. 대사도 잊어버렸다. 그러자 그 아이는 더 당황했다.

그러다가 기어 들어가는 소리로 이렇게 중얼거렸다. "무서워 죽겠어요." "내니 두려워하지 말라!"고 해야 하는데, "무서워 죽겠어요"라고 하고 만 것이다.

예수님이 제자들에게 오셔서 말씀하셨다.

"안심하여라. 나다. 두려워하지 말아라!"

예수님은 "두려워하지 말라!"고 말씀하시는데 우리는 우리를 삼킬 듯이 달려오는 파도를 보고 "예수님, 무서워 죽겠습니다"라고 하지 않는가?

풍랑을 만나더라도 두려워하지 말라. 우리가 믿는 하나님은 풍랑을 만나지 않게 하시는 하나님이 아니라, 풍랑을 잔잔케 하시는 하나님이시다!

무엇이 당신이 탄 배를 흔들고 있는가? 무엇이 당신의 배를 침몰시키려고 하고 있는가? 그것이 무엇이든 기도하며 열심히 노를 젓고 있노라면, 때가 되면 예수님께서 다가오셔서 바람과 바다를 잔잔케 해주실 것이다.

> 배들을 바다에 띄우며 큰 물에서 일을 하는 자는 여호와께서 행하신 일들과 그의 기이한 일들을 깊은 바다에서 보나니 여호와께서 명령하신즉 광풍이 일어나 바다 물결을 일으키는도다 그들이 하늘로 솟구쳤다가 깊은 곳으로 내려가나니 그 위험 때문에 그들의 영혼이 녹는도다 그들이 이리저리 구르며 취한 자같이 비틀거리니 그들의 모든 지각이 혼돈 속에 빠지는도다 이에 그들이 그들의 고통 때문에 여호와께 부르짖으매 그가 그들의 고통에서 그들을 인도하여 내시고 광풍을 고요하게 하사 물결도 잔잔하게 하시는도다 그들이 평온함으로 말미암아 기뻐하는 중에 여호와께서 그들이 바라는 항구로 인도하시는도다(시 107:23-30).

지금 너무 힘겹게 노를 젓고 있는가? 아무리 노를 저어도 소용이 없는가? 희망이 하나도 안 보이는가? "깊은 바다에 빠져 우리가 다 죽게 된 것을 안 돌아봅니까?"라고 탄식하고 있는가? 그러나 안 돌아보는 것이 아니다. 예수님은 다 보고 계신다. 다 알고 계신다.

감당하기 어려운 일을 당할 때, 아무리 기도해도 응답이 없는 것처럼 보일 때, 아무리 노를 저어도 조금도 앞으로 나갈 수 없을 때, "우리가 다 죽게 된 것을 왜 안 돌아보십니까"라는 탄식이 나올 때, 저만큼에서 예수님이 물위로 걸어오시고 있다는 사실을 기억하라. 조금만 더 기다리면 예수님이 당신에게 다가오실 것이다. 그러면 바람과 바다도 잠잠하게 될 것이다.

아무리 광풍이 불어닥쳐도, 아무리 집채만한 파도가 밀려와도 내가 탄 배는 결코 깨어지지 않을 것이다. 하나님께서 지켜 주실 것이다. 예수님께서 곧 오셔서 바람과 바다를 잔잔케 하실 것이다.

Empty Net

12. 빈 그물이 찢어질 정도로 채워주시는 하나님

예수께서 그 배 가운데 하나인 시몬의 배에 올라서, 그에게 배를 뭍에서 조금 떼어 놓으라고 하신 다음에, 배에 앉으시어 무리를 가르치셨다. 예수께서 말씀을 마치시고, 시몬에게 말씀하셨다. "너는 깊은 데로 나가거라. 너희는 그물을 내려, 고기를 잡아라." 시몬이 대답하기를 "선생님, 우리가 밤새도록 애를 썼으나, 아무것도 잡지 못했습니다. 그러나 선생님의 말씀에 따라 그물을 내리겠습니다" 하였다. 그런 다음에, 그대로 하니, 많은 고기 떼가 걸려들어서, 그물이 찢어질 지경이 되었다. 그래서 그들은 다른 배에 있는 동료들에게 손짓하여, 와서, 자기들을 도와 달라고 하였다. 그들이 와서, 고기를 두 배에 가득히 채우니, 배가 가라앉을 지경이 되었다.

누가복음 5장 3-7절

성경에 나오는 위대한 인물들도 다 실패의 경험이 있는 사람들이다

당신은 인간적으로 승자에게 더 끌리는가, 아니면 패자에게 더 끌리는가? 인간적인 정은 패배자에게 더 갈 것이다. 수단과 방법을 가리지 않고 승리를 거머쥔 사람들이 많기 때문이다. 또 패배자들에게서 우리가 겪는 좌절의 아픔을 같이 느낄 수 있기 때문이다. 사실 우리는 승자들에게서보다 패배한 사람들에게서 더 많은 것을 배울 수 있다.

골리앗과 같은 비참한 패배자들도 있지만 롬멜 장군처럼 영광스러운 패배자들도 있다. 선거에서 이기고도 대통령이 되지 못한 엘 고어처럼 승리를 사기 당한 패배자들도 있다. 그런가 하면 살아서는 인정을 받지 못하고 죽어서 세계를 평정한 빈센트 반 고흐 같은 사람들도 있다. 처칠이나 링컨처럼 넘어지면 일어서고 넘어지면 일어섰던 유명한 사람들도 있다. 그들은 패배자일까, 아니면 승리자일까?

인생을 살면서 실패의 쓴잔을 마셔 보지 않은 사람이 누가 있겠는가? 성경에 나오는 거의 모든 사람들도 우리처럼 실패의 경험을 해 본 사람들이다. 그러나 그들과 우리가 다른 것은 그들은 언제나 실패할 때마다 새롭게 시작했다는 것이다.

아브라함도 실패한 적이 있다. 자신의 신변의 안전을 위해 아내를 누이라고 속였다. 그것도 한 번이 아니라 두 번씩이나. 아내뿐만 아니라 하나님 앞에서도 실패한 적이 있는 사람이다. 하나님께서 아들을 주신다고 약속하셨는데, 기다리다 못해 여종 하갈을 통해 아들 이스마엘을 낳았다. 이것이 그만 그 가정과 오늘날 중동의 비극의 씨앗이 되고 말았다.

모세도 개인적으로 실패한 인생을 산 사람이다. 바로의 궁에서 40년 동안 미래가 보장된 삶을 살았다. 그러던 어느 날 의분을 참지 못해 이집트인을 때려죽였다. 이것이 문제가 되어 결국 그는 도망자가 되어야만 했고, 바로의 궁을 떠나 미디안 광야에서 40년 동안 양을 치는 목자로서 살았다. 이보다 더 큰 인생의 실패가 또 어디 있겠는가? 그러나 하나님은 실패한 인생을 살아가고 있던 모세를 부르셔서 이스라엘 역사상 가장 위대한 지도자로 삼으셨다.

삼손도 실패한 사람 가운데 한 사람이다. 한 여인의 유혹에 넘어가 머리카락이 잘린 다음에 힘도 잃어버리고 눈도 잃어버리고 짐승처럼 쇠사슬에 매여 거대한 맷돌을 가는 비참한 운명에 처하게 되었다. 그러나 그는 마지막으로 다시 한 번 하나님 앞에 기도해서 힘을 얻어, 다곤 신전의 기둥을 쓰러뜨리고 거기에 있는 모든 블레셋 사람들을 몰살시키고 최후를 맞이했다. 모든 블레셋 사람들에게 하나님이 어떤 분이신가를 보여주고 죽은 것이다.

다윗도 밧세바와의 사건 때문에 하나님 앞에서 실패한 쓰라린 경험이 있다. 그러나 뜨거운 눈물로 회개하고 용서받았다.

예언자 요나도 마찬가지다. 니느웨로 가라고 하는 명령에 불순종하고 다시스로 도망갔다가 물고기 뱃속에 들어가는 실패를 경험했다.

베드로도 여러 번 실패한 모습을 볼 수 있다. 고기 잡는 일에 있어서는 전문가였던 베드로가 밤새도록 그물을 내렸지만 빈 그물만을 거두어 올렸다. 용감하게 배에서 내려 바다 위를 걸어가긴 했지만 얼마 가지 못해서 바람과 풍랑을 보고 두려워 물에 빠졌다. 그러나 그런 실패는 아무것도 아니다. 죽어도 주님을 부인하지 않겠다고 호언장담했지만, 예수를 모른다고 세 번씩이나 저주하고 맹세까지 하면서까지 예수님을 부인했다. 이보다 더 큰 신앙의 실패가 또 어디 있겠는가? 그러나 예수님은 그런 그를 버리지 않으시고 "네가 나를 사랑하느냐? 그러면 내 양을 치라"고 하시면서 중요한 사명을 맡기셨다.

사마리아 우물가에서 만난 여인은 결혼에 다섯 번씩이나 실패했었으나 예수님을 만난 후 불행한 과거를 떨쳐 버리고 새로운 삶을 시작했다.

탕자의 비유에 나오는 둘째 아들도 아버지를 버리고 먼 나라로 가서 가산을 다 탕진하고 오갈 데가 없게 되었다. 먹을 양식이 없어 돼지를 치며 돼지가 먹는 쥐엄열매를 먹으며 연명했다. 인생의 실패자가 되고 만 것이다. 그러나 집에 돌아와 새로운 인생을 시작했다.

이렇게 성경에 나오는 위대한 믿음의 사람들도 다 실패의 쓴 경험이 있는 사람들이다. 그러나 그들은 실패와 좌절 가운데서 하나님의 은혜를 체험하고 새롭게 일어섰다. 새로운 삶을 살았다.

헤밍웨이가 쓴 《노인과 바다》에 나오는 산티아고는 85일만에 처음으로 큰 고기를 낚았다. 고래를 낚은 것이다. 노인은 그 고래를 놓치지 않으려고 사력을 다한다. 마침내 그 고래가 노인에게 굴복하고 순순히 끌려온다. 그런데 이번에는 상어 떼가 나타나 노인이 낚은 고래를 공격한다. 노인은 이번에는 상어 떼들에게 고기를 빼앗기지 않으려고 사력을 다한다. 그러나 항구에 도착했을 때는 뼈만 앙상하게 남아 있었다.

이 소설에 나오는 산티아고처럼 베드로도 바다에서 잔뼈가 굵은 사람이었다. 그도 그 노인처럼 열심히 고기를 잡기 위해 노력을 했다. 그러나 베드로와 그 노인 둘 다 빈 그물밖에 거두어 올리지 못했다. 베드로의 이야기와 헤밍웨이의 이야기는 이처럼 상황 설정이 같지만, 결론은 전혀 다르다.

《노인과 바다》에서 산티아고의 모든 수고는 헛수고로 끝났지만, 베드로의 수고는 헛수고로 끝나지 않고 오히려 수고한 것 이상으로 넘치도록 보상을 받았다. 산티아고는 바다에 나가 일주일 동안 죽어라고 싸워서 뼈만 끌고 돌아왔지만, 베드로는 만선이 되어 돌아왔다.

어떻게 베드로의 수고가 헛수고로 끝나지 않을 수 있었는가? 베드로의 배에 예수님이 올라타셨다. 그리고 그는 예수님의 말씀대로 깊은 데로 가서 그물을 내렸다. 그랬더니 그물이 찢어질 정도로, 배가 가라앉을 정도로 고기가 많이 잡혔다. 예수님이 없었을 때 그는 열심히 수고를 했지만 헛수고로 끝났다. 그러나 예수님이 그 배에 타시자 그 빈 배가 가득 채워지는 놀라운 역사가 일어났던 것이다.

열심히 수고는 하지만 빈 그물밖에 거두어 올리지 못하고 있는가? 그렇다면 당신의 배에 주님을 모시기 바란다. 당신의 빈 배가 가득 채워질 것이다. 당신의 빈 그물이 가득 채워지게 될 것이다. 당신의 수고가 결코 헛수고로 끝나지 않을 것이다.

하나님 보시기에 실패자가 되지 말라

이집트에서 거의 200만 명이 출애굽을 했다. 이스라엘의 역사 가운데 가장 큰 사건이 아닌가? 그런데 결과적으로 볼 때 과연 이 출애굽이 성공했는가, 실패했는가? 절반의 실패라고 할 수 있을 것이다. 무슨 말인가? 출애굽한 백성들 가운데 어른은 여호수아와 갈렙 두 사람을 빼놓고는 한 사람도 가나안에 들어가지 못했기 때문이다. 출애굽할 때 20세 이하였던 사람들과 광야에서 태어난 세대만이 가나안에 들어갔다. 원망과 불평과 불신 때문에 광야에서 40년을 지내며 온갖 고생을 다 했음에도 불구하고 가나안에도 들어가지 못하고 광야에 묻힌 사람들은 얼마나 불행한 사람들인가? 실패로 끝난 인생들인 것이다.

사울 왕도 인생을 실패로 끝낸 사람이다. 하나님께서 그를 이스라엘의 최초의 왕으로 세우셨지만 결국 하나님께 버림받고 말았다.

솔로몬도 마찬가지다. 우리는 솔로몬을 가장 지혜로운 왕으로 알고 있지만 그의 마지막은 불행했다. 하나님을 떠나서 이방 신들을 섬기다가 이 세상을 떠났다. 하나님 앞에 실패한 인생이다. 사울처럼 시작은 좋았지만 끝이 좋지 않았던 인생이다. 축복으로 시작해서 저주로 끝이 났다. 얼마나 불행한 인생인가?

어떤 부자 청년이 예수님의 제자가 되겠다고 예수님을 찾아왔다. 젊은 나이에 부자라니 얼마나 부러운 사람인가? 그런데 이 사람은 예수님께서 "모든 재물을 다 팔고 다시 오라"고 하시니까 무거운 발걸음으로 되돌아가서 다시는 예수님에게 돌아오지 않았다. 세상적으로는 성공한 사람인지 몰라도 예수님을 따르는 데에는 실패한 것이다.

예수님의 비유 가운데 부자와 거지 나사로의 비유가 있다. 세상적으로 볼 때 부자는 성공한 사람이고, 거지 나사로는 불행한 사람이다. 실패한 사람이다. 그러나 그들이 죽어서는 어떻게 되었는가? 부자는 지옥에 가고, 거지 나사로는 천국에 갔다고 했다. 누가 불행한 사람인가? 누가 실패자인가?

예수님 없는 성공은 성공이 아니라 실패요, 남들이 볼 때 실패자로 보여도 그 사람이 예수님을 잘 섬기면 그 사람은 결코 패배자가 아니다. 왜냐하면 그는 분명 하나님의 자녀이고 천국에 갈 것이기 때문이다. 그러나 예수님 없이 살아가는 사람들은 세상에서 성공했다고 해도 패배자이다. 왜냐하면 그 사람들에게는 심판과 저주의 지옥이 기다리고 있기 때문이다.

우리는 세상적인 실패를 두려워할 것이 아니라, 하나님과의 관계에 있어서의 실패를 두려워해야 한다. 하나님과의 관계에 있어서 실패하지 않는 한 결코 인생의 패배자가 아니다.

실패에 대한 관점을 바꾸라

우리는 실패를 부정적으로만 생각하는데 그러한 관점부터 바꿔야 한다. 실패는 부끄러운 것이 아니다.

배에 타고 있던 제자들이 베드로가 물에 빠지는 장면을 목격하지 못했다고 하자. 그런데 베드로를 나중에 만나고 보니 온몸이 물에 젖어 있는 것이었다.

"너 물에 빠졌구나?"

제자들이 물어오면 베드로는 뭐라고 대답했을까?

"아니야. 물위를 걷다가 힘도 들고 덥기도 하고 해서 잠깐 물에 들어갔다 나왔어"라고 말하지 않았을까?

우리는 실패 자체보다 실패한 것을 다른 사람이 아는 것에 대해 더 두려워한다.

자전거를 배우면서 안 넘어져 본 사람이 없을 것이고, 무릎 안 까져 본 사람은 없을 것이다. 그런데 우리는 자전거 배울 때 넘어지면 어떻게 하는가? 먼저 주변을 둘러본다. 본 사람이 없는지, 다른 사람을 의식한다. 다른 사람에게 실패한 모습을 보이고 싶지 않은 것이다. 그러나 실패는 결코 부끄러워할 것이 아니다.

실패는 부끄러운 것이 아니다. 우리가 이 세상에 태어나서 처음 겪은 실패가 무엇인가? 걸음마 배우다 넘어진 일이 아닐까? 수십 번도 더 넘어졌을 것이다. 그렇게 하면서 걷는 법을 배우는 것이다.

실패를 두려워하지 말라

베이브 루스는 714개의 홈런을 쳐서 1976년까지도 세계 최고 기록을 유지했던 사람이다. 그런데 베이브 루스가 홈런왕이라는 것을 아는 사람은 많아도, 그가 아직도 스트라이크 아웃을 가장 많이 당한 세계기록의 보유자임을 아는 사람은 별로 없다. 그는 자그만치 1330번이나 스트라이크 아웃을 당한 기록을 갖고 있다.

그가 스트라이크 아웃 당하는 것을 두려워했다면 결코 홈런왕이 될 수 없었을 것이다. 홈런을 많이 치려면 스트라이크 아웃도 그만큼 많이 당할 수밖에 없는 것이다.

베드로가 물위를 걷다가 물에 빠졌는데, 그건 이상한 일이 아니다. 당연한 일이다. 오히려 그가 물위를 걷는 것이 이상한 일 아닌가?

그런데 우리는 베드로가 물위를 걸었던 놀라운 사실보다는 물에 빠지게 된 데만 초점을 모으고 있지 않는가? 관점을 바꾸어야 한다.

바다에 빠지게 될 것을 두려워하는 사람은 결코 물위를 걸을 수 없다. 사실 그래서 배에서 나오지 못하는 것이 아닌가? 그러나 배에 머물러 있는 사람은 물에 빠지지 않을지는 몰라도 결코 물위를 걷는 놀라운 경험은 할 수 없을 것이다. 생각해 보라. 누가 실패자인가? 배에서 나와 물위를 걷다가 물에 빠진 베드로인가, 아니면 아예 배에서 나올 생각조차 못하고 배에 머물러 있는 사람들인가?

베드로는 물위를 걸어가다가 한 번 실패했지만, 배에 머물러 있던 사람은 처음부터 실패한 사람들이다. 실패가 두려워 아무 일도 하지 않은 사람과 무엇인가 시도하다 실패한 사람 중에 누가 더 실패자인가? 아무것도 하지 않고 실패하지 않는 것보다는 무엇인가 해 보려고 하다가 실패하는 것이 훨씬 가치가 있다.

실패를 두려워하지 말아야 한다. 우리가 두려워해야 할 것은 실패가 아니라 실패한 다음에 다시 일어나지 못하는 것이다. 실패한 사람이 실패자가 아니다. 실패한 후에 다시 일어서지 못하는 사람이 실패자이다.

여호수아가 가나안을 정복할 때 아이 성 전투에서 패배했다. 그는 패배의 쓴맛을 보고 낙심한 가운데 슬퍼하면서 아무것도 하지 않고 하나님의 법궤 앞에 하루종일 엎드려 있었다. 그때 하나님께서 이렇게 말씀하셨다. "일어나라 어찌하여 이렇게 엎드렸느냐?"(수 7:10).

공자는 "가장 위대한 승리는 쓰러지지 않는 것이 아니라 쓰러질 때마다 다시 일어서는 것이다"라고 했다. 실패하더라도 다시 일어선다면 그 사람은 실패자가 아니다.

실패는 끝이 아니라 성공으로 가는 과정이다

발명왕이라 불리는 에디슨은 평생 천 종이 넘는 발명 특허를 받는데, 이러한 성공 속에는 수많은 실패가 있었다. 전구를 발명할 때 에디슨은 무려 2천 번의 실험 끝에 성공했다. 한 기자가 그에게 그토록 수없이 실패했을 때의 기분이 어떠했는가를 묻자 에디슨은 이렇게 대답했다.

"실패라니요? 난 한 번도 실패한 적이 없습니다. 난 단지 2천 번의 단계를 거쳐 전구를 발명했을 뿐입니다."

실패하지 않고 성공한 사람은 아무도 없다. 아무것도 시도하지 않은 사람은 실패하지 않을 것이다. 그러나 그런 사람은 절대로 아무것도 성취할 수 없을 것이다.

베르너 폰 브라운이라는 사람은 제2차 세계 대전 당시 로켓을 만들기 위해 자그마치 65,121번의 실험을 했지만 실패를 했다. 그의 상관이 그를 불렀다. "대체 몇 번이나 더 실패를 해야 성공할 수 있을 것 같소?" 그러자 "한 5천 번쯤만 더 실패하면 될 것 같기도 합니다."

실패할 때마다 그만큼 성공에 더 가까워지는 것이다. 실패할 때마다 하나씩 보완해나가기 때문이다. '실패는 성공의 어머니'라는 말이 있지만, '실패가 곧 성공'이라고 말할 수도 있을 것이다. 실패한 만큼 성공에 가까이 다가가기 때문이다.

올림픽 400미터 허들 종목에서 두 번이나 금메달을 땄고, 1997년부터 1986년까지 122차례나 대회에 참가해서 한 번도 지지 않았던 에드윈 모제스는 학창 시절에는 달리기 대회에서 한 번도 일등을 해 본 적이 없다고 했다. 그가 이런 말을 했다.

"모든 패배 속에는 승리가 숨어 있다."

실패가 기회가 될 수도 있다

1962년 NASA에서 아폴로 11호에 탑승할 우주 비행사를 뽑을 때 수많은 사람들이 지원을 했다. 1단계에서는 경력과 이력을 보고 선발했다. 2단계 심사에서는 인생에서 심각한 위기를 겪은 적이 없거나, 또 실패를 극복한 경험이 없는 지원자를 제외시켰다. 2단계의 심사 기준은 "실패의 경험이 있는 사람을 우대한다"는 조건이었다. 왜? 실패를 경험하고 그것을 극복해 본 사람만이 우주 여행 중에 있을지도 모르는 다양한 도전에 침착하고 유연성 있게 대처할 수 있기 때문이다.

사무용품 가운데 포스트잇(Post It)이라는 메모지가 있다. 붙였다 떼었다 마음대로 할 수 있다. 붙였다 떼도 자국이 나지 않는다. 3M이라는 회사에서 접착제로 이것을 만들었는데, 처음에 만들었을 때는 실패작이라고 해서 집어던져 버렸다. 접착제는 잘 떨어지지 않아야 되는데, 이것은 너무 잘 떨어졌기 때문이다.

그런데 어떤 사람이 주일 예배를 드리면서 찬송을 부르기 위해 찬송가를 폈는데, 그 안에 넣어 두었던 메모지들이 다 떨어지는 것이었다. 그 순간 메모지를 붙였다가 깨끗하게 떼어낼 수는 없을까 생각하다가 바로 5년 전에 회사에서 실패작이라고 집어던진 이것이 생각났다. 그래서 다시 세상에서 빛을 보게 된 것이 바로 이 포스트잇이다. 실패작인 줄 알았는데 오히려 지금은 세계적으로 널리 애용되고 있지 않는가?

헨리 포드는 39살에 두 번째 파산한 다음에 이렇게 말했다.

"실패는 새롭게 출발할 기회를 준다. 그것도 좀더 영리하게 출발할 기회를…."

실패에 대한 다음 글을 읽어 보라.

> 실패란 당신이 실패자임을 의미하는 것이 아니다. 그것은 당신이 아직 성공하지 못하고 있음을 뜻할 뿐이다.
>
> 실패란 당신이 아직 아무것도 이룩하지 못했음을 뜻하는 것이 아니다. 그것은 당신이 무엇인가를 배웠음을 의미한다.
>
> 실패란 당신이 창피를 당했음을 뜻하는 것이 아니다. 그것은 당신이 자진해서 스스로 시도했음을 뜻하는 것이다.
>
> 실패란 당신이 어리석은 사람임을 뜻하는 것이 아니다. 그것은 당신이 확고한 신념의 소유자임을 뜻하는 것이다.
>
> 실패란 당신에게 그 꿈이 어울리지 않음을 뜻하는 것이 아니다. 그것은 당신이 조금 다른 방법으로 무엇인가를 해야 한다는 것을 의미한다.
>
> 실패란 당신이 뒤떨어져 있음을 뜻하는 것이 아니다. 그것은 당신이 완전하지 않음을 의미하는 것이다.
>
> 실패란 당신이 인생을 낭비했음을 뜻하는 것이 아니다. 그것은 당신이 재출발할 이유가 있음을 뜻하는 것이다.
>
> 실패란 당신이 단념해야 함을 뜻하는 것이 아니다. 그것은 당신이 더욱 열심히 노력해야 함을 의미한다.
>
> 실패란 당신이 완성할 수 없음을 뜻하는 것이 아니다. 그것은 좀더 오랜 시간이 걸릴 것임을 의미하는 것이다.
>
> 실패란 하나님이 당신을 버리셨음을 뜻하는 것이 아니다. 그것은 하나님께 좀더 좋은 다른 생각이 있으심을 뜻하는 것이다.

실패를 통해 배우라

삼성 에버랜드에서는 '실패 파티'라는 것을 한다고 한다. 직원들이 촛불을 켜놓고 파티를 하면서 실패한 사례들을 발표한다. 일종의 고해성사인 셈이다. 그런 다음에 "생일 축하합니다"라는 노래의 가사를 바꾸어 "실패 그만 합시다"라고 노래하고 음료수를 나누어 마신다고 한다. 공산당의 자아 비판 비슷하기도 하지만 실패담을 나눈 사람들에게 어떤 불이익도 돌아가지는 않는다고 한다. 서로의 실패를 공유해서 "아 저런 실패를 하면 안 되겠구나" 하고 자산화하는 것이다.

우리는 성공한 다음에는 축하로 끝난다. 성공 후에 '내가 왜 성공했는가? 어떻게 성공할 수 있었는가? 어떻게 하면 더 잘 성공할 수 있었을까?' 하는 것을 면밀하게 분석해서 배움의 기회로 삼는 사람은 거의 없을 것이다. 그러나 실패하면 '내가 왜 실패했는가? 어떻게 하면 실패하지 않을 수 있을까?'를 분석하면서 배우지 않는가? 사실은 성공보다는 실패를 통해서 우리는 더 많이 배운다. 우리는 성공한 사람보다는 실패한 사람을 통해 더 많은 것을 배운다.

그동안에는 성공학에 관한 책들이 많이 쏟아져 나왔는데, 요즈음은 '실패학'이라는 학문이 생겼다. 성공한 사람들의 이야기가 아니라 실패한 사람들의 이야기를 들으면서 배우는 것이다.

교회에서도 큰 교회 목사님들이 "우리 교회는 이렇게 해서 성장했습니다. 와서 그 비결을 배우십시오" 하면 수천 수만 명의 목사님들이 몰려간다. 그러나 그런 세미나에 다녀오면 '그 사람들은 되는데, 왜 나는 안 되는 걸까?' 하며 기가 더 죽는다.

만약 "내가 이렇게 목회해서 실패했습니다. 그러니 여러분은 이렇게 하지 마십시오"라는 세미나가 있다면 더 많은 것을 배울 수 있을 텐데, 그런 세미나는 없다.

　실패를 통해 배워야 한다. 그렇지 않으면 그 실패는 실패로 끝난다. 의미가 없다. 또 같은 실패를 되풀이하게 된다.

한 번의 실패를 영원한 실패로 만들지 말라

　1940년대 초, 두 사람이 8,848미터의 에베레스트 산 정상에 도전했다. 결과는 실패였다. 산에서 내려오면서 한 사람이 이렇게 말했다.

　"에베레스트야, 너는 자라지 못한다. 그러나 나는 자랄 것이다. 그리고 반드시 돌아올 것이다."

　그리고 10년 후에 다시 에베레스트 산으로 돌아와 마침내 등반에 성공했다. 이 사람이 바로 세계 최초로 에베레스트 산을 정복한 에드먼드 힐러리이다.

　1980년 2월 어느 날 <월스트리트 저널>에 이런 공익광고가 실렸다.

　"만약에 당신이 좌절감에 사로잡혀 있다면 이 사람을 생각해 보라. 그는 초등학교도 졸업하지 못했다. 시골에서 잡화점을 경영하다 파산을 하고 말았다. 그 빚을 갚는 데 15년이나 걸렸다. 그의 결혼생활은 매우 불행했다. 하원의원 선거에서 두 번이나 낙선했고, 상원의원 선거에서도 두 번이나 낙선했다. 부통령 선거에서도 실패했다. 그의 이름은 아브라함 링컨이다."

　이 사람이 바로 51세에 미국 대통령에 당선된 아브라함 링컨이다. 그는 한번은 낙선한 다음 이런 말을 했다.

"나는 선거에서 낙선했다는 소식을 듣자마자 곧바로 내가 자주 가는 레스토랑으로 달려갔습니다. 그리고는 맛있는 요리를 실컷 먹었지요. 그 다음은 이발소로 달려가서 머리를 단정하게 손질하고 기름도 듬뿍 발랐습니다. 이제 아무도 나를 실패한 사람으로 보지 않겠지요. 왜냐하면 이제 내 발걸음은 다시 힘이 생겼고, 내 목소리는 우렁차니까요."

하나님도 실패의 경험이 있으시다. 하나님은 인간을 만들기 시작하면서부터 실패하기 시작하셨다. 에덴 동산 이야기, 노아 홍수 이야기, 바벨 탑 이야기 등등 다 하나님이 실패한 이야기 아닌가? 그렇지만 하나님은 포기하지 않으시고, 인간에 대한 기대를 버리지 않으시고, 아브라함을 택하셨다.

아브라함을 통해서 이스라엘을 선택하신 것이다. 그러나 결국은 이스라엘 역사를 통해서도 하나님은 실패하셨다. 그것이 바로 구약의 역사가 아닌가? 인간 때문에 하나님이 계속 실패를 하셨던 것이다.

그래서 어떻게 하셨는가? 도무지 인간들 가지고는 안 되겠다고 포기하셨는가? 두 손 들고 마셨는가? 구약에서 실패하셨다고 그만두셨는가? 아니다. 하나님은 진짜 새로운 시작을 시도하셨다. 이번에는 예수님을 보내신 것이다. 그것이 바로 신약이다.

구약은 어떤 의미에서는 실패한 역사다. 인간이 하나님 앞에 어떻게 실패했는가를 보여주는 것이 구약이다. 그래서 하나님께서 예수님을 통해 새로 시작하신 것이 바로 신약이다. 어떻게 보면 인간은 하나님의 실패작이지만, 하나님은 인간을 포기하지 않으셨다. 하나님은 실패하실 때마다 포기하지 않으시고 항상 새롭게 시작하셨다.

예수님을 세 번씩이나 부인했던 베드로에게 예수님이 찾아가셔서 어떻게 하셨는가?

"베드로야. 네가 어떻게 나를 버리고 도망을 갈 수 있느냐?"

"베드로야, 어떻게 네가 나를 모른다고 할 수 있느냐? 어떻게 네가 나를 배반할 수 있느냐?"

"베드로야, 네가 그러고도 내 제자라고 할 수 있겠느냐? 나는 너와 같은 그렇게 비겁한 사람을 내 제자로 삼을 수 없다. 이제 너는 나와 끝이다. 너는 네 갈 길로 가라."

그렇게 책망하셨는가? 그렇게 비난하셨는가? 아니다. 예수님은 베드로의 잘못과 실수에 대해서는 한마디도 하지 않으시고 그의 허물을 다 덮어 주셨다. 예수님은 그의 손을 잡아 일으켜 주셨다.

"베드로야, 이제 일어나서 가서 내 양을 치라."

베드로는 책망을 받고, 부끄러움과 수치를 당하고, 배신자로 낙인을 받고, 쫓겨나야 마땅한데, 예수님은 그렇게 하지 않으시고 그를 용서하시고, 용납해 주시고, 그의 실수를 눈감아 주시고, 그를 책망하지 않으시고, 그를 받아 주셨다. 그를 일으켜 주셨다.

예수님이 "네가 나를 사랑하느냐"라고 물으실 때 베드로의 가슴이 얼마나 뭉클했겠는가? 베드로에게 "내 양을 치라"고 말씀하셨을 때 베드로가 얼마나 감격했겠는가?

요나도 마찬가지였다. 니느웨로 가서 하나님의 말씀을 전하라고 했더니 싫다고 다시스로 도망가다 지중해 한가운데서 풍랑을 만나게 되고, 결국 바다에 던져지지 않았는가? 그때 하나님은 119 구급대를 보내 주셨다. 큰 고기를 대기시켜 놓으셨던 것이다. 그리고 그 고기로 하여금 요나를 삼키게 했다. 그 안에서 3일 밤낮 회개 기도를 드리지 않았는가?

요나가 고기 뱃속에서 회개하고 있는 동안 요나를 삼킨 고기는 부지런히 육지를 향해 헤엄쳐 가고 있었다. 그리고 마침내 그를 육지에 토해 냈다. 이렇게 해서 요나는 결국 니느웨로 가서 하나님의 심판을 전하게 되지 않았는가?

하나님은 요나 말고도 얼마든지 다른 사람을 보내실 수 있었다. 그러나 그렇게 하지 않으시고 하나님의 명령을 어기고 도망가는 요나를 붙들어서 그에게 다시 한 번 기회를 주셨다. 요나로 하여금 고기 뱃속에 들어가게 하신 것은 그를 징벌하기 위해서가 아니라 그에게 두 번째 기회(second chance)를 주시기 위함이었다. 이렇게 하나님은 실패한 사람에게 새로운 기회를 주시는 분이시다. 한 번 실패했다고 해서 내치시는 하나님이 아니다.

하나님은 우리가 실패했을 때에도 다시 일어서기를 원하신다. 성경에 의인은 일곱 번 넘어져도 여덟 번째 다시 일어선다고 했다. 칠전팔기라는 말이 바로 잠언 24장 16절에 나오는 말이다. 하나님의 사람들은 칠전팔기의 사람들이다. 다시 일어나는 자는 성공하지만, 일어나지 못하는 자는 실패하고 만다. 어떤 일에 있어서 실패했다고 해도 그 사람이 실패자는 아니다. 다시 일어서는 사람은 결코 실패자가 아니다. 그 누구도 포기하기 전까지는 실패자가 아니다.

실패했을 때 주님의 손을 붙잡고 다시 일어나라

베드로가 예수님을 바라보고 갈 때는 아무 문제도 없었다. 그러나 예수님을 바라보지 않고 갑자기 불어오는 거센 바람과 풍랑을 바라보았을 때에 그만 무서운 생각이 들었다. 그러자 믿음을 잃어버리고 물에 빠지게 되고 말았다.

우리도 예수님만 바라보고 신앙생활을 잘하다가도 광풍을 바라보고 바다에 빠질 때가 얼마나 많은가? 믿음을 잃으면, 시선을 예수님에게서 떼면, 바람과 바다를 바라보면 두려움이 생길 수밖에 없다. 인생의 파도를 바라보지 말고, 그것을 헤치고 걸어오시는 주님을 바라보라. 바람과 바다를 바라보지 말고 바람과 바다를 잠잠하게 하실 수 있는 하나님을 바라보라. 어떤 문제가 생기더라도 염려하거나 두려워하지 말고, 예수님에게 시선을 집중하고 주님만을 바라보라. 우리가 잠시만이라도 예수님을 잃어버리고 세상을 바라보면 우리는 걱정과 근심과 염려와 불안과 두려움의 바다에 빠질 수밖에 없다.

문제를 바라보면 그 문제 속에 빠질 수밖에 없다. 문제 속에서 헤어나올 수 없다. 문제를 바라보면 문제가 더 커 보인다. 그러나 예수님을 바라보면 문제가 작아 보인다. 예수님은 그 어떤 문제보다 더 크신 분이시다. 문제를 바라보지 말고 문제의 해결자이신 주님을 바라보라. 그래야 두려움을 극복할 수 있고, 그래야 문제를 해결할 수 있다.

한 시골 마을에서 아이들이 학교를 가고 오려면 철도 다리를 건너야 했다. 그 다리는 오래되고 낡아 기차가 다니지 않는 다리였다. 아이들이 이 다리를 중간쯤 가다가 아래를 내려다보면 발 밑으로 시퍼런 물이 흐르는 것이 보인다. 그러면 겁이 난다. 현기증이 난다. 벌벌 떨게 된다. 그러면 진땀을 흘리면서 조심조심 겨우 다리를 건너게 된다. 그런데 한 아이만 조금도 두려워하지 않고 씩씩하게 잘 건너는 것이었다. 왜 그럴까? 이 아이는 배가 불룩 나와서 밑을 잘 내려다보지를 못했다. 그러니 겁이 안 나서 앞만 보고 용감하게 잘 건너는 것이다.

아래를 바라보지 말라!

베드로도 아래를 내려다보지 않고, 파도와 풍랑을 바라보지 않고, 예수님만 바라보고 걸어갔더라면 물에 빠지지 않았을 것이다.

행글라이더를 타려면 벼랑 아래로 뛰어내려야 하는데, 이때 아래를 바라보면 발걸음이 떨어지지 않는다. 벼랑 끝에 섰을 때 아래를 보지 말고 앞을, 정면을 바라보아야 한다. 그럴 때 두려움이 사라지고, 절벽 아래로 뛰어내릴 수 있고, 그러다 보면 날게 되는 것이다.

벼랑 끝에 서 있다고 두려운 것이 아니다. 아래를 보니까 두려운 것이다. 벼랑 끝에 서서도 아래를 내려다보지 않고 정면을 바라보면 두렵지 않다. 어디를 바라보느냐가 중요한 것이다. 위를 바라보면 날고 싶은 희망이 생기고, 앞을 바라보면 달려가고 싶은 용기가 생기지만, 아래를 내려다보면 떨어질까 두려움이 생긴다.

예수님을 바라보면 믿음이 생기고 용기가 생기지만, 주변 상황을 바라보면 낙심하게 되고 두려움이 생기게 된다. 물위를 잘 걷다가도 빠지게 되고 만다. 주변에서 아무리 풍랑이 크게 일고 파도가 밀려오더라도 그런 것을 바라보지 말고 믿음의 주님이시요 온전케 하시는 이인 예수님만 바라보라.

물에 빠져 허우적거리면서 베드로는 "주님, 살려주십시오" 하고 외쳤다. 그러자 예수님께서는 급히 손을 내미셨다. 베드로는 예수님이 내미신 손을 잡고 물에서 올라왔다.

우리도 흉용한 파도가 밀려오고 광풍이 불어 닥칠 때, 베드로처럼 깊고 깊은 인생의 바다에 빠질 수도 있다. 그러나 그때에도 주님은 우리를 향해 구원의 손길을 내미신다. 물에 빠진 사람은 지푸라기라도 잡는다고 한다. 그러나 인생의 바다에 빠지게 되었을 때 살아나기 위해 아무것이나 붙잡아서는 안 된다. 다른 것 잡으려고 허우적거리면 더 깊이 빠져 들어가게 된다. 우리가 어려움을 당할 때 주님은 우리를 향하여 도움의 손길을 내미신다. 그 때 그 주님의 손을 꼭 잡으라.

> 두려워 말라 내가 너와 함께 함이라 놀라지 말라 나는 네 하나님이 됨이라 내가 너를 굳세게 하리라 참으로 너를 도와주리라 참으로 나의 의로운 오른손으로 너를 붙들리라(사 41:10).
>
> 저는 넘어지나 아주 엎드러지지 아니함은 여호와께서 그의 손으로 붙드심이로다(시 37:24).

| 판 권 |
| 소 유 |

아침을 가져다주시는 하나님

2008년 10월 25일 인쇄
2008년 10월 30일 발행

지은이 | 이진희
발행인 | 이형규
발행처 | 쿰란출판사

주소 | 서울 종로구 이화동 184-3
TEL | 02-745-1007, 745-1301, 747-1212, 743-1300
영업부 | 02-747-1004, FAX / 02-745-8490
본사평생전화번호 | 0502-756-1004
홈페이지 | http://www.qumran.co.kr
E-mail | qumran@hitel.net
             qumran@paran.com
한글인터넷주소 | 쿰란, 쿰란출판사

등록 | 제1~670호(1988.2.27)

책임교열 | 김영미

값 10,000원

ISBN 978-89-5922-632-0 93230

* 이 출판물은 저작권법에 의해 보호를 받는 저작물이므로 무단 복제할 수 없습니다.
  잘못된 책은 교환해 드립니다.